深圳市综研软科学发展基金会·资助出版

China's Financial Center Index（CDI CFCI 9）
Zooms in Zhengzhou

中国金融中心指数（CDI CFCI）报告（第九期）

走进郑州

中国（深圳）综合开发研究院课题组 主编

中国经济出版社
CHINA ECONOMIC PUBLISHING HOUSE
北京

图书在版编目（CIP）数据

中国金融中心指数（CDI CFCI）报告（第九期）：走进郑州／中国（深圳）综合开发研究院课题组主编．
北京：中国经济出版社，2017.9
ISBN 978-7-5136-4812-7

Ⅰ.①中… Ⅱ.①中… Ⅲ.①金融事业—研究报告—中国②地方金融事业—研究报告—郑州 Ⅳ.①F832

中国版本图书馆 CIP 数据核字（2017）第 195554 号

责任编辑　赵静宜
责任印制　巢新强
封面设计　久品轩

出版发行　中国经济出版社
印 刷 者　北京柏力行彩印有限公司
经 销 者　各地新华书店
开　　本　710mm×1000mm　1/16
印　　张　17.75
字　　数　272 千字
版　　次　2017 年 9 月第 1 版
印　　次　2017 年 9 月第 1 次
定　　价　78.00 元
广告经营许可证　京西工商广字第 8179 号

中国经济出版社 **网址** www.economyph.com **社址** 北京市西城区百万庄北街 3 号 **邮编** 100037

课题组联系方式：

联系人：张祥

电话：0755-82470464

电邮：zx@ cdi. com. cn

中国金融中心信息网：http://www. cfci. org. cn

序 言

过去的一年，“黑天鹅”事件频发预示了全球经济治理发生着重大变化。我国在稳中求进的工作总基调下，不断完善宏观审慎金融监管政策框架，持续强化金融服务实体经济效能，金融机构总体稳健，金融市场平稳运行，看似一片平静之下正在酝酿金融科技、绿色金融、普惠金融等领域的“中国声音”。

从这个意义上看，中国金融中心城市的建设不是金融机构、金融人才、金融市场的数量堆积，而是要遵循金融业发展客观规律，在优化监管、深化改革的前提下，发挥规模经济和范围经济效应，探索更多适合国内应用场景的金融创新，推动更多新金融、新服务发展的“弯道超车”，真正形成经济和金融的良性循环与健康发展，为国家全球战略提供强大支撑。

本期指数的主题城市郑州，地处中国第一人口大省河南省，作为中部崛起的核心城市，近年来不断加码改革开放，正在把全省的人口优势转化为创新创造优势，引发“双创”金融、跨境金融、期货金融等领域“郑州金融”的崛起。当前，新的国际背景和国家战略下，郑州金融中心建设值得期待！

是为序。

樊纲

2017 年 8 月于深圳

目录 CONTENTS

上篇

第九期CDI中国金融中心指数报告

第一章　总论

CDI中国金融中心指数（简称“CDI CFCI”）是一项衡量中国金融中心竞争力的多因素综合评价体系①，旨在通过一系列客观指标评价中国金融中心发展的优劣势，从而为进一步提出提升金融中心竞争力的有效举措奠定基础。

第九期CDI CFCI共使用了4级88个客观指标对31个中国金融中心竞争力进行全面评价，包括综合竞争力评价以及金融产业绩效、金融机构实力、金融市场规模和金融生态环境四个分项竞争力评价。首期CDI CFCI于2009年发布，其后每年更新一次，此次发布的是2017年第九期CDI中国金融中心指数（表1.1.1）。

通过对金融中心竞争力的分析评价，CDI CFCI还可以为深入观察和系统研究我国金融业改革和创新发展提供一个全新的视角。根据第九期CDI CFCI指数的统计，31个中国金融中心城市贡献全国金融业金融增加值的52%，拥有全国商业银行总资产的81%、证券公司总资产的96%、保险公司总资产的96%，包揽了我国100%的全国性金融市场。可以说，我国几乎所有重大的金融改革创新都发生在这31个金融中心并对金融中心的竞争力产生深刻影响。因而，通过CDI CFCI对我国金融中心的评价，可以反映我国金融改革创新的动态进程和重要特征。

表1.1.1　第九期CDI CFCI指数得分

序号	金融中心	综合竞争力	金融产业绩效	金融机构实力	金融市场规模	金融生态环境
1	上海	222.88	132.08	240.16	370.06	132.66
2	北京	178.38	142.85	327.32	54.17	153.65

① 详见第二章第一节“第九期CDI CFCI评价方法”。

续表

序号	金融中心	综合竞争力	金融产业绩效	金融机构实力	金融市场规模	金融生态环境
3	深圳	103.62	86.89	137.29	67.69	117.07
4	广州	63.78	66.44	73.00	5.51	115.07
5	天津	51.12	61.85	54.44	5.55	86.79
6	成都	49.64	67.66	51.50	5.12	77.81
7	杭州	47.80	60.98	46.70	3.31	85.63
8	重庆	46.84	59.21	46.74	4.76	81.38
9	南京	46.52	60.07	46.44	2.90	81.49
10	苏州	40.35	50.83	37.43	2.09	76.58
11	武汉	40.03	50.46	32.13	4.92	79.69
12	大连	39.32	45.89	24.35	29.23	64.43
13	郑州	39.11	54.54	27.35	14.61	66.21
14	西安	38.28	60.37	27.89	4.74	66.27
15	济南	34.97	53.97	26.19	3.99	61.31
16	青岛	34.69	42.75	27.56	6.23	68.30
17	沈阳	33.33	48.42	24.97	1.32	64.75
18	厦门	32.53	54.68	20.28	2.24	59.31
19	长沙	32.20	40.90	24.49	4.39	65.16
20	福州	31.93	46.76	32.27	1.69	49.39
21	无锡	30.16	40.30	19.87	2.76	64.62
22	宁波	29.43	36.20	23.60	1.15	62.51
23	昆明	29.31	45.81	18.89	2.25	56.27
24	合肥	27.16	36.08	20.27	2.62	54.91
25	哈尔滨	26.95	38.72	18.75	3.84	51.67
26	长春	26.22	33.36	18.02	3.40	55.87
27	乌鲁木齐	25.55	44.30	11.73	1.81	50.87
28	石家庄	25.51	39.30	18.87	2.74	45.31
29	南昌	25.31	40.17	14.91	2.31	49.42
30	南宁	24.12	43.03	13.84	2.42	41.97
31	温州	20.58	30.67	14.37	0.84	40.54

第九期 CDI CFCI 的主要结论如下:

• 综合竞争力排名的结果依次是上海、北京、深圳、广州、天津、成都、杭州、重庆、南京、苏州、武汉、大连、郑州、西安、济南、青岛、沈阳、厦门、长沙、福州、无锡、宁波、昆明、合肥、哈尔滨、长春、乌鲁木齐、石家庄、南昌、南宁和温州。上海、北京、深圳三大全国性金融中心作为第一集团,领先地位依然十分巩固;广州在区域金融中心中有明显优势,但离三大全国性金融中心的差距依然很大;天津、成都、杭州、重庆、南京几乎处于同一水平,这五个金融中心得分十分接近,呈现加速甩开排名在它们之后金融中心的趋势;苏州、武汉、大连、郑州和西安这五个金融中心得分也几乎处于同一水平,出现较明显的成层现象;其他区域金融中心得分上呈现平缓梯度过渡状态,各区域金融中心之间得分轻微的波动和误差就容易引起排名的变化。

• 伴随着我国金融改革的深化和金融业经营效率的提升,社会经济发展对金融业的巨大需求推动形成了金融业的实际“产出”,使得金融业增速持续高于 GDP 增速,金融业在国民经济中的地位不断提升,进而推动我国金融中心竞争力稳步提升。从金融中心综合竞争力得分来看,本期 31 个金融中心城市得分全部实现增长,其中得分上升幅度最大的 5 个城市依次是北京、天津、郑州、青岛和成都。

• 综合竞争力排名前十名的金融中心依次是上海、北京、深圳、广州、天津、成都、杭州、重庆、南京和苏州,与第八期指数相比,前十上榜城市没有变化,仅位次略有变动,其中天津上升 2 个名次,杭州和成都分别下降 1 个名次;大连、天津、杭州、广州、武汉和成都分别在东北区域、北部沿海区域、东部沿海区域、南部沿海区域、中部区域和西部区域竞争力继续保持领先,区域领先地位仍然十分稳固;三个全国性金融中心及六大区域的领先金融中心拥有的商业银行、证券公司、保险公司总资产分别占 31 个金融中心合计值的 90.21%、76.92%和 98.38%,金融资源的分布呈现出更加趋向于向领先金融中心集中的态势。

• 金融产业绩效排名前十的城市分别为北京、上海、深圳、成都、广州、天津、杭州、西安、南京和重庆。三大全国性金融中心分项竞争优势十分显著,其金融业发展的规模效应已经远胜于其他区域金融中心;相比上一期指数,成都首次在金融产业绩效上超过广州。

• 金融机构实力排名前十的金融中心分别是北京、上海、深圳、广州、天津、成都、重庆、杭州、南京和苏州。北京、上海、深圳和广州所占据的金融机构资源和综合实力超过了其他区域金融中心的总和,四大金融中心金融机构实力得分之和(778 分),超过其他金融中心合计分值(744 分)。北京得益于大型国家金融机构集聚,金融机构实力远远超过其他金融中心;广州在除三大全国性金融中心之外的区域金融中心中,金融机构实力明显胜出一筹;天津、成都等区域金融中心的金融机构实力正在不断增强,得分进步幅度均十分明显。

• 金融市场规模排名前十的金融中心分别是上海、深圳、北京、大连、郑州、青岛、天津、广州、成都、武汉。由于上海、深圳、北京、大连和郑州等五个金融中心拥有全国性金融市场,得分远远超过其他金融中心;青岛、天津、广州、成都、武汉的区域要素市场发展全国领先。

• 金融生态环境排名前十的金融中心分别是北京、上海、深圳、广州、天津、杭州、南京、重庆、武汉和成都。金融生态环境分项竞争力与城市经济与社会发展水平息息相关,北京、上海、深圳、广州四个一线城市金融生态环境得分遥遥领先,杭州、南京、天津、苏州、重庆、成都、武汉等区域金融中心,依托其在经济总量、行政地位、知名度等各方面的优势,取得了较好的竞争优势;金融生态环境对金融中心综合竞争力具有良好的解释作用,金融生态环境排名前十的城市有 9 个进入了综合竞争力前十行列。

第二章　中国金融中心竞争力评价

2.1　第九期 CDI CFCI 评价方法

2.1.1　样本城市

与第八期 CDI CFCI 指数相同，第九期 CDI CFCI 的样本城市共有 31 个，布局情况如下①：

• 全国性金融中心有 3 个，分别是上海、北京和深圳。

• 东北区域，主要包括辽宁、吉林和黑龙江三省，有 4 个样本城市，分别是大连、沈阳、长春和哈尔滨。

• 北部沿海区域，包括北京、天津、河北、山东二市两省，有 4 个样本城市，分别是天津、济南、青岛和石家庄。

• 东部沿海区域，包括上海、江苏、浙江一市两省，有 6 个样本城市，分别是杭州、南京、苏州、宁波、无锡和温州。

• 南部沿海区域，包括福建、广东、海南三省，有 3 个样本城市，分别是广州、厦门和福州。

• 中部区域，主要覆盖黄河中游和长江中游的地区，包括山西、河南、内蒙古、湖北、湖南、江西、安徽六省一区，有 5 个样本城市，分别是武汉、长沙、郑州、合肥和南昌。

• 西部区域，云南、贵州、四川、重庆、广西、甘肃、青海、宁夏、陕西、西藏、新疆共六省一市四区，有 6 个样本城市，分别是成都、重庆、西安、昆明、南宁和乌鲁木齐。

---

① 根据国务院发展研究中心发展战略和区域经济研究部的课题报告《中国（大陆）区域社会经济发展特征分析》提出的划分中国（大陆）区域新方法，分为六大区域。

2.1.2 指标体系

金融中心实际上是金融资源相对集聚的场所,其中金融资源包括金融资本、金融机构、金融市场、金融人才、金融信息等方面。因而,金融中心的建设机理很大程度也就是金融资源的集聚机理。

关于金融资源的集聚机理,我们在第三期指数报告提出了“钱才集聚论”:从本质上来说,金融中心的形成和发展可以归结为“钱才”集聚,“钱”指的是金融资本,“才”指的是金融人才。“钱才”集聚可以全面地体现了各类金融资源的集聚,“钱才”本身是最重要的两类金融资源,其他资源如金融机构、金融市场、金融信息、金融产品等都是“钱”“才”的结合。金融中心的“钱才”集聚论可以较好地解释金融中心形成和发展的客观规律。“钱”即金融资本集聚方向是什么?资本有着逐利的本性,“钱”往高处流,即资本流向能够带来高盈利的地方。“才”即金融人才集聚方向是什么?“才”往“两高”流,即人才流向高收入和高生活质量的地方。

我们正是基于“钱才集聚论”建立了金融中心竞争力评价体系。CDI CFCI一级指标体系有四个:金融产业绩效、金融机构实力、金融市场规模和金融生态环境,前三类为显示性指标,最后一类为解释性指标。“金融产业绩效”是金融产业发展的直接结果体现,也反映了一个城市进行金融中心建设给城市发展带来的利益;“金融机构实力”体现了一个金融中心金融市场主体发展概况及其金融业务开展的状况;“金融市场规模”体现了一个金融中心在国家或区域金融集中交易市场中的地位;“金融生态环境”则反映金融中心发展的基础和潜力。在本指数的四个一级指标中,“金融产业绩效”“金融机构实力”和“金融市场规模”是“钱才”集聚的面相,而“金融生态环境”是“钱才”集聚的背影,从而可以较全面地反映一个城市的金融产业发展水平和发展趋势。

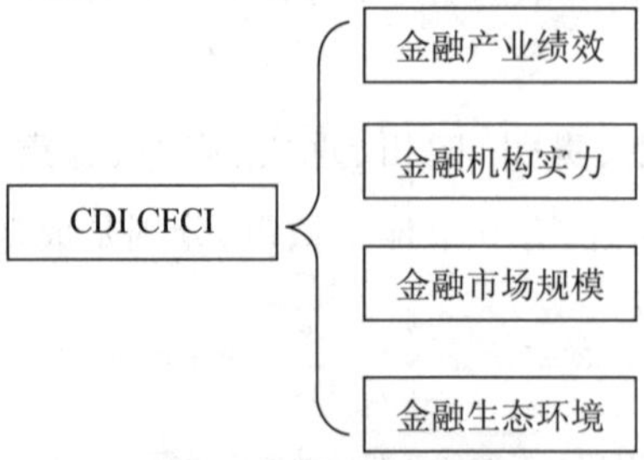

图 2.1.1 CDI CFCI 指标体系

(1)金融产业绩效。金融产业对一个城市的社会经济发展有着重要的推动力,根据产业经济的乘数理论,这一推动力的大小依赖于金融产业的直接产出,以及金融产业所控制的金融资源。金融产业绩效,包括金融产业增加值、金融业从业人员、金融深度、金融宽度等,是金融竞争力的直接和综合体现。

(2)金融机构实力。金融机构通常包括银行、保险、证券三类,是城市金融产业的主体。有影响力的金融机构的集聚对于推动金融创新和城市金融业的发展能够起到支撑性作用,一个城市金融机构的综合实力很大程度反映了城市金融竞争力。此外,金融机构实力还反映了一个城市金融业务量的大小,如人民币存款、贷款等。

(3)金融市场规模。金融市场是金融工具交易的场所,也是金融创新的重要场所,主要包括货币市场、股票市场、债券市场、黄金市场、外汇市场、衍生品市场和产权交易市场等。金融市场的规模和交易活跃程度是吸引和汇聚金融交易者、金融机构和金融人才的重要因素,对于提升城市金融辐射力起着至关重要的作用。

(4)金融生态环境。城市金融业发展不仅仅有赖于金融产业本身,更与城市社会经济发展的各个方面息息相关。城市金融业发展的外部环境统称为金融生态环境,是城市金融竞争力的解释性因素。本次评价中课题组将金融生态环境分为人才环境和商业环境两类,并进一步对人才环境作了教育、文化、医疗等八方面的细分,对商业环境作了基础设施、专业服务、社会保障等五方面的细分,以求综合准确地反映城市金融生态环境情况。

根据各城市统计数据可得性等实际情况,以及 CDI CFCI 指标体系设计的原则,经过反复研究、讨论和试验,目前指标体系的二、三和四级指标如表 2.1.1 所示,共有四级指标 88 个。

表 2.1.1 CDI CFCI 指标体系

一级	二级	三级(四级)
金融产业绩效	金融业增加值	金融业增加值及其近三年平均增长率、金融业增加值占当地 GDP 比例
	金融业从业人员	金融业从业人员数及其近三年平均增长率、从业人数占常住人口比例
	金融深度	存款余额占 GDP 比重、本地证券交易量与 GDP 之比、保险深度
	金融宽度	贷款余额占 GDP 比重、境内股票市场累计融资量与 GDP 之比、保险密度

续表

一级	二级	三级(四级)
金融机构实力	银行类机构	本地法人机构(主要商业银行的本地法人银行数量、主要商业银行的本地法人银行资产总规模)、本地市场业务量(存款总额、贷款总额)、资产质量(不良贷款率)
	证券类机构	证券公司(本地法人机构数量、资产规模、承销金额、经纪规模、证券营业部家数)、基金管理公司(本地法人机构数量、资产管理规模)、期货公司(本地法人机构数量、资产规模)。
	保险类机构	本地法人机构(本地法人机构数量、资产规模)、本地市场业务量(保费收入、赔付支出)
	机构国际化程度	银行业(外资银行在本地分行数、外资银行营业性机构数量)、证券业(本地法人合资证券公司数量、国外证券公司在本地的代表处数量、本地法人合资基金管理公司数量)、保险业(外资保险公司在本地的分公司数量、本地法人合资保险公司数量、外资保险公司在本地的代表处数量)
金融市场规模	货币市场	同业拆借市场(成交金额)、回购市场(交易额)、票据市场(贴现总额)
	股票市场	市场规模(上市公司家数、上市公司总市值、成交金额)、市场融资能力(股票发行额)
	债券市场	银行间债券市场(现券交易额)、交易所债券市场(现券交易额)
	黄金市场	黄金市场(黄金交易额)
	外汇市场	市场规模(日均成交额)
	产权交易市场	市场规模(平台数量、年成交额)
	衍生品市场	期货市场(期货市场成交额)
金融生态环境	人才环境	教育环境(普通高等学校在校学生数、普通高等学校数、“211工程”高校数、每一普通中学专任教师负担学生数、每一小学专任教师负担学生数)、文化娱乐(每百万人电影院影剧院数、每百万人群众艺术文化馆数、万人公共图书总藏量)、医疗卫生(医院数、每万人拥有医院病床、每万人拥有的医生数)、城市绿化(城市绿化覆盖率、人均公共绿地面积)、城市交通(人均道路面积、万人城市轨道交通、日航班次数)、环境状况(城市生活污水处理率、空气质量优良率)、生活成本(在岗职工平均工资、住宅房价收入比)、旅游吸引力(接待入境旅游者人数、国内旅游者人数)
	商业环境	经济基础(地区生产总值、人均地区生产总值、第三产业增加值、本地上市公司数量)、专业服务(执业律师数、注册会计师数、专业保险中介机构数量)、社会保障(基本养老保险覆盖率、基本医疗保险覆盖率、失业保险覆盖率)、经济外向度(当年实际利用FDI总额、当年进出口总额、当年国际旅游收入)

2.1.3　数据及处理

确定指标体系后，我们通过多种渠道搜集城市数据，并对数据进行标准化和指标赋权，最终计算出 CDI CFCI 指数。

（1）数据来源。CDI CFCI 所采用的客观数据，以各城市公布的统计年鉴数据为基础，结合使用金融监管机构和金融机构的统计数据。

（2）数据标准化。CDI CFCI 对各项指标"锚定"一个基准值，各城市在该项所获标准化得分取决于城市指标原始值与锚定基准值之间的比例关系。也即：

对于正指标（即数值越大越好的指标）

标准化得分＝指标原始值/锚定基准值；

对于逆指标（即数值越小越好的指标）

标准化得分＝锚定基准值/指标原始值。

（3）指标赋权。各指标对上级指标的贡献权重由众多专家打分确定。给 CDI CFCI 各指标赋权专家包括各地政府金融办人员、金融监管机构人员、金融机构从业人士、金融业知名专家以及 CDI 课题组成员。

（4）计算指数。将各城市相关指标的标准化得分与指标权重相乘并加总，即可得 CDI CFCI 指数，包括综合竞争力指数和分项竞争力指数。

（5）指数更新。CDI CFCI 研究秉持客观公正原则以及可持续、包容性理念，在计量分析模型总体保持不变的基础上，每期对相关评价指标的统计方法和权重进行优化调整，保持评价结果的科学性、连续性和一致性。

2.2　第九期 CDI CFCI 评价结果

2.2.1　综合竞争力评价结果

如图 2.2.1 所示，第九期 CDI CFCI 中国金融中心综合竞争力排名的结果依次是上海、北京、深圳、广州、天津、成都、杭州、重庆、南京、苏州、武汉、大连、郑州、西安、济南、青岛、沈阳、厦门、长沙、福州、无锡、宁波、昆明、合肥、哈尔滨、长春、乌鲁木齐、石家庄、南昌、南宁和温州。

- 三大全国性金融中心作为第一集团，领先地位依然十分巩固，但深圳与上海的差距还十分大。

•广州在28个区域金融中心中有明显优势,但离三大全国性金融中心的差距依然很大。

•天津、成都、杭州、重庆、南京几乎处于同一水平,这五个金融中心得分十分接近,呈现加速甩开排名在它们之后金融中心的趋势。

•苏州、武汉、大连、郑州和西安这五个金融中心得分也几乎处于同一水平,出现较明显的成层现象。

•其他区域金融中心得分上呈现平缓梯度过渡状态,各区域金融中心之间得分轻微的波动和误差就容易引起排名的变化。

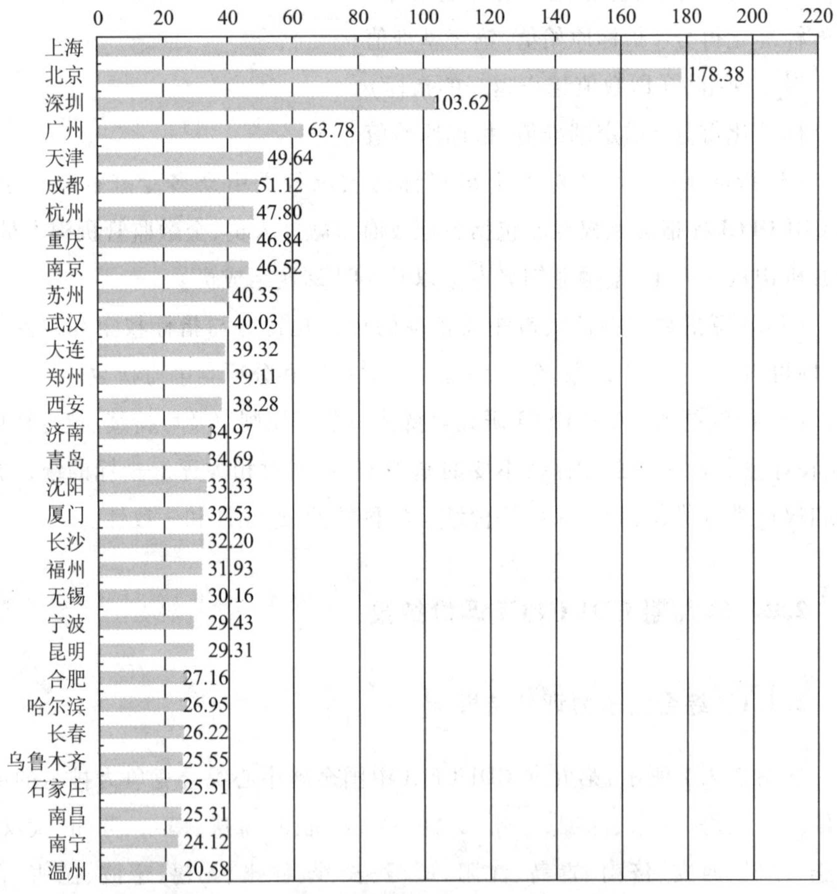

图2.2.1 第九期CDI CFCI综合竞争力排名

表 2.2.1　第九期 CDI CFCI 综合竞争力排名及得分

城市	排名			得分		
	CFCI 9	CFCI 8	变化	CFCI 9	CFCI 8	变化
上海	1	1	0	222.88	219.11	▲3.77
北京	2	2	0	178.38	164.29	▲14.09
深圳	3	3	0	103.62	101.75	▲1.87
广州	4	4	0	63.78	60.29	▲3.49
天津	5	7	▲2	51.12	44.81	▲6.31
成都	6	5	▼1	49.65	45.72	▲3.93
杭州	7	6	▼1	47.80	45.11	▲2.69
重庆	8	8	0	46.84	43.90	▲2.94
南京	9	9	0	46.52	43.49	▲3.03
苏州	10	10	0	40.35	40.13	▲0.22
武汉	11	13	▲2	40.03	36.37	▲3.66
大连	12	11	▼1	39.32	36.76	▲2.56
郑州	13	14	▲1	39.11	33.99	▲5.12
西安	14	12	▼2	38.28	36.47	▲1.81
济南	15	17	▲2	34.97	31.18	▲3.79
青岛	16	19	▲3	34.69	30.30	▲4.39
沈阳	17	18	▲1	33.30	30.80	▲2.50
厦门	18	15	▼3	32.53	31.97	▲0.56
长沙	19	21	▲2	32.20	28.86	▲3.34
福州	20	16	▼4	31.93	31.62	▲0.31
无锡	21	22	▲1	30.16	28.22	▲1.94
宁波	22	20	▼2	29.43	29.85	▼0.42
昆明	23	23	0	29.31	27.22	▲2.09
合肥	24	25	▲1	27.16	24.99	▲2.17
哈尔滨	25	24	▼1	26.95	26.11	▲0.84
长春	26	28	▲2	26.22	23.79	▲2.43
乌鲁木齐	27	27	0	25.60	24.15	▲1.45
石家庄	28	29	▲1	25.45	22.83	▲2.62
南昌	29	26	▼3	25.31	24.30	▲1.01
南宁	30	30	0	24.12	21.66	▲2.46
温州	31	31	0	20.58	19.80	▲0.78

• 31 个金融中心城市中,排名上升的城市有 11 个,排名下降的城市有 9 个,另外 11 个城市排名保持不变。

• 排名变化幅度较大的城市有福州(下降 4 位)和青岛(上升 3 位),其他城市排名变化幅度均在两位之内。

• 除宁波得分小幅减少外,本期其他金融中心城市得分都有所上升,得分上升幅度最大的 5 个城市依次是北京、天津、郑州、青岛和成都。

• 受近两年来的股票市场大幅波动影响,本期上海和深圳得分的增幅基本停滞。

2.2.2 金融产业绩效评价结果

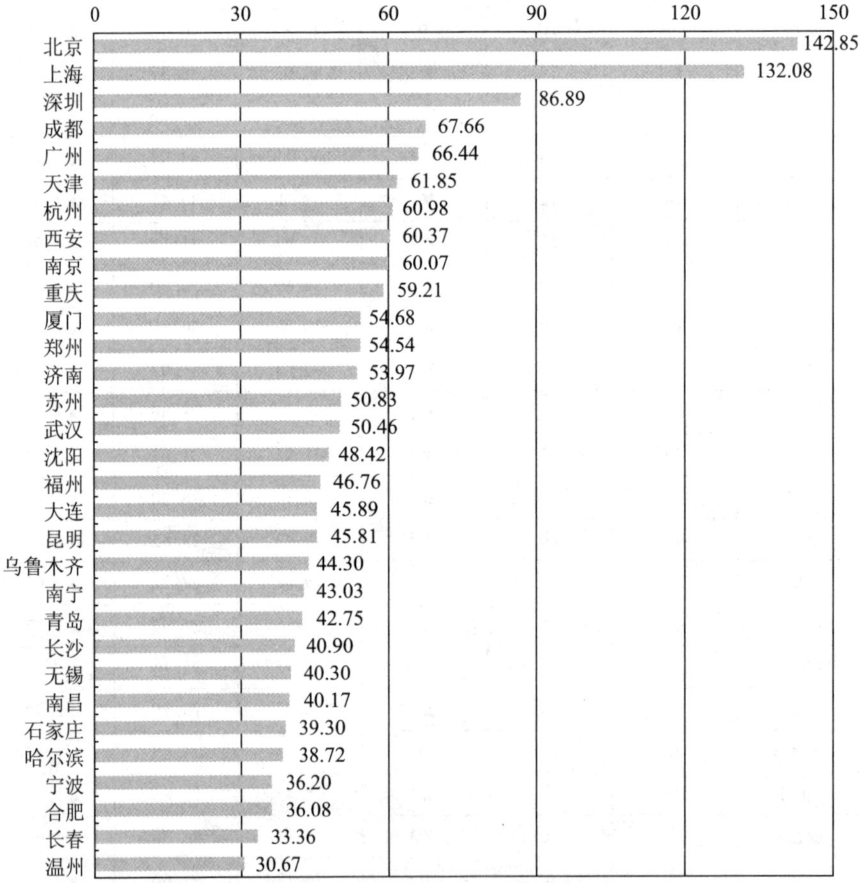

图 2.2.2 第九期 CDI CFCI 金融产业绩效排名

•金融产业绩效排名前十的城市分别为北京、上海、深圳、成都、广州、天津、杭州、西安、南京和重庆。

•三大全国性金融中心分项竞争优势十分显著，其规模效应已经远胜于其他区域金融中心。

•成都首次在该分项得分上超过广州，不过得分相差不大，两者已经处于同一水平。

•20 个金融中心得分增加，11 个金融中心得分减少，其中沈阳和深圳分值变化较大，分别上涨 8.92 分和下降 8.3 分。

•受金融从业人员数量减少影响，深圳本期分项得分出现较大下滑。

表 2.2.2　第九期 CDI CFCI 金融产业绩效排名与得分变化

城市	排名			得分		
	CFCI 9	CFCI 8	变化	CFCI 9	CFCI 8	变化
北京	1	1	0	142.85	142.24	▲0.61
上海	2	2	0	132.08	133.86	▼1.78
深圳	3	3	0	86.89	95.19	▼8.30
成都	4	5	▲1	67.66	64.59	▲3.07
广州	5	4	▼1	66.44	71.59	▼5.15
天津	6	6	0	61.85	61.31	▲0.54
杭州	7	7	0	60.98	59.86	▲1.12
西安	8	8	0	60.37	59.44	▲0.93
南京	9	9	0	60.07	58.05	▲2.02
重庆	10	11	▲1	59.21	55.37	▲3.84
厦门	11	10	▼1	54.68	55.59	▼0.91
郑州	12	15	▲3	54.54	47.33	▲7.21
济南	13	14	▲1	53.97	47.74	▲6.23
苏州	14	12	▼2	50.83	54.16	▼3.33
武汉	15	16	▲1	50.46	47.19	▲3.27
沈阳	16	24	▲8	48.42	39.5	▲8.92
福州	17	13	▼4	46.76	49.97	▼3.21
大连	18	17	▼1	45.89	44.94	▲0.95
昆明	19	18	▼1	45.81	42.45	▲3.36
乌鲁木齐	20	19	▼1	44.30	42.22	▲2.08

续表

城市	排名			得分		
	CFCI 9	CFCI 8	变化	CFCI 9	CFCI 8	变化
南宁	21	23	▲2	43.03	39.84	▲3.19
青岛	22	26	▲4	42.75	36.61	▲6.14
长沙	23	28	▲5	40.90	36.42	▲4.48
无锡	24	25	▲1	40.30	38.15	▲2.15
南昌	25	21	▼4	40.17	40.37	▼0.20
石家庄	26	29	▲3	39.30	33.92	▲5.38
哈尔滨	27	20	▼7	38.72	41.81	▼3.09
宁波	28	22	▼6	36.20	39.89	▼3.69
合肥	29	27	▼2	36.08	36.55	▼0.47
长春	30	30	0	33.36	31.08	▲2.28
温州	31	31	0	30.67	30.9	▼0.23

2.2.3 金融机构实力评价结果

- 本期金融机构实力排名前十的金融中心分别是北京、上海、深圳、广州、天津、成都、重庆、杭州、南京和苏州。
- 北京得益于大型国家金融机构集聚,金融机构实力远远超过其他金融中心。
- 广州在除三大全国性金融中心之外的区域金融中心中,金融机构实力明显胜出一筹。
- 不过,天津、成都等区域金融中心的该分项实力正在不断增强,得分进步幅度均十分明显。
- 金融产业绩效本期 9 个中心该分项排名保持不变,分项排名上升和下降的中心各有 11 个,其中天津(上升 3 名)和哈尔滨(下降 3 名)排名变化幅度最大。
- 31 个金融中心在金融机构实力方面的得分全部实现不同幅度的正增长,其中北京、上海、深圳和天津增长均超过了 10 分。
- “强者恒强”的马太效应在这里十分显见,四个一线城市北京、上海、深圳和广州所占据的金融机构资源和综合实力超过了其他区域金融中心的总和,在该分项得分上前者体现为 778 分,后者则累计分值为 744 分。

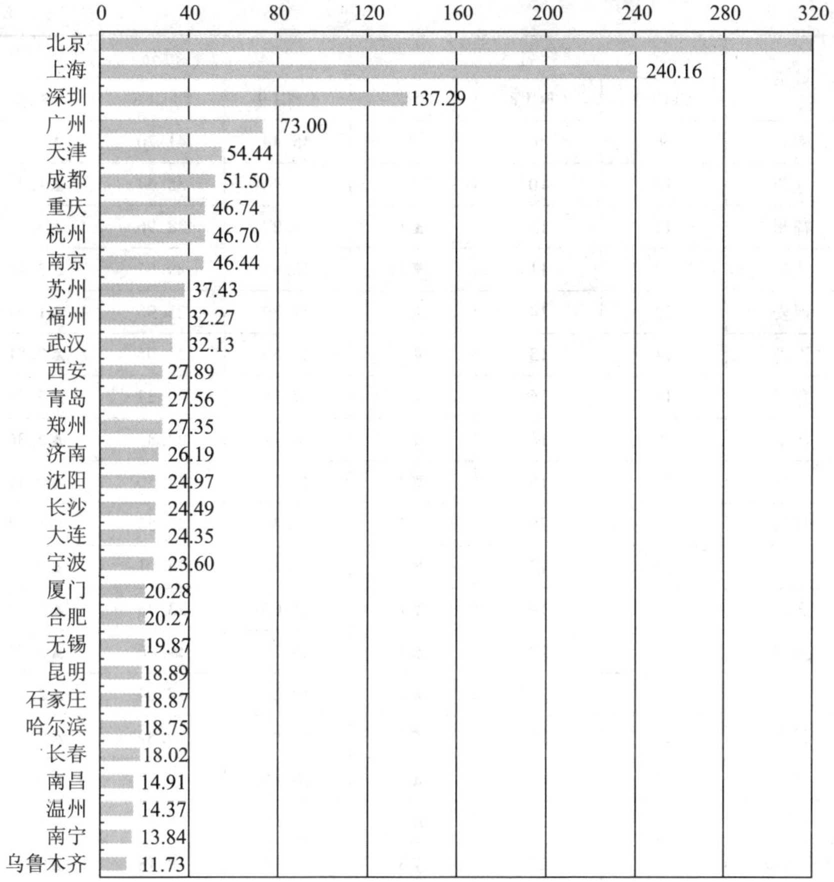

图 2.2.3 第九期 CDI CFCI 金融机构实力排名

表 2.2.3 第九期 CDI CFCI 金融机构实力排名与得分变化

城市	排名			得分		
	CFCI 9	CFCI 8	变化	CFCI 9	CFCI 8	变化
北京	1	1	0	327.32	290.85	▲36.47
上海	2	2	0	240.16	214.07	▲26.09
深圳	3	3	0	137.29	123.39	▲13.90
广州	4	4	0	73.00	66.80	▲6.20
天津	5	8	▲3	54.44	42.18	▲12.26
成都	6	5	▼1	51.50	46.69	▲4.81
重庆	7	6	▼1	46.74	46.16	▲0.58
杭州	8	7	▼1	46.70	43.07	▲3.63

续表

城市	排名			得分		
	CFCI 9	CFCI 8	变化	CFCI 9	CFCI 8	变化
南京	9	9	0	46.44	41.70	▲4.74
苏州	10	10	0	37.43	35.64	▲1.79
福州	11	12	▲1	32.27	28.96	▲3.31
武汉	12	11	▼1	32.13	29.65	▲2.48
西安	13	14	▲1	27.89	25.95	▲1.94
青岛	14	13	▼1	27.56	27.05	▲0.51
郑州	15	16	▲1	27.35	24.27	▲3.08
济南	16	18	▲2	26.19	23.83	▲2.36
沈阳	17	15	▼2	24.97	24.50	▲0.47
长沙	18	20	▲2	24.49	22.55	▲1.94
大连	19	17	▼2	24.35	24.01	▲0.34
宁波	20	19	▼1	23.60	23.48	▲0.12
厦门	21	22	▲1	20.28	19.76	▲0.52
合肥	22	24	▲2	20.27	18.04	▲2.23
无锡	23	21	▼2	19.87	19.82	▲0.05
昆明	24	25	▲1	18.89	17.93	▲0.96
石家庄	25	26	▲1	18.87	15.57	▲3.30
哈尔滨	26	23	▼3	18.75	18.18	▲0.57
长春	27	27	0	18.02	15.46	▲2.56
南昌	28	29	▲1	14.91	13.81	▲1.10
温州	29	28	▼1	14.37	13.99	▲0.38
南宁	30	30	0	13.84	12.38	▲1.46
乌鲁木齐	31	31	0	11.73	10.78	▲0.95

2.2.4 金融市场规模评价结果

近几年各地区的区域性要素交易市场的规模没有得到突破性发展,发展水平实难跟上资本市场发展速度。虽然自第三期 CDI CFCI 在金融市场规模分项指标上加入“产权交易市场”指标,但是金融市场规模分项整体实力排名并没有得到太大改变。由于只有少数几个金融中心拥有全国性金融市场,上海、深圳、北京、大连和郑州金融交易市场的地位牢牢把握,难以撼动,如图 2.4.3 和表 2.4.3 所示。

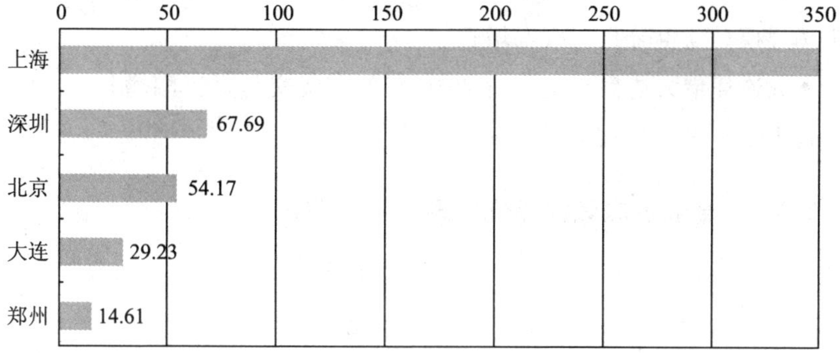

图 2.2.4　第九期 CDI CFCI 金融市场规模前十排名

• 上海金融市场"一枝独秀",全国性金融市场几乎都集中于上海,使得上海得分远高于其他城市。

• 深圳凭借多层次资本市场的发展优势紧随上海继续保持第二的排名,但与上海之间的得分差距正在扩大。

• 北京在全国中小企业股份转让系统("新三板")落户后,具备了全国性金融交易市场的功能,金融市场规模已经开始稳坐第三并有逐步追赶深圳态势。

• 大连和郑州凭借全国性期货市场,分别排名第四和第五。

• 其余区域金融中心,由于区域性要素市场发展规模偏小,与前五名的体量规模相差巨大。

表 2.2.4　第九期 CDI CFCI 金融市场规模排名与得分变化

城市	排名			得分		
	CFCI 9	CFCI 8	变化	CFCI 9	CFCI 8	变化
上海	1	1	0	370.06	388.51	▼18.45
深圳	2	2	0	67.69	71.75	▼4.06
北京	3	3	0	54.17	43.84	▲10.33
大连	4	4	0	29.23	16.50	▲12.73
郑州	5	5	0	14.61	12.17	▲2.44

•值得注意的是,上海和深圳受2015年、2016年以来股票市场剧烈波动影响,本期在金融市场规模得分上出现不同程度的下降。

•北京新三板市场挂牌公司数量和成交额继续呈现大幅增长态势,金融市场规模分项得分再有大幅增长。

•大连凭借大连商品交易所2016年的期货交易量巨幅增长,本期分项得分也出现了大幅增长。

2.2.5 金融生态环境评价结果

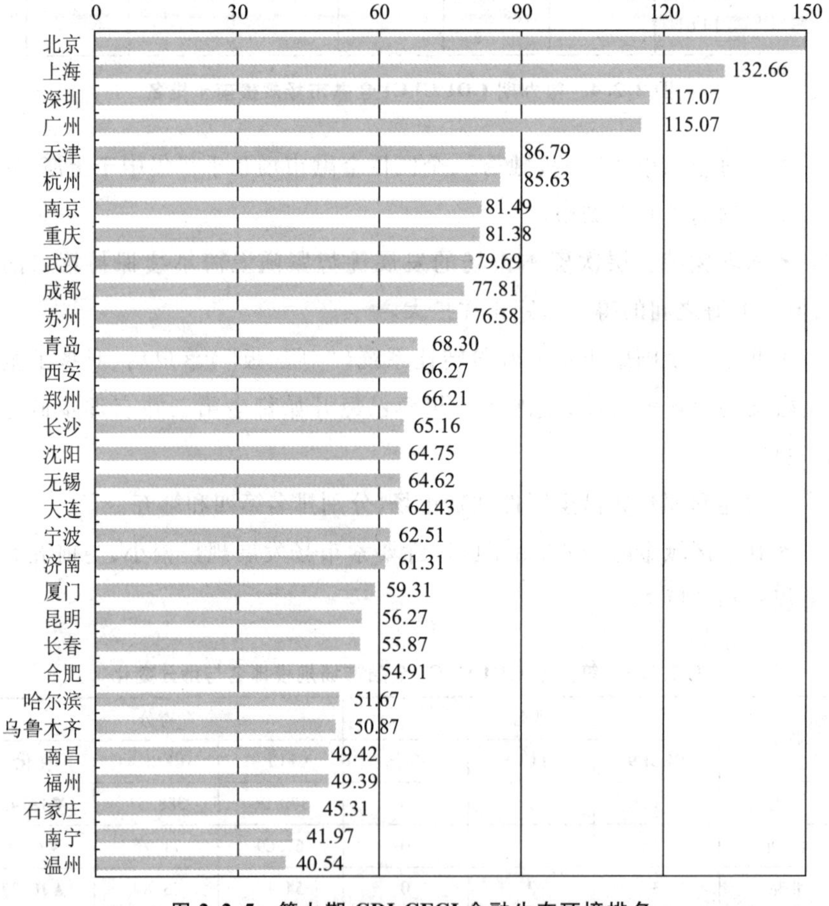

图 2.2.5 第九期 CDI CFCI 金融生态环境排名

•本期CDI CFCI金融生态环境排名前十的金融中心分别是北京、上海、深圳、广州、天津、杭州、南京、重庆、武汉和成都。

• 金融生态环境分项竞争力与城市发达程度存在很高的相关性，北、上、深、广四个一线城市充分体现了自身整体生态环境的优良，其得分也遥遥领先其他城市。

• 杭州、南京、天津、苏州、重庆、成都、武汉等区域金融中心，仰仗其在经济总量、行政地位、发达程度、知名度等各方面的优势，取得了较好的竞争优势。

表 2.2.5　第九期 CDI CFCI 金融生态环境排名及得分变化

城市	排名			得分		
	CFCI 9	CFCI 8	变化	CFCI 9	CFCI 8	变化
北京	1	1	0	153.65	151.18	▲2.47
上海	2	2	0	132.66	128.95	▲3.71
深圳	3	3	0	117.07	113.55	▲3.52
广州	4	4	0	115.07	107.77	▲7.30
天津	5	6	▲1	86.79	80.61	▲6.18
杭州	6	5	▼1	85.63	82.77	▲2.86
南京	7	7	0	81.49	79.54	▲1.95
重庆	8	9	▲1	81.38	76.66	▲4.72
武汉	9	11	▲2	79.69	74.20	▲5.49
成都	10	10	0	77.81	74.40	▲3.41
苏州	11	8	▼3	76.58	76.69	▼0.11
青岛	12	15	▲3	68.30	62.52	▲5.78
西安	13	13	0	66.27	66.59	▼0.32
郑州	14	21	▲7	66.21	57.55	▲8.66
长沙	15	16	▲1	65.16	62.34	▲2.82
沈阳	16	14	▼2	64.75	65.20	▼0.45
无锡	17	18	▲1	64.62	61.12	▲3.50
大连	18	12	▼6	64.43	68.64	▼4.21
宁波	19	17	▼2	62.51	61.76	▲0.75
济南	20	20	0	61.31	58.19	▲3.12
厦门	21	19	▼2	59.31	58.91	▲0.40
长春	22	22	0	55.87	54.23	▲1.63
昆明	23	23	0	56.27	54.22	▲2.05
合肥	24	25	▲1	54.91	50.30	▲4.61

续表

城市	排名			得分		
	CFCI 9	CFCI 8	变化	CFCI 9	CFCI 8	变化
哈尔滨	25	27	▲2	51.67	49.77	▲1.90
乌鲁木齐	26	26	0	51.09	50.06	▲1.03
南昌	27	28	▲1	49.42	48.64	▲0.78
福州	28	24	▼4	49.39	50.86	▼1.47
石家庄	29	29	0	45.06	44.67	▲0.39
南宁	30	30	0	41.97	38.86	▲3.11
温州	31	31	0	40.54	38.08	▲2.46

• 本期金融生态环境分项排名变化不大,14 个中心的分项排名保持不变,10 个中心的排名上升,7 个中心的排名出现下滑。

• 大连和郑州分项排名变化幅度最大,前者排名下降 6 个名次,后者排名上升 7 个名次。

在本研究中,金融生态环境这一分项竞争力指标又被划分为金融人才环境和金融商业环境,用于衡量各城市对金融人才和金融机构等金融资源的吸引能力、集聚潜力,如图 2.4.5 和图 2.4.6 所示。

• 金融人才环境排名前十的金融中心依次为北京、上海、广州、武汉、重庆、南京、西安、杭州、深圳和成都。

• 全国性金融中心中,北京金融人才环境继续保持一枝独秀的地位,而深圳金融人才环境表现与自身金融中心地位并不匹配。

• 28 个区域金融中心中,广州金融人才环境最佳,几乎与上海匹敌。

• 武汉、南京、重庆的人才环境具有较强的比较优势,已经在向上海和广州靠拢,差距在缩小。

• 本期金融商业环境排名前十的金融中心依次为北京、上海、深圳、广州、天津、苏州、杭州、成都、南京和重庆。

• 金融商业环境与城市经济基础有很高的相关性,北、上、深、广一线城市所具备的经济基础优势十分明显。

• 大连、沈阳、哈尔滨和长春,受东北地区经济形势萎靡影响,金融商业环境得分均出现不同程度下滑。

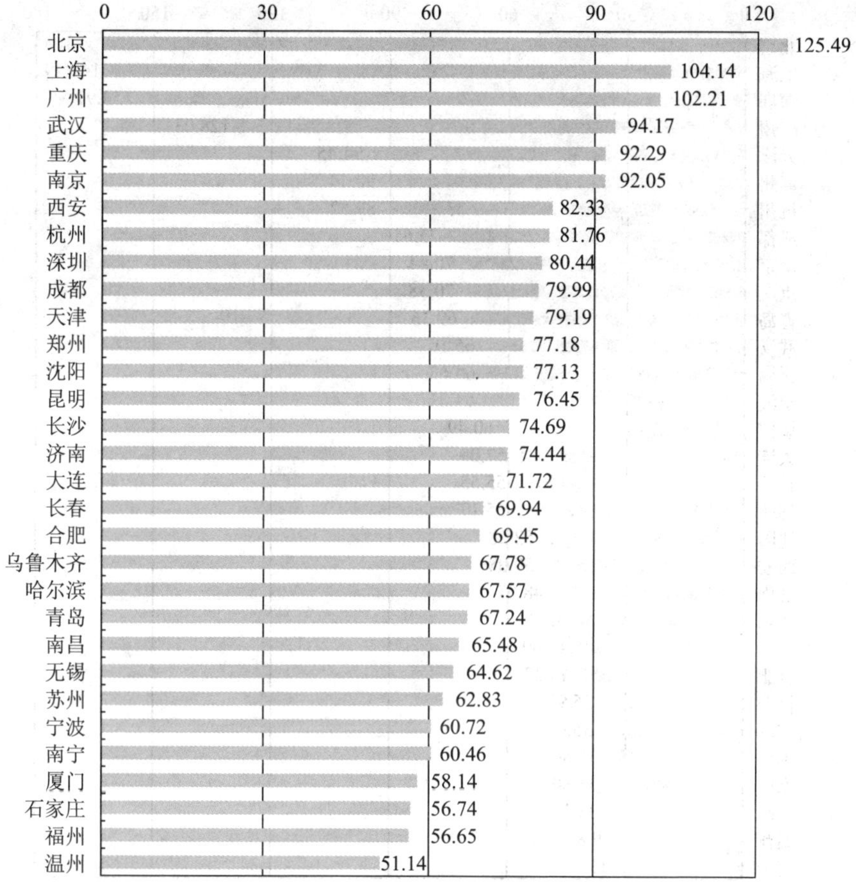

图 2.2.6　第九期 CDI CFCI 金融人才环境排名

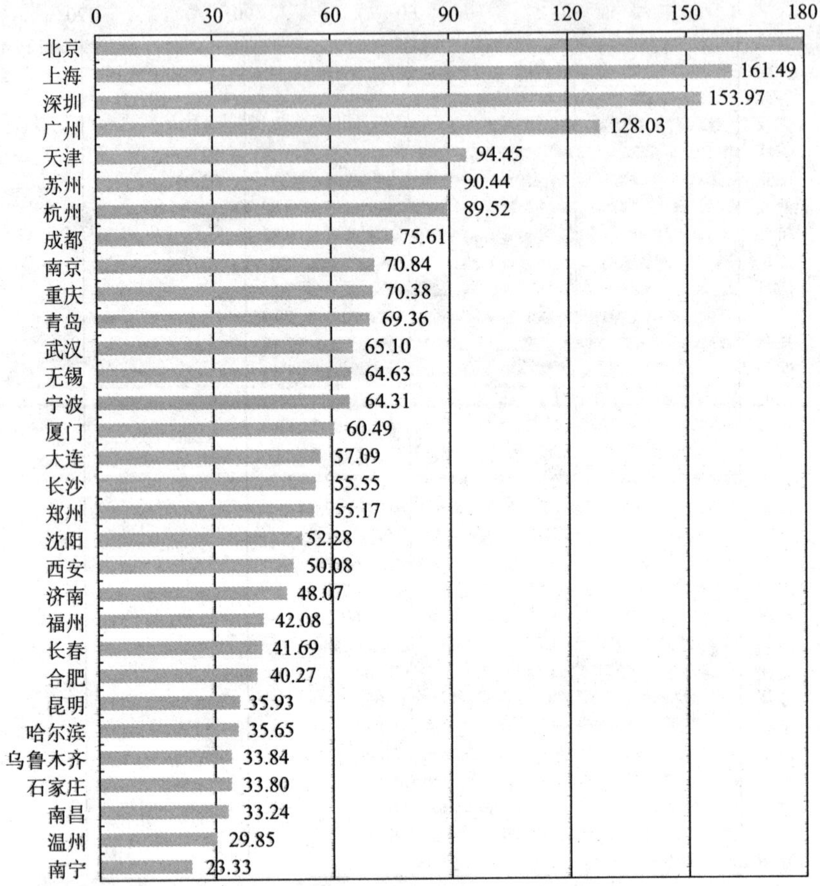

图 2.2.7 第九期 CDI CFCI 金融商业环境排名

第三章　全国性金融中心评价

3.1　总体评价

按照CDI CFCI评价结果，上海、北京和深圳的金融中心综合竞争实力遥遥领先于国内其他金融中心城市，在全国31个金融中心中分列前三位，并具有全国性的影响力和辐射力。

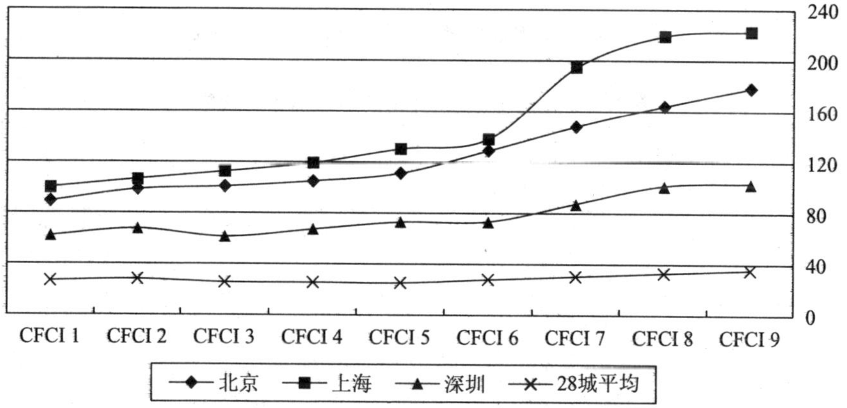

图3.1.1　全国性金融中心历次得分情况

自CFCI 1发布以来，上海、北京和深圳的综合竞争力得分一直保持快速上升。不过，本期上海和深圳得分增长幅度出现回落，如图3.1.1所示。从最新一期以上海GFCI 1得分为基准（100分）的衡量体系下，上海、北京和深圳的综合竞争力得分及变化情况如下：

● 与28个区域金融中心平均水平相比，上海、北京和深圳这三个全国性金融中心相对于其他区域金融中心仍然保持绝对领先地位，沪、京、深三者的综合竞争力优势十分明显,且呈现逐渐拉大趋势。

• 受 2015 年来我国股票市场剧烈波动影响,沪、深金融市场规模实力出现较大回落,两者本期综合竞争力得分增长大幅放缓。

• 深圳作为三大全国性金融中心中实力相对最弱的中心,受自身先天规模和体量较小影响,近年来金融中心竞争实力并未有超常规提升,其追赶上海和北京的步伐和节奏稍显缓慢,反而呈现差距被逐渐拉大的趋势;

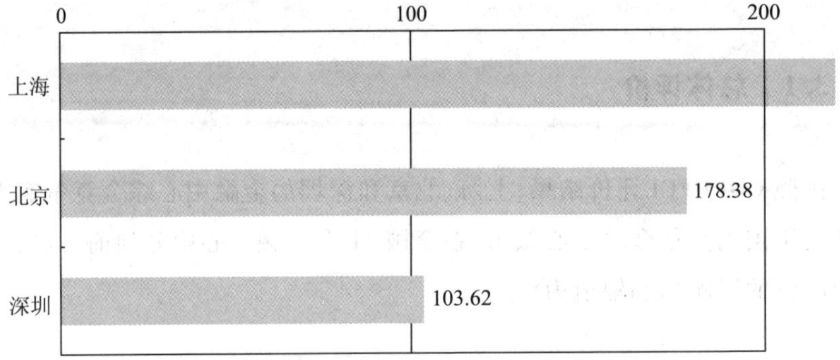

图 3.1.2　全国性金融中心综合竞争力得分比较

表 3.1.1　全国性金融中心各分项竞争力比较

指标		北京	上海	深圳
金融产业绩效	本期分项排名	1	2	3
	本期分项指数	142. 85	132. 08	86. 89
金融机构实力	本期分项排名	1	2	3
	本期分项指数	327. 32	240. 16	137. 29
金融市场规模	本期分项排名	3	1	2
	本期分项指数	54. 17	370. 06	67. 69
金融生态环境	本期分项排名	1	2	3
	本期分项指数	153. 65	132. 66	117. 07

• 上海、北京和深圳包揽金融产业绩效、金融机构实力、金融市场规模和金融生态环境的前三位,这三大金融中心在国内的领先地位非常巩固。

• 上海综合竞争力继续保持第 1,从其四个一级分项指标的排名可以看到,尽管上海在金融产业绩效、金融机构实力和金融生态环境分项上均次于北京位列第 2,但凭借金融市场规模这一分项的强烈优势,综合竞争力要强于北京。

• 北京综合竞争力继续位列第 2，而在分项排名方面，北京在金融产业绩效、金融机构实力和金融生态环境三项分项排名中均位列第 1；随着“新三板”急速扩张，北京的金融市场规模得分已经逐步逼近深圳。

• 深圳综合竞争力排名第 3，金融市场规模排名第 2，金融产业绩效、金融机构实力和金融生态环境则继续巩固全国第 3 的位置。

3.2　上海金融中心评价

上海在第 9 期 CDI CFCI 中综合得分为 222.88 分，继续保持全国领先地位。四个分项指数排名中，金融市场规模排名第 1，金融产业绩效、金融机构实力和金融生态环境排名第 2，如表 3.2.1 所示。其中，受 2015 年以来股票市场剧烈波动影响，上海在金融市场规模分项竞争实力方面出现较大幅度下降，本期得分减少 18.45 分。

表 3.2.1　上海在 CFCI 8 中评价结果

		CFCI9 得分	同比上期	CFCI9 排名	同比上期
综合竞争力		222.88	3.77	1	0
金融产业绩效		132.08	-1.78	2	0
金融机构实力		240.16	26.09	2	0
金融市场规模		370.06	-18.45	1	0
金融生态环境		132.66	4.50	2	0
	金融人才环境	104.04	0.58	2	0
	金融商业环境	161.49	8.46	2	1

如图 3.2.1 所示，在金融产业绩效方面：

• 2015 年上海的金融业增加值达到 4162.7 亿元，同比增速为 14.7%，三年平均增长率达到 17%。

• 受股灾等事件影响，2016 年本地证券交易量大幅下滑，仅相当于 2014 年最高时期的一半左右，导致金融深度得分大幅回落。

• 金融宽度则低于全国性金融中心平均水平，2016 年保险密度为 6320

元/人,远低于北京和深圳平均水平。

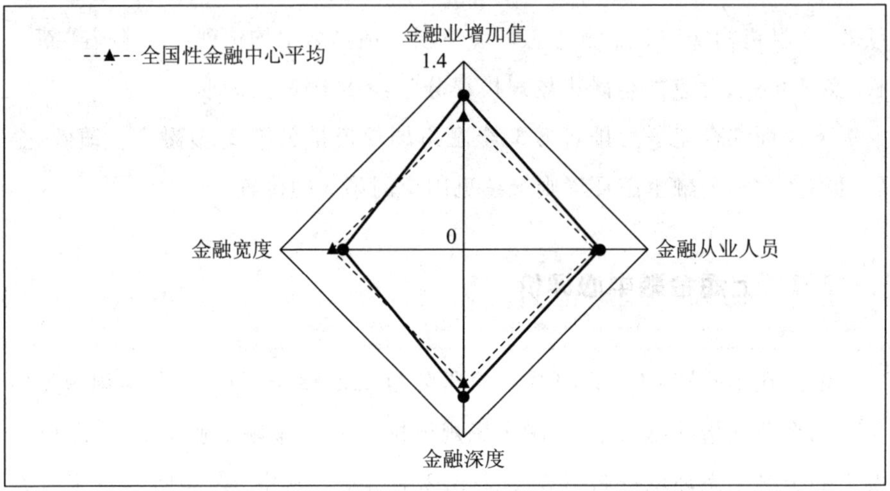

图 3.2.1　上海金融产业绩效与全国性金融中心平均水平的比较

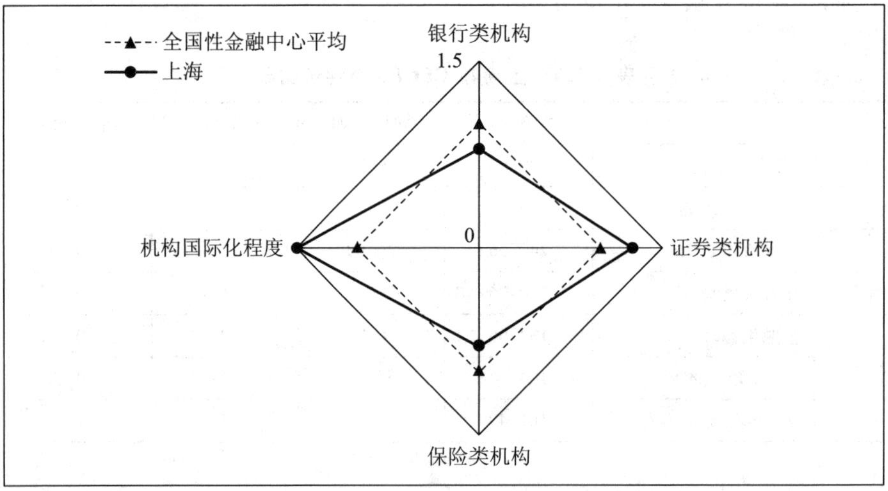

图 3.2.2　上海金融机构实力与全国性金融中心平均水平的比较

如图 3.2.2 所示,在金融机构实力方面:

- 上海证券类机构实力有很强的比较优势,其本地法人证券公司、基金管理公司和期货公司数量均大幅领先北京和深圳。
- 在银行和保险类机构实力方面则落后于平均水平,这主要是由于北京集中了包括四大行、大型保险公司总部在内的全国大部分银行类和保险类机构总部，无论是在数量上还是规模上都大幅领先上海。

• 上海金融机构国际化优势显著，在上海的外资银行、合资基金管理公司、国外证券公司代表处、外资保险分公司等机构之和几乎都是北京和深圳机构之和。

在金融市场规模方面：

• 由于全国性金融交易市场基本集中于上海，因而上海在金融市场规模方面具有绝对的优势。

• 本期上海在该分项指数上的得分出现减少，主要在于股票市场和股指期货市场的交易规模较上期出现较大回落。

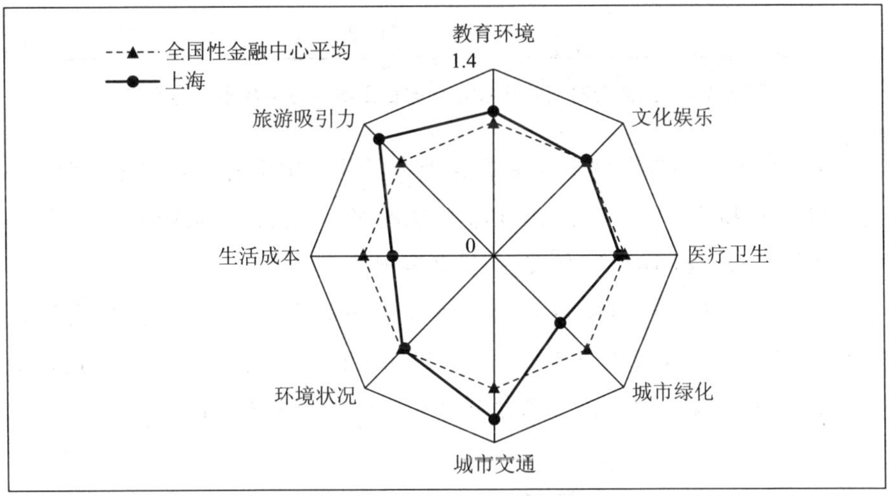

图 3.2.3　上海金融人才环境与全国性金融中心平均水平的比较

如图 3.2.3 和图 3.2.4 所示，在金融生态环境方面，

• 上海在教育环境、城市交通、旅游吸引力等金融人才环境的竞争力优势明显，上海每百万人轨道交通里程数达到而来 25.52 公里，全国排名第 2，仅次于南京。

• 城市绿化、生活成本是上海金融人才环境方面的最大短板，上海人均公园绿地面积和建成区绿化覆盖率均要大幅低于北京和深圳。

• 值得注意的是,上海在岗职工平均工资低于北京,但住宅房价收入比则高于北京。

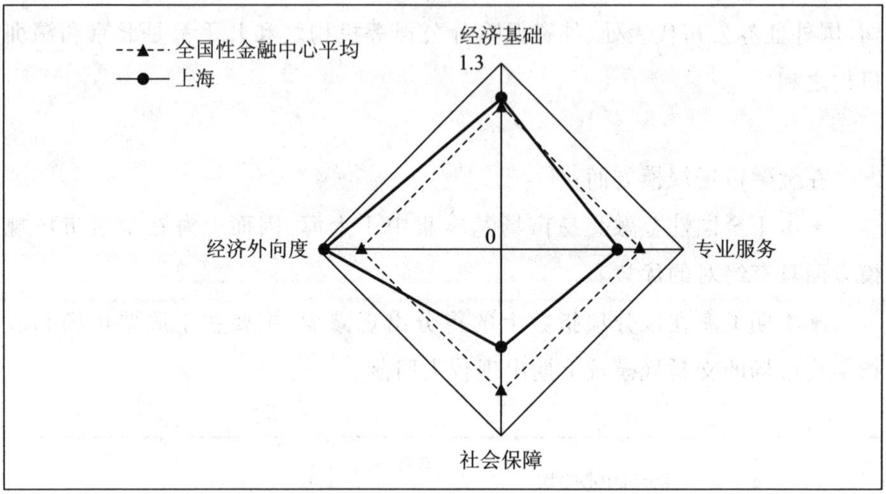

图 3.2.4 上海金融商业环境与全国性金融中心平均水平的比较

• 上海在经济外向度方面显著高于全国性金融中心平均水平,2015 年进出口总额 4517.33 亿美元、国际旅游收入 59.6 亿美元,均排名全国第 1,实际利用外资总额 184.59 亿美元,排名全国第 2。

• 专业服务和社会保障方面上海处于相对劣势,上海的注册会计师(CPA)人数、专业保险中介机构数量等指标仅相当于北京的一半左右,在基本养老、医疗和失业保险覆盖率方面则相当于深圳的 70%水平。

3.3 北京金融中心评价

北京金融中心综合竞争力仅次于上海,在第 9 期 CDI CFCI 中综合得分 178.38 分,同比上期提高 14.09 分。如表 3.3.1 所示,在分项指标排名上,北京再次实现在金融产业绩效、金融机构实力和金融生态环境三项分项排名中均位列第 1,金融市场规模则排名全国第 3。

表 3.3.1　北京在 CFCI9 中评价结果

	CFCI9 得分	同比上期	CFCI9 排名	同比上期
综合竞争力	178.38	14.09	2	0
金融产业绩效	142.85	0.62	1	0
金融机构实力	327.32	36.47	1	0
金融市场规模	54.17	10.32	3	0
金融生态环境	153.65	2.47	1	0
金融人才环境	125.49	1.38	1	0
金融商业环境	182.02	3.56	1	0

如图 3.3.1 所示，在金融产业绩效方面：

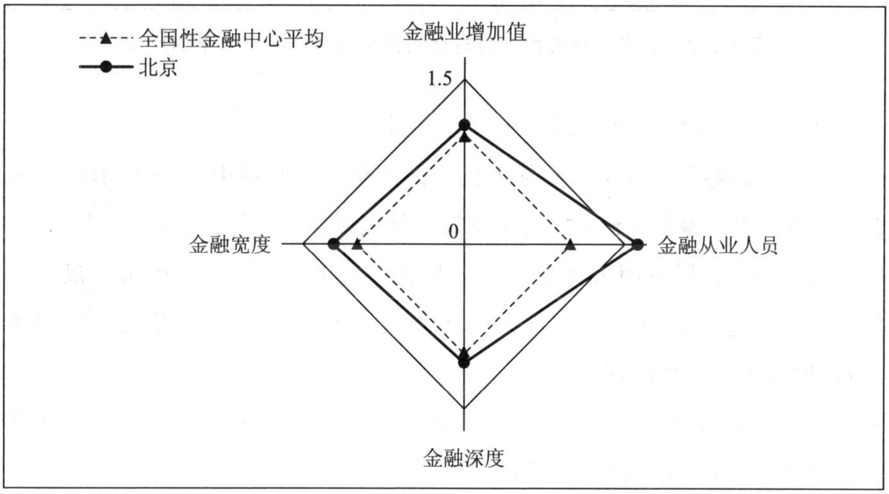

图 3.3.1　北京金融产业绩效与全国性金融中心平均水平的比较

• 北京金融从业人员 2015 年达到 50.9 万人，高居全国第 1，人数比上海和深圳两地之和还多。

• 金融从业人员数量占常住人口的比重达到 2.35%，全国比例最高。

• 金融业增加值在 2013 年首次被上海反超之后，2015 年金融业增加值与上海的差距拉大到 238 亿元。

• 北京金融业增加值占 GDP 比例达到 17.09%，全国最高。

• 2016 年保险深度为 7.39%，保险密度为 8463.34 元/人，均居全国第 1。

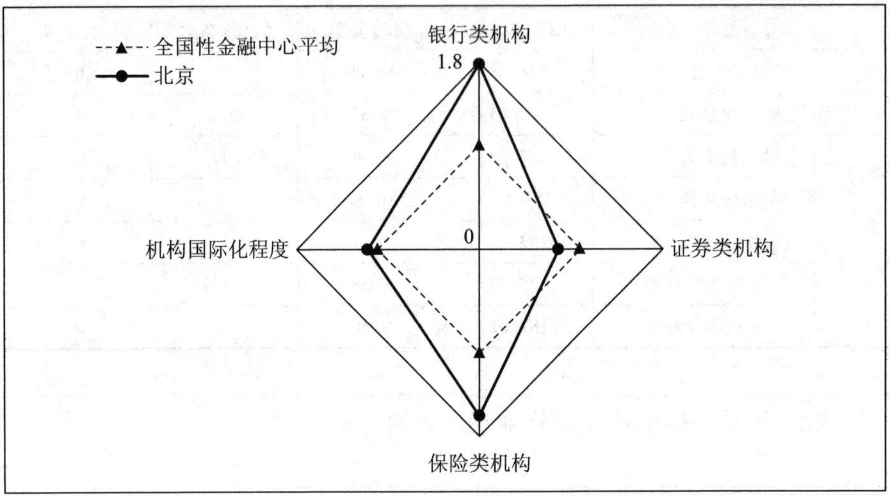

图 3.3.2　北京金融机构实力与全国性金融中心平均水平的比较

如图 3.3.2 所示,在金融机构实力方面:

• 除在证券类机构实力指标上低于同期全国性金融中心的平均水平外,北京在银行类和保险类机构实力上均遥遥领先,总部经济地位得到凸显。

• 凭借作为国有四大行总部集聚地优势,2016 年北京本地法人银行机构资产规模超过了 112 万亿,占 31 个金融中心法人商业银行总规模的 70%左右,远高于上海和深圳。

• 本地法人保险公司资产规模也遥遥领先,56 家法人保险公司资产规模将近 7 万亿元,是上海的 3.5 倍、深圳的 2.8 倍。

• 相对来说,北京在法人证券公司、基金管理公司和期货公司的规模上要远低于上海。

• 北京在吸引外资金融机构入驻方面优势也十分突出,外资金融机构数量仅次于上海,其中外国保险公司代表处数量全国第 1,集中了全国一半以上的机构,达到 95 家。

在金融市场规模方面,凭借全国性场外市场“新三板”落户首都,区域性股权转让市场、区域性金融要素市场等市场创新成效显著等多重利好因素,北京在金融市场规模方面的短板得到有效弥补,本期该分项继续巩固全国第 3 排名。

• 2016 年，"新三板"市场继续爆发式增长，上市挂牌公司数量达到 10163 家，一年新增 5034 家。

• 2016 年，挂牌企业总市值达到 40558 亿元，但全年成交金额基本与上一年持平，仅为 1912 亿元。

• 值得注意的是，以北京联合产权交易所为代表的地方要素交易市场方面，北京 2016 年全年要素交易额达到 7.8 万亿元，创下历史之最。

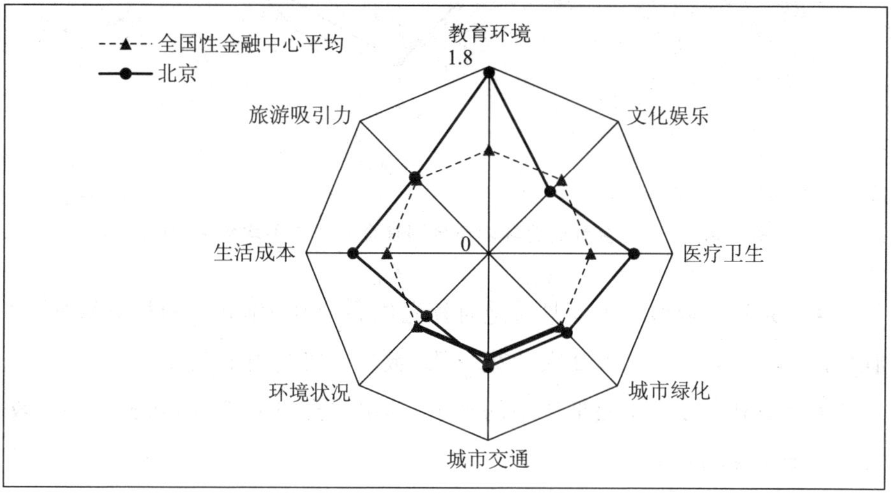

图 3.3.3 北京金融人才环境与全国性金融中心平均水平的比较

如图 3.3.3 和图 3.3.4 所示，在金融生态环境方面：

• 北京教育和医疗资源极为丰富，为北京培育和吸引金融人才创造了良好条件。

• 普通高等教育资源远超其他城市，90 所高等院校，数量全国第 1。

• 人均教育资源丰富，每一普通中学专任教师负担学生数仅为 7.14 人，31 个城市中最优水平。

• 生活成本尽管高于国内大部分城市，但低于上海和深圳，在全国性金融中心中具有比较优势。

• 但北京在环境状况上明显落后，2015 年全年空气优良率仅为 51%，较上一年继续下滑 1 个百分点，环境状况不断恶化在一定程度上制约了金融人才环境。

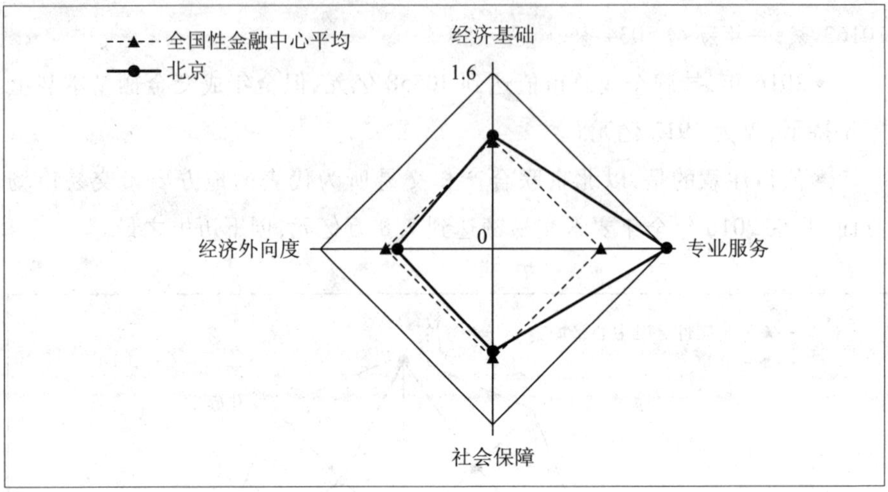

图 3.3.4　北京金融商业环境与全国性金融中心平均水平的比较

• 北京在专业服务方面具备绝对领先优势,2015 年北京的执业律师、注册会计师数分别达到 25542 人、12629 人,数量均居全国第 1。

• 经济外向度方面略低于平均水平,其中进出口总额、国际旅游外汇收入均要低于深圳和上海。

3.4　深圳金融中心评价

深圳在本期 CDI CFCI 中综合得分 103.62 分,较上一期提高 1.87 分,综合排名全国第 3。如表 3.4.1 所示,在分项指标排名上,深圳在金融市场规模方面仅次于上海排名全国第 2,在金融产业绩效、金融机构实力和金融生态环境分项排名均排名全国第 3。其中,金融人才环境再次下滑 1 个名次,仅排名全国第 9。

表 3.4.1　深圳在 CFCI9 中评价结果

	CFCI9 得分	同比上期	CFCI9 排名	同比上期
综合竞争力	103.62	1.87	3	0
金融产业绩效	86.89	-8.31	3	0
金融机构实力	137.29	13.90	3	0

续表

	CFCI9 得分	同比上期	CFCI9 排名	同比上期
金融市场规模	67.69	-4.06	2	0
金融生态环境	117.07	3.52	3	0
金融人才环境	80.44	1.99	9	-1
金融商业环境	153.97	5.06	3	0

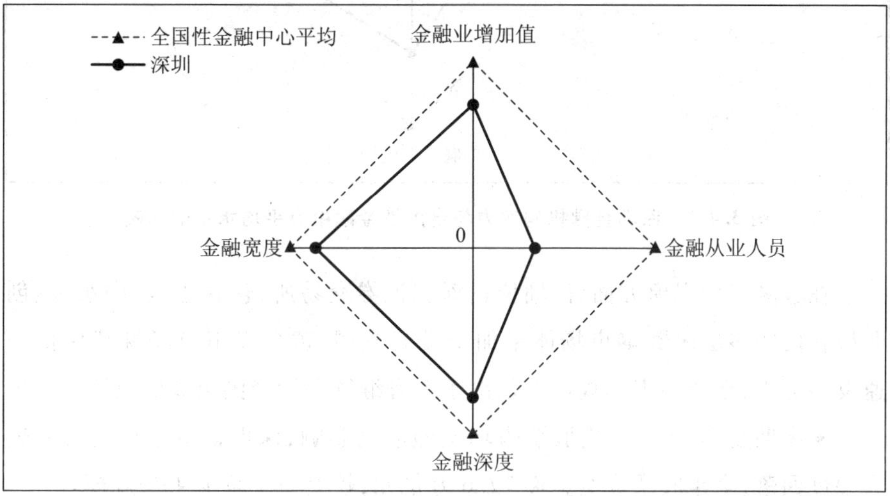

图 3.4.1 深圳金融产业绩效与全国性金融中心平均水平的比较

如图 3.4.1 所示,在金融产业绩效方面:

• 深圳在金融从业人员总量规模上与北京和上海存在较大差距,金融从业人员数量仅为北京的四分之一、上海的三分之一左右。

• 本期金融从业人员数量相较三年前还有所减少,三年平均增长率为 -3.16%。

如图 3.4.2 所示,在金融机构实力方面:

• 深圳在银行类机构实力、保险类机构和机构国际化程度方面大幅落后于平均水平。

• 深圳证券类机构实力表现相对优秀,本地证券公司资产总规模排名全国第 2,本地基金公司数量和资产管理规模则略逊于上海,排名全国第 2。

• 在机构国际化程度上,深圳的外资机构数量和实力与上海和北京相比明显不足,数量仅相当于上海的三分之一。

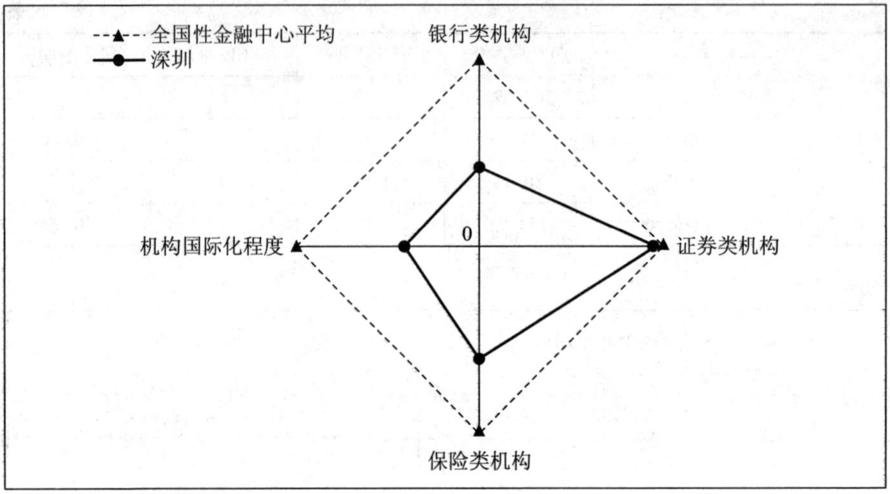

图 3.4.2　深圳金融机构实力与全国性金融中心平均水平的比较

在金融市场规模方面,深圳依托深圳证券交易所,包含主板、中小板、创业板在内的多层次资本市场体系加快发展成型,黄金夜市市场继续保持快速发展势头,在金融市场规模上仅次于上海继续保持全国第 2 的位置。

- 本期受 2016 年国内股票市场剧烈波动影响,深圳证券市场交易有较大幅度回落,全年股票成交金额 77.6 万亿元,较上一年减少 43%规模。
- 黄金市场增长迅速,黄金夜市交易额 4.98 万亿元,较上一年度增长 60%。

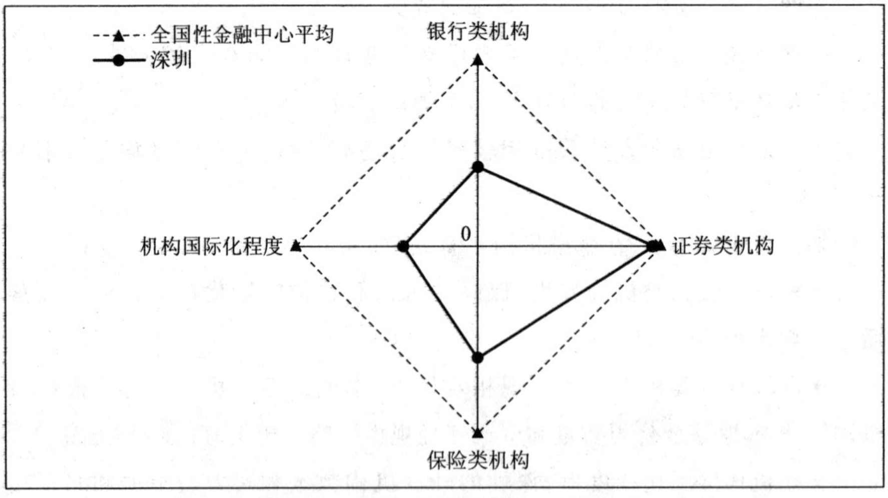

图 3.4.3　深圳金融人才环境与全国性金融中心平均水平的比较

如图 3.4.3 和图 3.4.4 所示，在金融生态环境方面：

• 深圳在城市绿化、环境状况和文化娱乐方面优于全国性金融中心平均水平，深圳 2015 年空气质量优良率达到 93.15%，远优于国内主要大中城市。

• 教育环境是深圳最大的金融人才环境短板，深圳缺乏知名优秀的高等院校，211 工程高校数量为 0，普通高等院校仅 10 所，而人均基础教育资源显著不足，每一小学专任教师负担学生数达到 20.29 人，同期北京和上海分别仅为 16.99 和 15.27 人。

• 值得注意的是，2014 年以来受房价持续上涨因素影响，深圳房价收入比达到 12.24，已经成为 31 个金融中心中最高水平，生活成本显著上升，为深圳吸引金融人才带来不利影响。

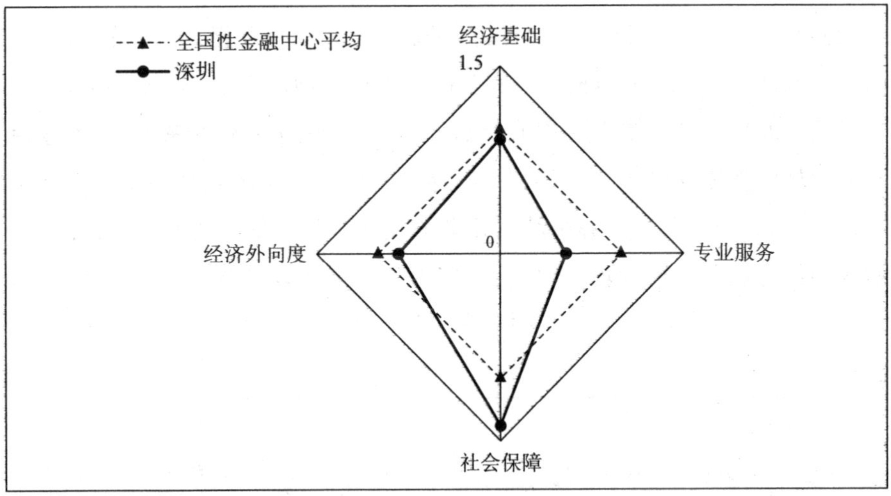

图 3.4.4　深圳金融商业环境与全国性金融中心平均水平的比较

• 2016 年深圳人均地区生产总值（常住人口）达到了 16.37 万元，是同期北京和上海的 1.5 倍左右，在 31 个城市中排名第 1。

• 在社会保障具有较强的相对优势，城镇职工基本养老、医疗和失业保险覆盖率均保持在 80%以上，属于 31 个金融中心最优水平。

• 专业服务资源显著落后北京和上海，2015 年执业律师数 9353 人，仅相当于北京的 1/3 和上海的 1/2，注册会计师数 2976 人，相当于同期北京的 1/4 和上海的 1/2。

第四章　东北地区区域金融中心评价

4.1　总体评价

东北地区包括辽宁、吉林、黑龙江三省，总面积79万平方公里。目前，该地区共有四个城市明确提出了打造区域金融中心的设想，分别是大连、沈阳、长春和哈尔滨，它们目前已经在金融业发展方面取得了一定成效。

从东北地区各城市金融中心综合竞争力的历期评价结果来看，大连保持了较好的整体发展水平，历年来得分高于全国28个区域金融中心平均水平；沈阳的得分与区域中心平均水平较接近，但还存在一点差距；长春与哈尔滨的综合竞争力相对较弱，得分长期处于区域平均水平之下，如图4.1.1所示。

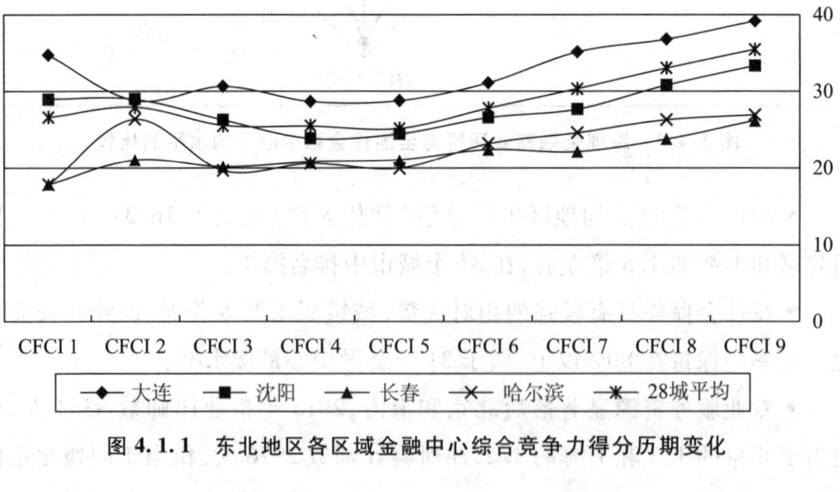

图4.1.1　东北地区各区域金融中心综合竞争力得分历期变化

以下为本期东北地区区域金融中心的评价要点：

• 东北地区区域综合竞争力平均得分为 31.41，低于全国 28 个区域金融中心平均得分约 11%。

• 本期东北地区参与评价的四个城市——大连、沈阳、哈尔滨、长春的综合竞争力排名分别为 12、17、25 和 26。

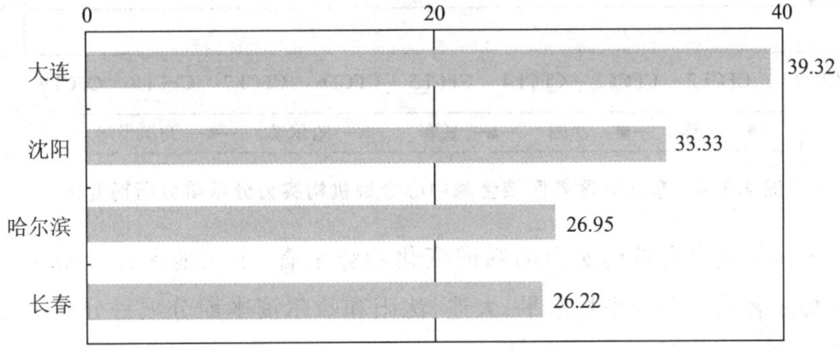

图 4.1.2　东北地区区域金融中心综合竞争力得分比较

• 东北各区域金融中心综合竞争实力已经逐渐形成梯队，大连继续巩固领先地位，沈阳和哈尔滨、长春之间得分也已经拉开差距，差异开始显现。

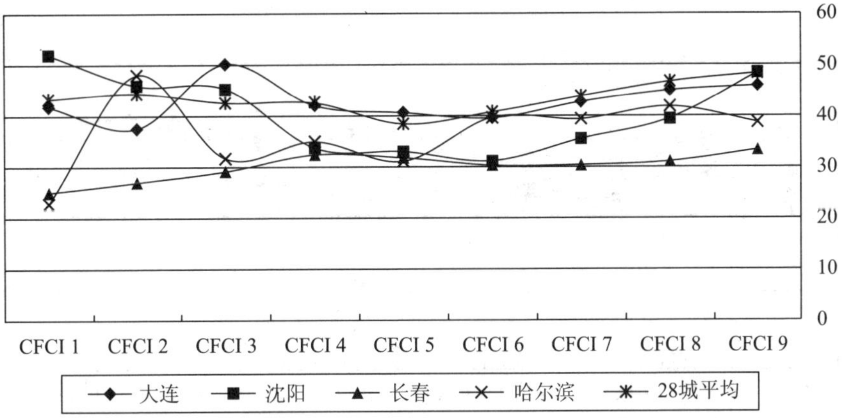

图 4.1.3　东北地区各区域金融中心金融产业绩效分项得分历期变化

• 大连近期走势略微弱于 28 个区域金融中心平均水平，沈阳近期得分则实现较快增长，该分项超过大连并与全国平均水平持平。

• 相对来说，哈尔滨、长春近几期表现持续低迷。

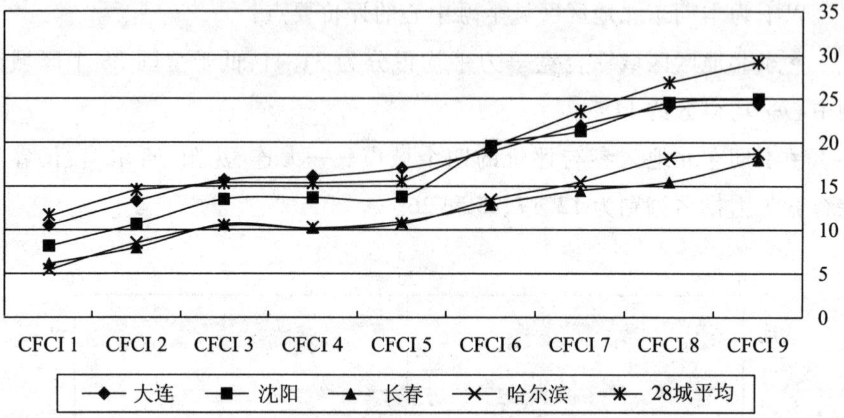

图 4.1.4　东北地区各区域金融中心金融机构实力分项得分历期变化

• 从往期金融机构实力的纵向变化趋势来看,东北地区各金融中心增长态势显著低于全国平均水平,大连、沈阳和哈尔滨本期分项得分几乎处于停滞状态。

• 沈阳金融机构实力自 CFCI 8 超过大连后,本期继续保持领先。

• 大连、哈尔滨、沈阳三者的法人证券机构规模相对偏小,3 个中心合计有 4 家法人证券公司,资产规模合计仅为 464 亿元(2016 年),同期 28 个区域金融中心平均水平是 920 亿元。

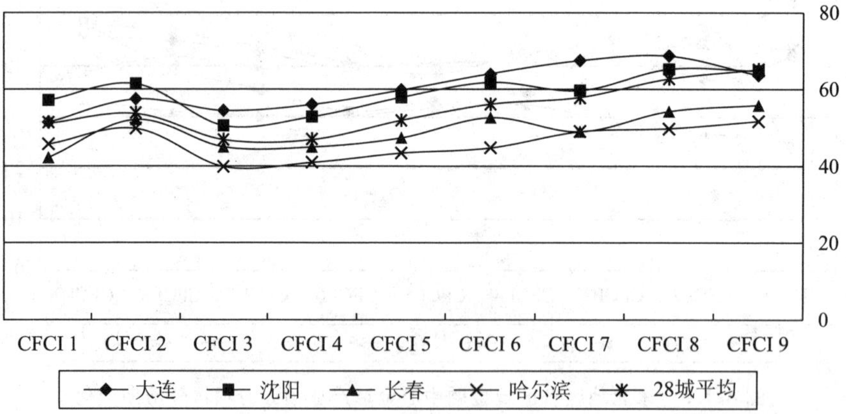

图 4.1.5　东北地区各区域金融中心金融生态环境分项得分历期变化

• 大连本期金融生态环境表现出现下滑,核心原因在于自身经济基础发生改变,FDI 投资额、进出口总额等指标均出现减少,影响到金融商业环境方面的得分。

• 相对来说，哈尔滨和长春表现长期相对低迷，长期低于全国平均水平且差距有扩大趋势。

• 东北地区的经济基础、专业服务和社会保障均低于平均水平，近年来区域经济发展不景气带来的影响已经开始在这些方面显现。

4.2　大连金融中心评价

在第 9 期 CFCI 评价体系中，大连金融中心综合竞争力得分为 39.32，排名全国第 12、东北地区第 1。在一级分项指标评价方面，金融产业绩效排名下降 1 位，金融机构实力排名下降 2 位，金融生态环境排名下降 6 位，如表 4.2.1 所示。

表 4.2.1　大连在 CFCI9 中评价结果

	CFCI9 得分	同比上期	CFCI9 排名	同比上期
综合竞争力	39.32	2.56	12	-1
金融产业绩效	45.89	0.94	18	-1
金融机构实力	24.35	0.34	19	-2
金融生态环境	64.43	-4.21	18	-6
金融人才环境	71.72	2.47	17	-2
金融商业环境	57.09	-10.94	16	-6

在金融产业绩效方面，如图 4.2.1 所示：

• 金融业增加值和金融宽度在东北地区有显著优势，仅在金融深度方面略低于区域平均水平。

• 2015 年金融业增加值为 702 亿元，近三年平均增速达到了 16.19%，金融业增加值占当地 GDP 比例提升到 9.08%，排名东北区域首位。

• 2016 年境内股票市场累计融资量占 GDP 比重达到了 13.73%，在东北地区排名第 1。

• 2016 年贷款余额 11680 亿元，占当年 GDP 的比重为 141.85%，该项指标在东北地区排名最后。

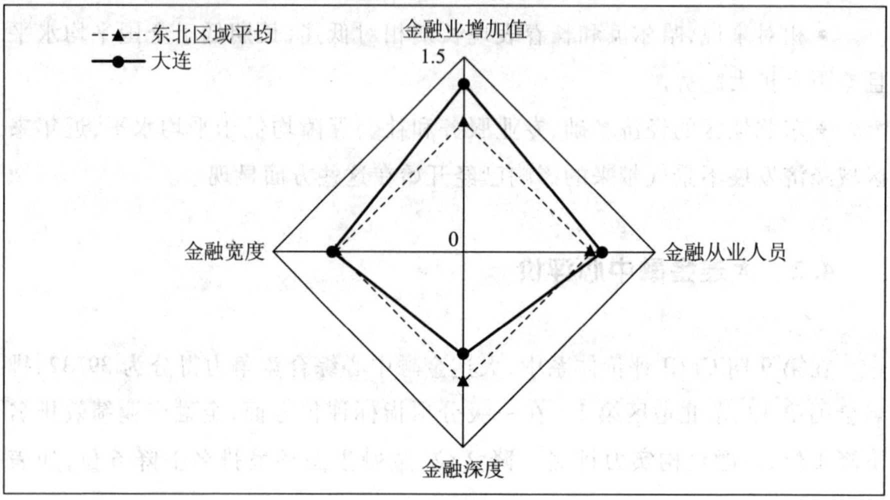

图 4.2.1　大连金融产业绩效同东北地区平均水平的比较

在金融机构实力方面,如图 4.2.2 所示:

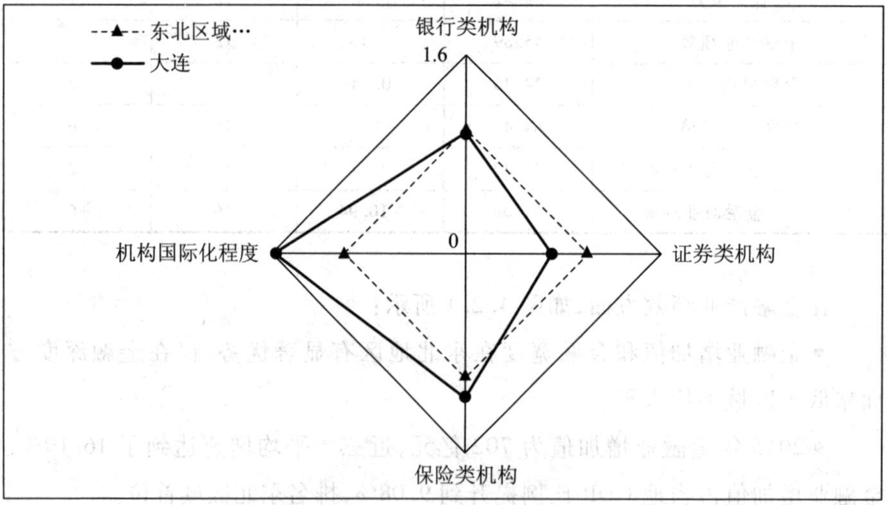

图 4.2.2　大连金融机构实力与东北区域平均水平的比较

• 大连金融机构国际化优势十分显著,作为全国首批沿海开放城市和首批金融开放城市,外资类银行机构、外资保险类机构数量均排名东北第 1。

• 在证券类机构实力方面，要大幅低于区域平均水平，仅有 1 家法人证券公司，资产规模仅为 100 亿元左右，同期 28 个区域金融中心平均水平为 920 亿元。

在金融生态环境方面，大连在 31 个城市中排名第 18，较上期下降 6 个名次，东北地区排名第 2。在金融人才环境和金融商业环境两个方面均有一定优势，如图 4.2.3 和图 4.2.4 所示：

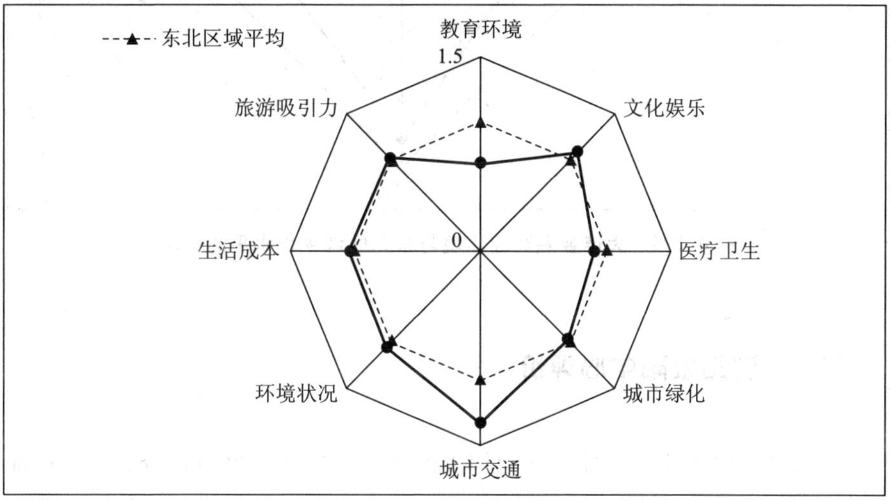

图 4.2.3 大连金融人才环境与东北区域平均水平的比较

• 大连城市轨道交通优势在东北区域十分显著，2016 年大连每百万人城市轨道交通里程为 18.45 公里，是同期沈阳和长春的 3 倍、哈尔滨的 12 倍。

• 教育环境是相对短板方面，大连的普通高等学校数和在校学生数分别为 30 所和 29 万人，同期区域平均水平为 41 所和 46 万人，远低于沈阳。

• 大连的住宅房价收入比 3.98，相对来说是东北区域最高的。

• 大连在经济基础和社会保障方面均有显著优势，2016 年人均 GDP 达到 11.8 万元，远超区域内其他 3 个中心。

• 受自身 FDI 指标统计口径调整影响，经济外向度得分有较大回落，2015 年新统计口径下 FDI 为 27 亿美元，上一年旧口径下指标为 140 亿美元。

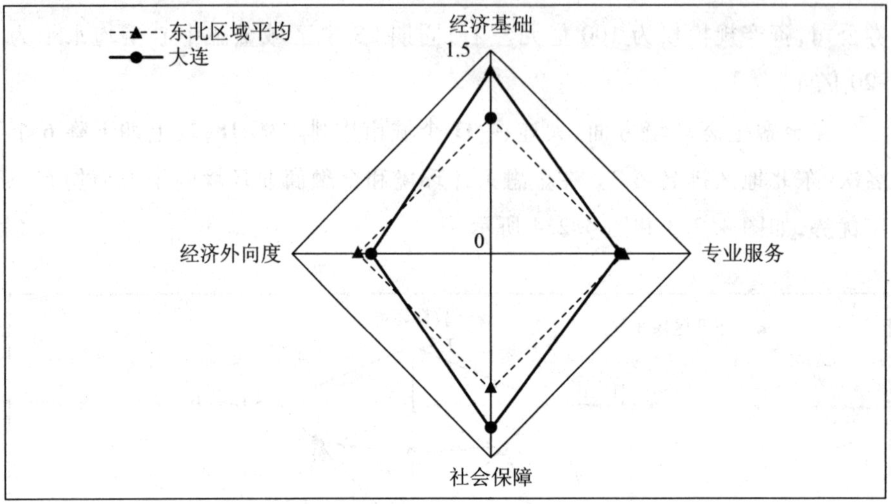

图 4.2.4 大连金融商业环境与东北区域平均水平的比较

4.3 沈阳金融中心评价

在第 9 期 CFCI 评价体系中,沈阳金融中心综合竞争力得分为 33.3,排名全国第 17 位,东北地区第 2。在一级分项指标评价方面,金融产业绩效排名上升 8 位,金融机构实力分项排名下降 2 位,金融生态环境排名下降 3 位,如表 4.3.1 所示。

表 4.3.1 沈阳在 CFCI9 中评价结果

	CFCI9 得分	同比上期	CFCI9 排名	同比上期
综合竞争力	33.30	2.51	17	1
金融产业绩效	48.42	8.92	16	8
金融机构实力	24.97	0.46	17	-2
金融生态环境	64.61	-0.59	17	-3
金融人才环境	76.85	1.73	13	-3
金融商业环境	52.28	-2.93	19	-2

在金融产业绩效方面,如图 4.3.1 所示:

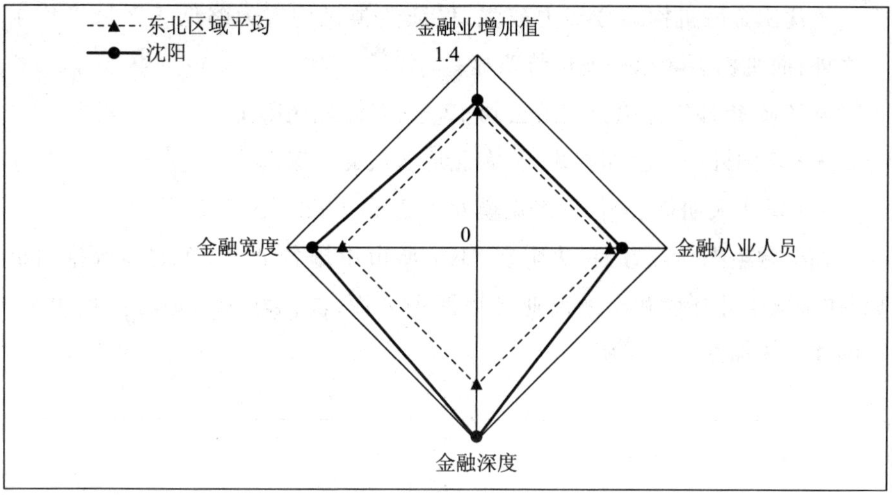

图 4.3.1　沈阳金融产业绩效同东北地区平均水平的比较

• 由于 2016 年沈阳市针对多年来 GDP 统计虚高问题做了处置，当年 GDP 较此前做了较大调整，金融深度和金融宽度方面基于 GDP 的指标较上一年均有了较大提升。以保险密度为例，2016 年该项指标达到了 5.62%，而上一年则为 3.24%，本年一跃成为东北区域第 1。

• 存款余额和贷款余额占 GDP 比重均排名东北区域第 1，2016 年分别达到 263.23% 和 233.2%，同期区域平均水平分别为 195% 和 173%。

在金融机构实力方面，如图 4.3.2 所示：

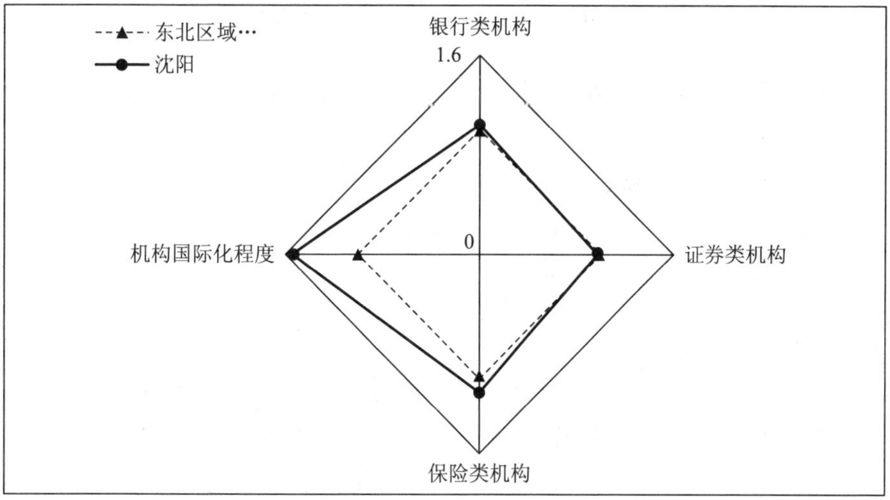

图 4.3.2　沈阳金融机构实力与东北区域平均水平的比较

•沈阳金融机构综合实力较强,仅证券类机构实力略低于区域平均水平之外,而机构国际化程度优势明显。

•2016 年外资保险公司分公司 12 家,东北地区第 1。

•1 家国外证券公司代表处,东北地区仅此 1 家。

•1 家法人期货公司,资产规模 6.4 亿元,东北地区第 1

在金融生态环境方面,沈阳在 31 个城市中排名第 17,东北地区排名第 1。在金融人才环境和金融商业环境两个方面,沈阳均优于地区平均水平,如图 4.3.3 和图 4.3.4 所示:

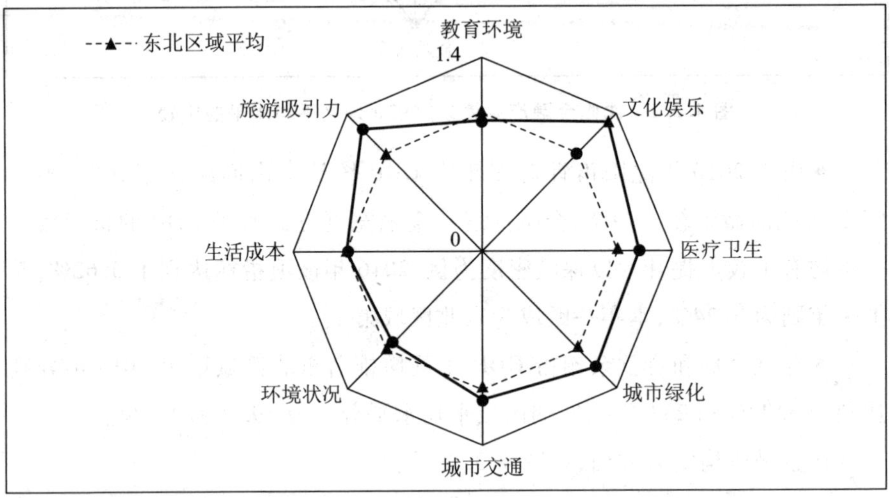

图 4.3.3　沈阳金融人才环境与东北区域平均水平的比较

•文化娱乐、医疗卫生、城市绿化、城市交通和旅游吸引力等均是沈阳金融人才环境方面的优势项。

•人均医疗资源区域最丰富,2015 年人均医院床位数和执业医师数分别为 70.23 张和 29.92 人,均高居东北区域榜首。

•沈阳 2015 年人均公园绿地面积高达 8.96 平方米,排名东北地区首位,全国排名第 6。

•教育环境相对短板,普通高等院校在校学生人数低于哈尔滨和长春,每一普通中学专任教师负担学生数 11 人,是东北区域负担最大的。

• 环境状况也相对堪忧，2015 年空气质量优良率仅为 56.71%，在全国排名倒数第 5。

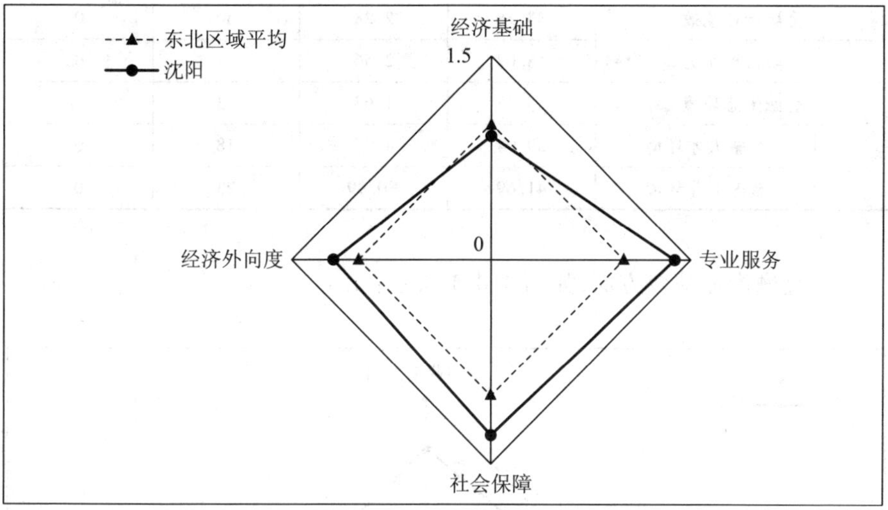

图 4.3.4 沈阳金融商业环境与东北区域平均水平的比较

• 专业服务优势突出，2015 年专业保险中介机构数量 209 家，将近是长春和哈尔滨的数量之和。

• 城镇职工基本养老保险覆盖率 44.72%，是同期东北区域其他中心的 2 倍左右。

• 受自身 GDP"挤水分"因素影响，经济基础方面低于区域平均水平。

4.4 长春金融中心评价

在第 9 期 CFCI 评价体系中，长春金融中心综合竞争力得分为 26.22，排名全国第 26 位，东北地区末位。在一级分项指标评价方面，尽管本期长春各项得分均有所提升，但同期其他区域金融中心进步幅度更大，反映在分项排名上的结果就是，金融产业绩效和金融机构实力排名与上期持平，金融生态环境排名下降 1 位，如表 4.4.1 所示。

表 4.4.1　长春在 CFCI9 中评价结果

	CFCI9 得分	同比上期	CFCI9 排名	同比上期
综合竞争力	26.22	2.43	26	2
金融产业绩效	33.36	2.28	30	0
金融机构实力	18.02	2.56	27	0
金融生态环境	55.87	1.63	23	-1
金融人才环境	69.94	4.24	18	0
金融商业环境	41.69	-0.99	23	0

在金融产业绩效方面,如图 4.4.1 所示:

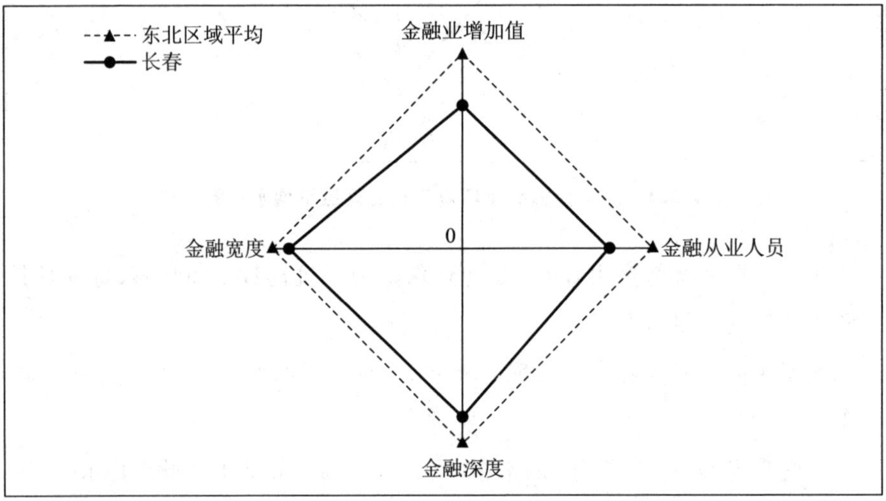

图 4.4.1　长春金融产业绩效同东北地区平均水平的比较

• 长春整体金融产业绩效各方面弱于东北区域平均水平,在总量规模上整体偏小。

• 2015 年金融业增加值 237.27 亿元,在 31 个金融中心中位列倒数第 3,同期仅相当于大连的三分之一左右;金融业增加值占 GDP 比重仅为 4.29%,在 31 个中心中是最低的。

• 2015 年金融从业人员 4.62 万人,在东北区域人数最少。

在金融机构实力方面,如图 4.4.2 所示:

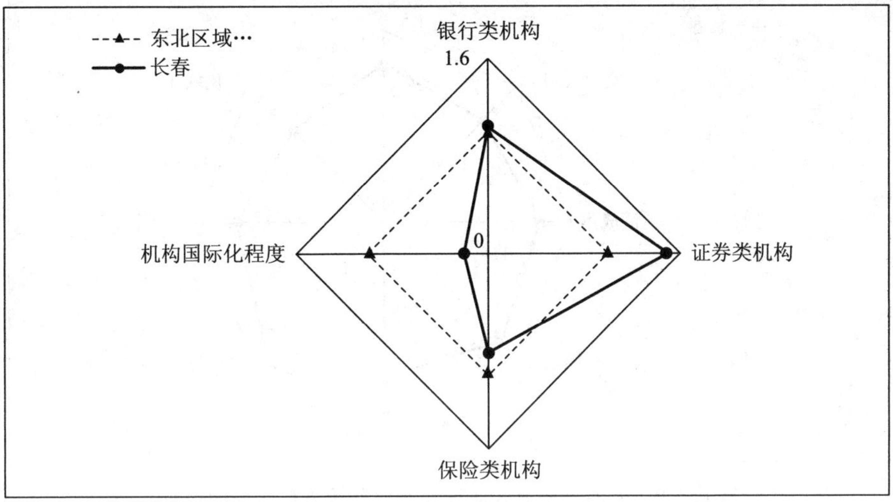

图 4.4.2　长春金融机构实力与东北区域平均水平的比较

• 长春在证券类机构实力方面显著优于区域平均水平，2 家法人证券公司 2016 年资产总规模达到 756 亿元，在东北地区均处于第 1，超过大连、沈阳和哈尔滨 4 家法人证券公司资产总和。

• 2016 年保费收入 224.8 亿元，赔付支出 68.5 亿元，东北排名末位。

• 机构国际化程度方面则存在明显劣势，缺乏外资银行、外资证券公司和外资保险公司及其分支机构，仅有 2 家外资银行分行、1 家外资银行营业性机构以及 1 家外资保险公司分公司。

在金融生态环境方面，长春在 31 个城市中排名第 22，东北地区排名第 3，金融人才环境得分排名 18 位，金融商业环境排名第 23 位，如图 4.4.3 和图 4.4.4 所示：

• 2015 年，拥有 38 所普通高等院校、在校学生数 48.5 万人，每一普通中学专任教师负担学生数仅为 9.77 人。

• 2015 年空气质量优良率 79.5%，在东北地区相对算最好的。

• 2015 年住宅房价收入比为 3.14，东北地区最优，在 31 个金融中心中排名第 4，生活成本有很强的优势。

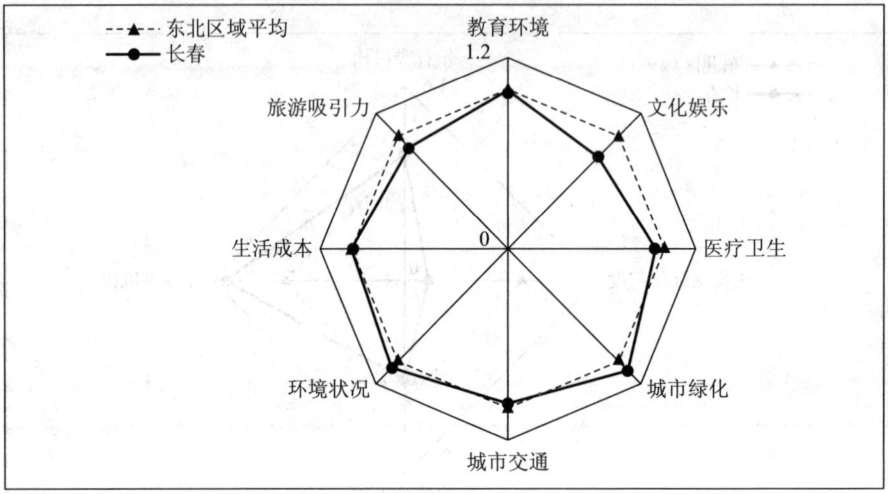

图 4.4.3　长春金融人才环境与东北区域平均水平的比较

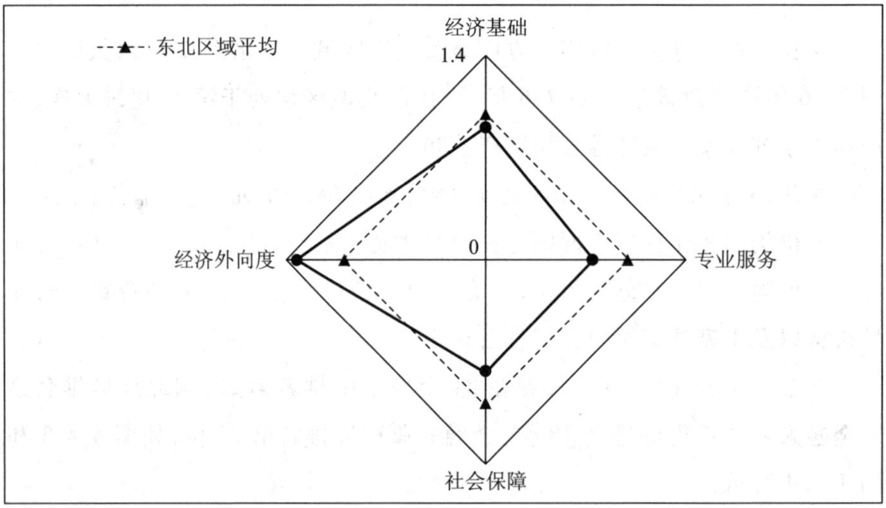

图 4.4.4　长春金融商业环境与东北区域平均水平的比较

• 2015 年 FDI 达到 65 亿美元,在东北四个中心中最高;进出口总额 141.6 亿美元,仅次于大连。

• 在金融商业环境方面,长春在经济基础、专业服务、社会保障方面均低于地区平均水平。

• 长春现有境内上市公司 23 家,排名东北区域末位。

• 城镇职工基本养老、医疗和失业保险覆盖率仅为 26.6%、21.0% 和 12.4%，在 31 个中心中算较低水平。

4.5 哈尔滨金融中心评价

在第 9 期 CFCI 评价体系中，哈尔滨金融中心综合竞争力得分为 26.95，排名全国第 25，东北地区第 3。在一级分项指标评价方面，金融产业绩效排名下降 7 位，金融机构实力排名下降 3 位，金融生态环境排名上升 2 位，如表 4.5.1 所示。

表 4.5.1　哈尔滨在 CFCI 8 中评价结果

	CFCI9 得分	同比上期	CFCI9 排名	同比上期
综合竞争力	26.95	0.84	25	-1
金融产业绩效	38.72	-3.09	27	-7
金融机构实力	18.75	0.57	26	-3
金融生态环境	51.67	2.80	25	2
金融人才环境	67.57	5.46	21	3
金融商业环境	35.65	0.13	26	-1

在金融产业绩效方面，如图 4.5.1 所示：

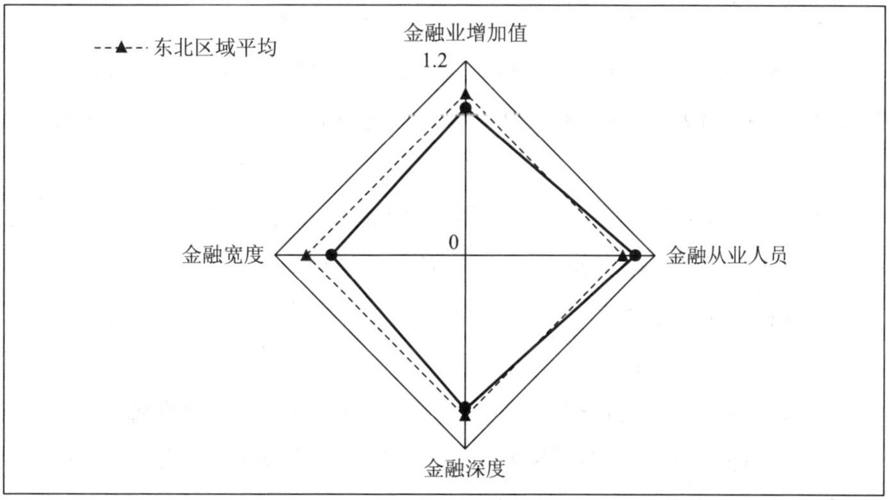

图 4.5.1　哈尔滨金融产业绩效同东北地区平均水平的比较

• 2015 年金融从业人员 6.84 万人,在东北地区人数做多。

• 2016 年保险深度 4.73%,仅次于沈阳,但保险密度仅为 2629 元/每人,东北区域最低。

在金融机构实力方面,如图 4.5.2 所示:

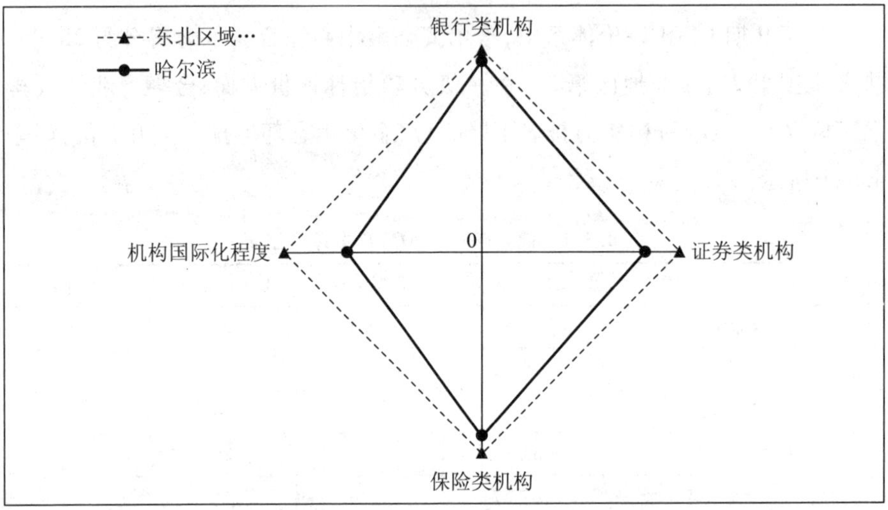

图 4.5.2　哈尔滨金融机构实力与东北区域平均水平的比较

• 金融机构实力整体低于东北区域平均水平,特别是机构国际化程度方面存在明显劣势。

• 哈尔滨缺少法人基金管理公司、外资类证券机构。

在金融生态环境方面,哈尔滨在 31 个城市中排名第 27,东北地区排名第 3,在金融人才环境和金融商业环境两个方面的得分和排名均有下降,如图 4.5.3 和图 4.5.4 所示:

• 哈尔滨在教育环境方面优势明显,50 所普通高等学校、66.4 万人普通高校在校生、4 所“211”高校,各方面均是东北区域最多。

• 普通中学和小学每一专任教师负担学生数分别只有 9.58 和 14.27,均是东北区域中最少的。

• 每百万人城市轨道交通里程为 1.57 公里,在东北区域排名最后。

• 城市绿化和环境状况不甚理想,2015 年人均公园绿地面积为 4.1 平米,东北区域排名垫底,空气质量优良率为 63.1%,排名倒数第二。

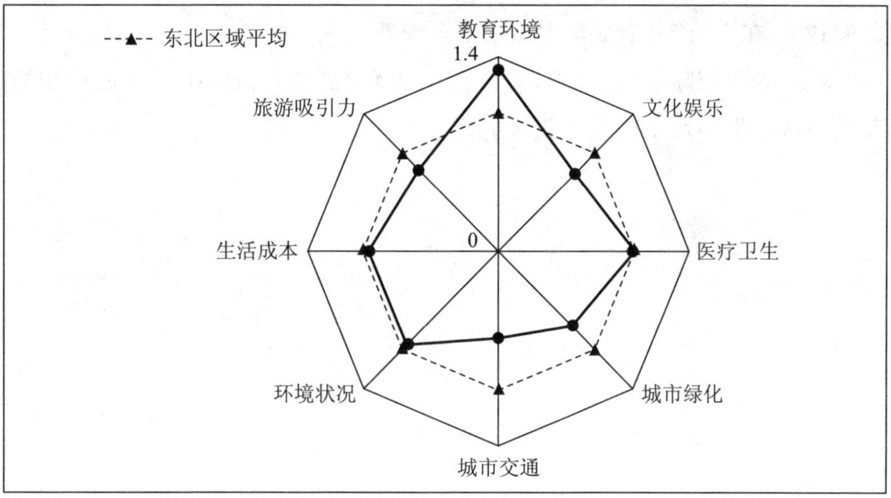

图 4.5.3　哈尔滨金融人才环境与东北区域平均水平的比较

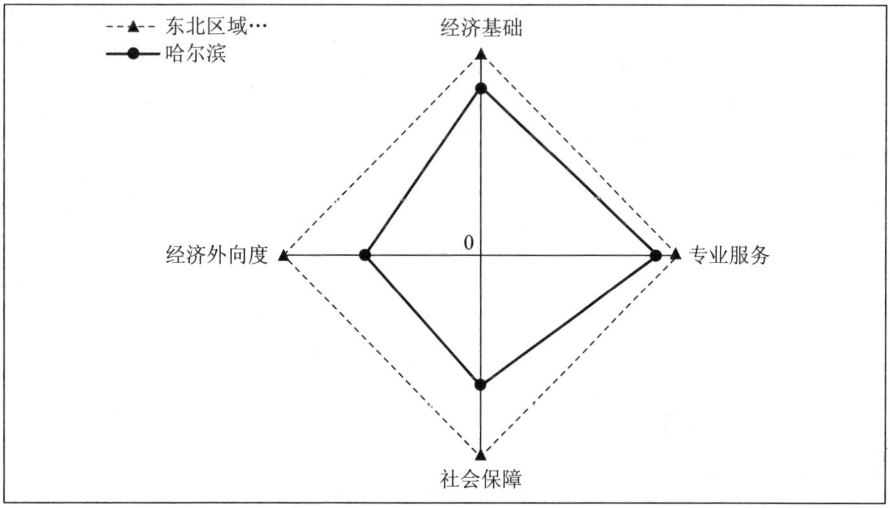

图 4.5.4　哈尔滨金融商业环境与东北区域平均水平的比较

• 在专业服务方面,2016 年注册会计师人数达到 1800 人,远超其他东北城市,为区域最多。

• 2015 年地区生产总值 5751 亿元,人均地区生产总值 5.6 万元,与大连和沈阳有较大差距。

• 相对来说,社会保障体系十分薄弱,城镇职工基本失业保险覆盖率仅为 9.12%,在全国 31 个金融中心中排名倒数第 3。

• 2015 年国际旅游(外汇)收入仅为 1.09 亿美元,在 31 个中心中倒数第 3,与区域平均水平间存在很大差距。

第五章　北部沿海地区区域金融中心评价

5.1　总体评价

北部沿海地区包括北京、天津、河北以及山东四省或直辖市组成的京津冀经济圈和山东半岛经济圈。目前，该区域共有四个城市明确提出了打造区域金融中心的设想，分别是天津、济南、青岛及石家庄，它们目前已经在金融业发展方面取得了一定成效。

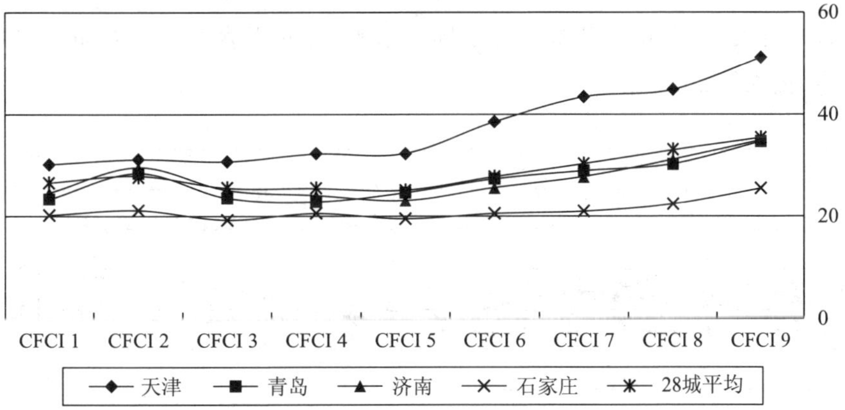

图 5.1.1　北部沿海地区各区域金融中心综合竞争力得分历期变化

从北部沿海地区各城市历期评估结果来看，北部沿海地区四个金融中心城市中，天津继续一枝独秀，历期得分均高于全国 28 个区域金融中心的平均水平，同时正不断扩大与区域其他中心的领先优势；青岛与济南的发展几乎保持了一致，近年来得分与全国 28 个区域金融中心平均水平接近持平；石家庄综合得分增长缓慢，与区域内其他中心的差距在不断扩大，如图 5.1.1 所示。

以下为本期北部沿海地区区域金融中心的评价要点:

• 北部沿海地区区域综合竞争力平均得分为36.57,略高于全国28个区域金融中心平均得分35.45,主要得益于区域内天津的强势拉动。

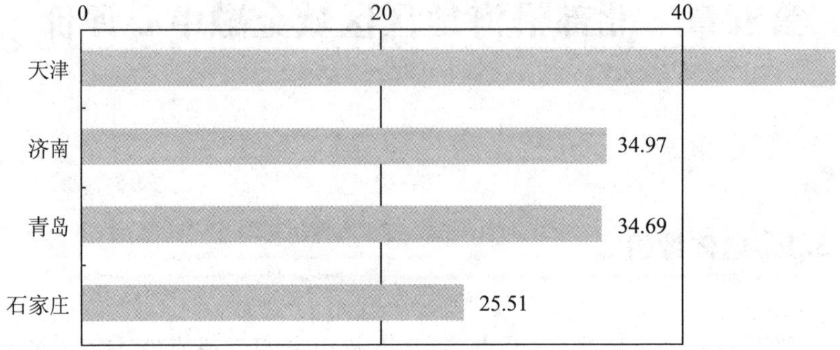

图5.1.2 北部沿海地区区域金融中心综合竞争力得分比较

• 四个城市——天津、济南、青岛、石家庄综合竞争力排名分别为5、15、16和28。

• 天津的金融中心综合竞争力继续在北部沿海地区保持领先地位,领先幅度巨大,济南和青岛基本处于同一水平,相对而言石家庄竞争实力最弱,如图5.1.2所示。

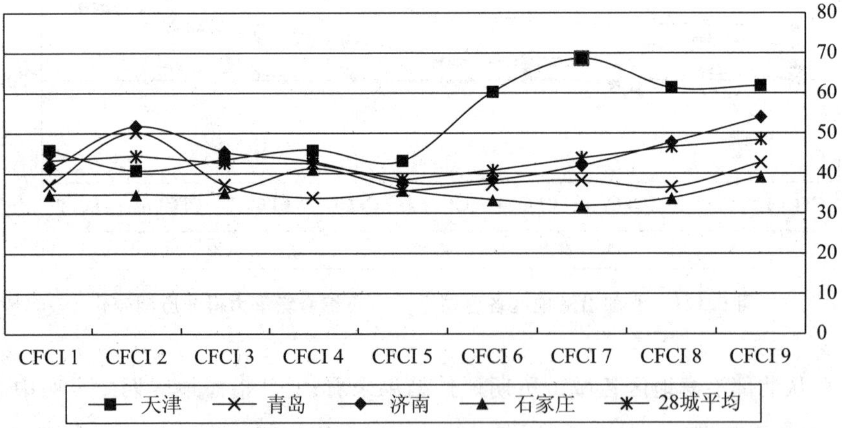

图5.1.3 北部沿海地区各区域金融中心金融产业绩效分项得分历期变化

• 天津金融产业绩效近几期回落趋于稳定,全国分项排名第6。

• 济南近几期金融产业绩效保持不断增长,正逐步缩小同天津的差距,本期分项排名第 13 位。

• 青岛和石家庄在经历一段时间低迷后，金融产业绩效回归增长态势，本期分项排名分别为第 22 和第 26，如图 5.1.3 所示。

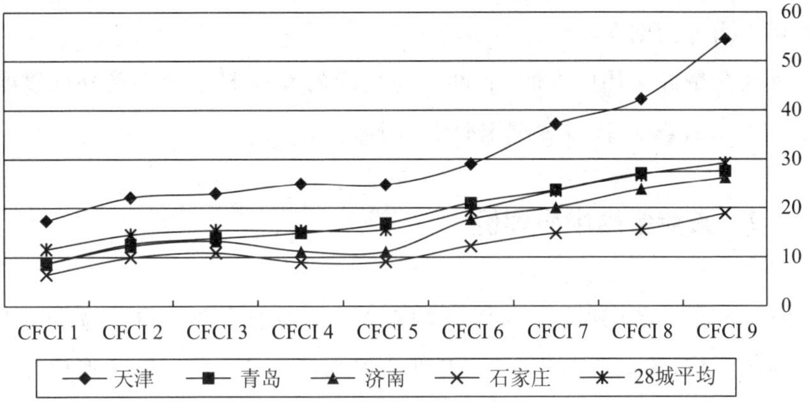

图 5.1.4　北部沿海地区各区域金融中心金融机构实力分项得分历期变化

• 天津金融机构实力在区域中最为突出，分项排名全国第 5，且保持强劲上升势头，金融机构实力远高于全国平均水平且保持更快的速度增长，如图 5.1.4 所示。

• 青岛和济南金融机构实力基本处于同一水平，分别排名全国第 14 和第 16。

• 相对来说，石家庄金融机构实力最弱，本期排名全国第 25。

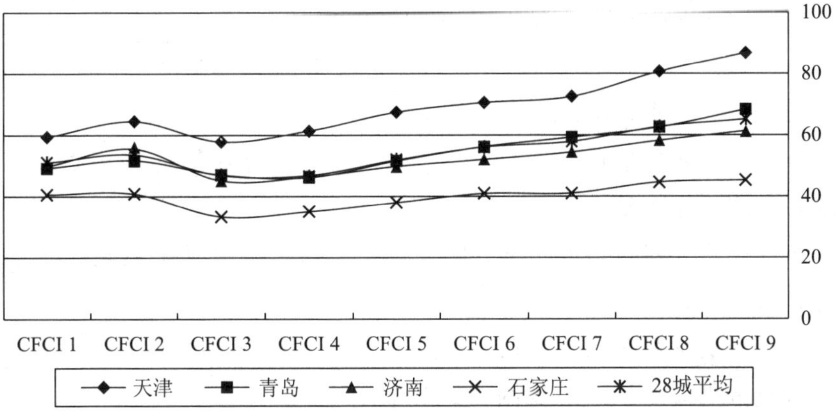

图 5.1.5　中部地区各区域金融中心金融生态环境分项得分历期变化

•从往期金融生态环境的纵向变化趋势来看,与综合竞争力情况基本一致,只有天津长期大幅超过全国平均水平,分项排名全国第5。

•从当期金融人才环境分项竞争力横向比较来看,北部沿海地区在教育环境、文化娱乐、医疗卫生方面具备一定竞争力,在城市绿化、城市交通和旅游吸引力方面则存在较为明显的劣势。

•在金融商业环境方面,北部沿海地区的专业服务和经济外向度平均水平优于全国28个区域金融中心平均水平。

5.2 天津金融中心评价

在第9期CFCI评价体系中,天津金融中心综合竞争力得分为51.12,排名全国第5位,较上期上升2位,北部沿海地区第1。在一级分项指标评价方面,天津的金融产业绩效排名不变,金融机构实力排名上升3位,金融生态环境排名上升2位,如表5.2.1所示。

表5.2.1 天津在CFCI9中评价结果

	CFCI9得分	同比上期	CFCI9排名	同比上期
综合竞争力	51.12	6.31	5	2
金融产业绩效	61.85	0.54	6	0
金融机构实力	54.44	12.26	5	3
金融生态环境	86.79	9.08	5	2
金融人才环境	79.19	11.53	11	5
金融商业环境	94.45	6.61	5	2

在金融产业绩效方面,如图5.2.1所示:

•天津金融产业绩效的规模优势显著,在金融增加值、金融从业人员这两方面得到很好体现。

•2015年金融业增加值为1603.23亿元,排名全国第6,是北部沿海区域平均水平的2倍。

•金融从业人员12.13万人,仅次于北京、上海和重庆,排名全国第4。

在金融机构实力方面,如图5.2.2所示。

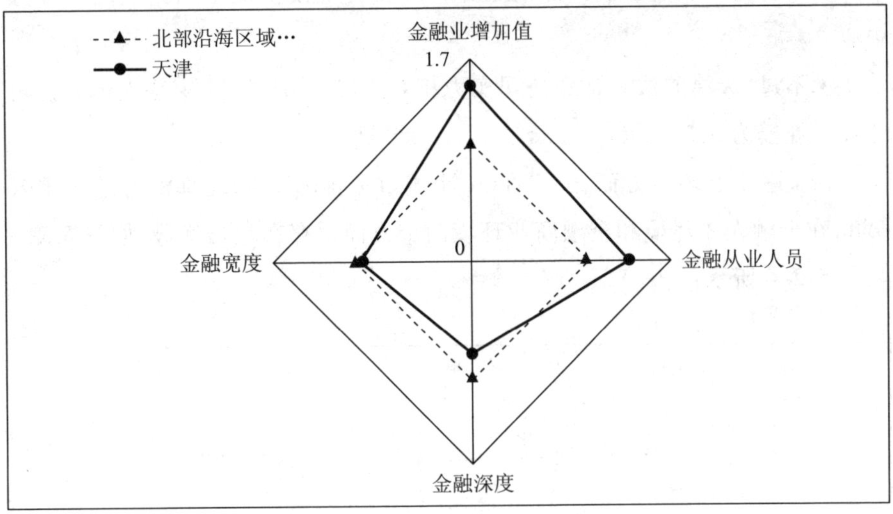

图 5.2.1　天津金融产业绩效同北部沿海地区平均水平的比较

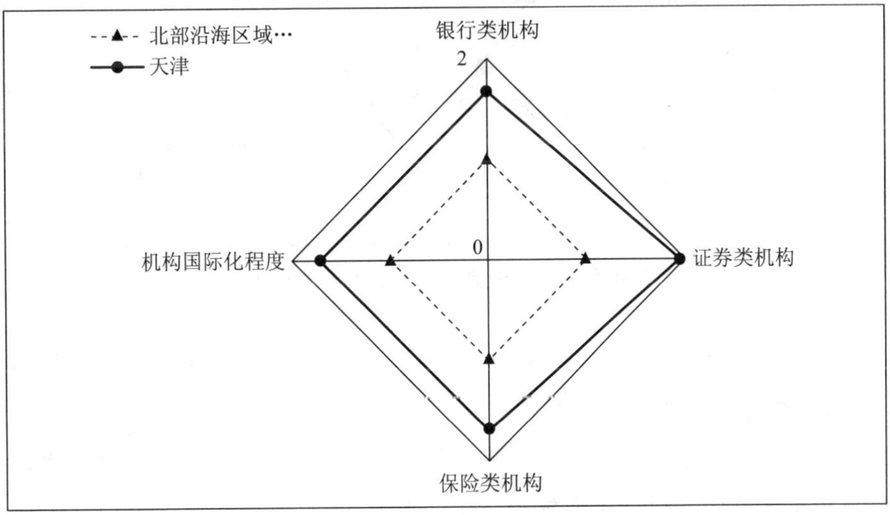

图 5.2.2　天津金融机构实力与北部沿海区域平均水平的比较

• 相较北部沿海区域平均水平，天津金融机构实力比较优势显著，在银行类机构、证券类机构、保险类机构方面均有巨大优势。

• 拥有 8 家本地法人商业银行，本地银行资产总规模达到 1.96 万亿元，远高于北部沿海区域平均水平，全国排名第 7。

• 拥有北部沿海区域唯一的 1 家法人基金管理公司——天弘基金管理

有限公司,凭借其规模优势,法人基金管理公司规模仅次于三大全国性金融中心。

• 不过,天津的法人证券公司实力相对一般,2016 年,1 家法人证券公司的资产规模为 532 亿元。

在金融生态环境方面,天津在 31 个城市中排名第 7,北部沿海地区排名第 1,在金融人才环境和金融商业环境两个方面都存在较强优势,如图 5.2.3 和图 5.2.4 所示:

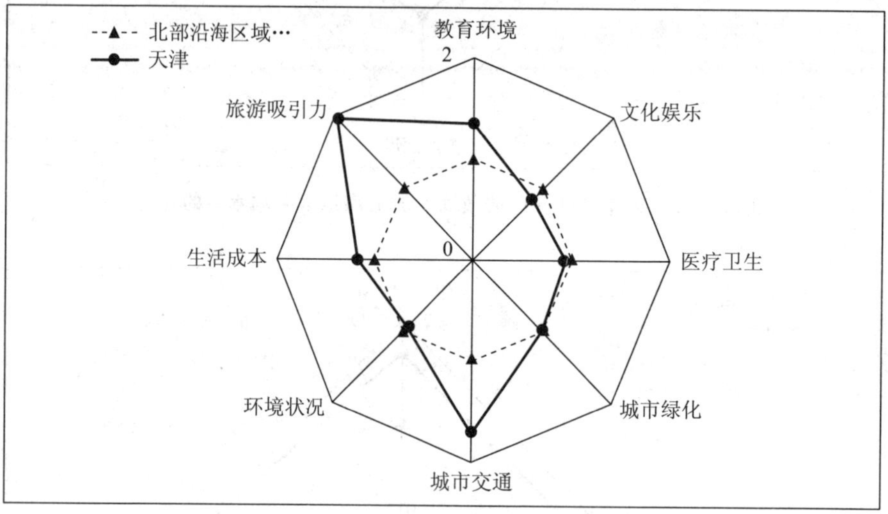

图 5.2.3 天津金融人才环境与北部沿海区域平均水平的比较

• 天津拥有 55 所普通高等院校,其中 4 所“211”高校,在校学生数 51.3 万人,名列全国前列。

• 同时,中、小学专任教师平均负担学生数是区域中最少的,2015 年每一普通中学专任教师负担学生数 10.05 人、每一小学专任教师负担学生数 14.98 人,同期区域平均水平分别为 11.4 人和 16.0 人,基础教育资源明显优于同区域其他中心。

• 天津是北部沿海地区中最早拥有城市轨道交通系统的中心,轨道交通系统发达便利,每百万人城市轨道交通里程为 8.9 公里。

• 天津旅游吸引力极强,2015 年接待国内外游客次数 1.7 亿人次,是同期区域平均水平的 2 倍。

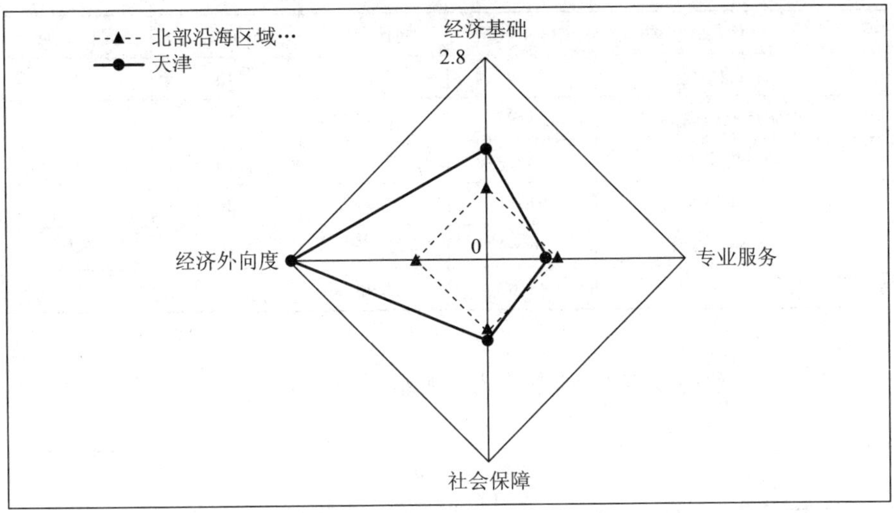

图 5.2.4　天津金融商业环境与北部沿海区域平均水平的比较

• 在金融商业环境方面,天津在经济基础和经济外向度方面的竞争力远超同区域其他城市,仅在专业服务方面略低于区域平均水平。

• 2016 年,天津生产总值、人均生产总值、第三产业增加值分别达到 17885 亿元、11.45 万元和 9661 亿元,均排名北部沿海地区首位。

• 在经济外向度方面,2015 年天津进出口总额达到 1143 亿美元、全国排名第 6,国际旅游(外汇)收入 33 亿美元、全国排名第 5,,是区域其他中心的数倍乃至数十倍,经济外向度比较优势显著。

• 在专业服务方面,天津在专业保险中介服务机构数量方面略显不足,数量是区域 4 个中心中最少的。

5.3　济南金融中心评价

在第 9 期 CFCI 评价体系中,济南金融中心综合竞争力得分为 34.97,排名全国第 15 位,北部沿海地区第 2。在一级分项指标评价方面,本期济南各项分值均实现较大增长,金融产业绩效排名上升 1 位,金融机构实力排名上升 2 位,金融生态环境排名保持不变,如表 5.3.1 所示。

表 5.3.1 济南在 CFCI9 中评价结果

	CFCI9 得分	同比上期	CFCI9 排名	同比上期
综合竞争力	34.97	3.80	15	2
金融产业绩效	53.97	6.23	13	1
金融机构实力	26.19	2.36	16	2
金融生态环境	61.31	3.11	20	0
金融人才环境	74.44	2.75	16	-2
金融商业环境	48.07	3.48	21	1

在金融产业绩效方面,如图 5.3.1 所示:

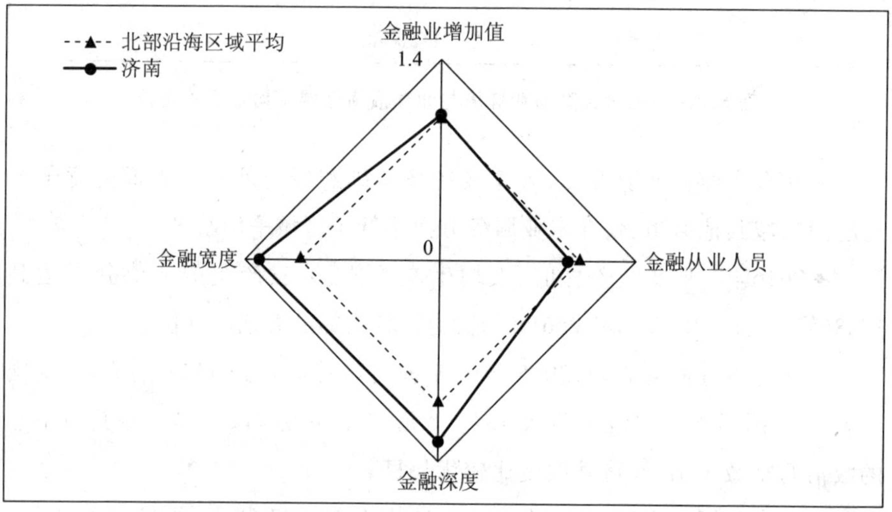

图 5.3.1 济南金融产业绩效同北部沿海地区平均水平的比较

• 2015 年,济南金融业增加值占 GDP 比重达到 10.52%,北部沿海区域排名第 1,全国排名第 9。

• 2016 年,济南存款余额、贷款余额以及本地证券交易量占 GDP 比重分别达到 237.7%、200.4%和 201.8%,均要远高于区域中其他 3 个中心,同期三项指标区域平均水平分别为 185%、151%和 154%。

• 2016 年保险密度 4804.3 元,排名区域第 1。

在金融机构实力方面,如图 5.3.2 所示。

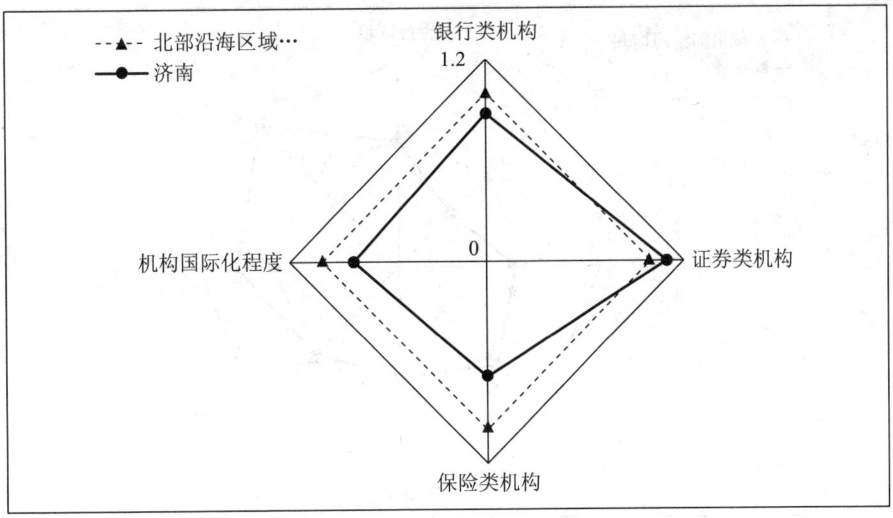

图 5.3.2 济南金融机构实力与北部沿海区域平均水平的比较

• 济南证券类机构实力相对较强，尽管只有 1 家本地法人证券公司，但 2016 年资产总规模达 1230 亿元，同期区域平均水平仅为 577 亿元，远高于区域内其他金融中心。

• 在机构国际化程度方面，济南 2016 年有 5 家外资商业银行，外资保险公司 16 家，1 家法人合资保险公司，1 家外资保险公司代表处，外资金融机构的数量和种类均具有一定的优势。

在金融生态环境方面，济南在 31 个城市中排名第 20，北部沿海地区排名第 3，在金融人才环境和金融商业环境的个别方面具备比较优势，如图 5.3.3 和图 5.3.4 所示：

• 济南拥有 34 所普通高等学校，在校人数为 53.6 万人，在校学生数区域排名第 1。

• 2015 年，每百万人电影院数为 5.3 座，每万人公共图书藏书量为 1.67 万册，均为区域最高。

• 人均医院床位数和执业医师数均是北部沿海区域最高水平，2015 年分别达到 68.03 张和 45.75 人，远超过区域内其他中心。

• 相对来说，境内外旅游吸引力要明显弱于区域平均，2015 年接待国内外游客人数在区域排名垫底。

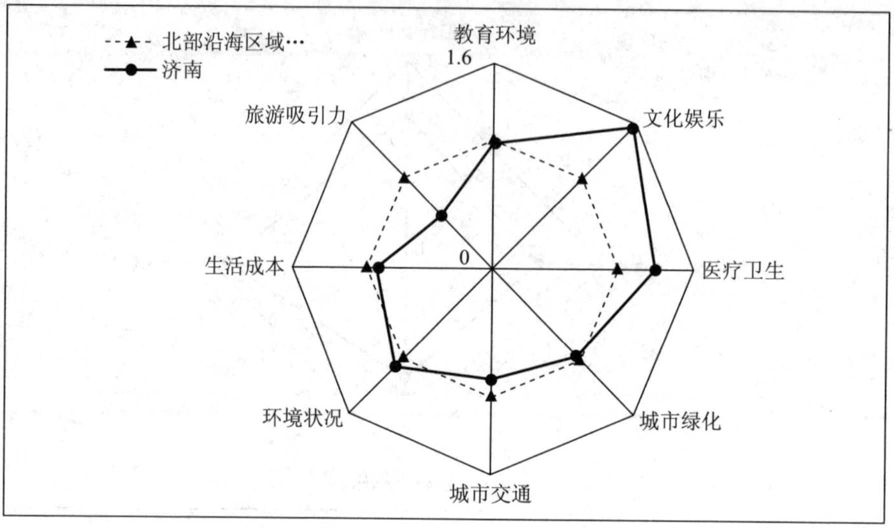

图 5.3.3 济南金融人才环境与东部沿海区域平均水平的比较

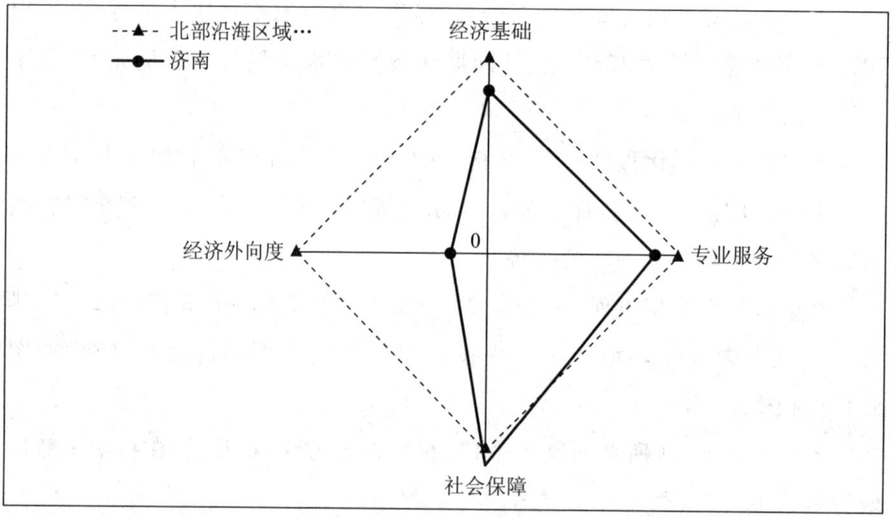

图 5.3.4 济南金融商业环境与北部沿海区域平均水平的比较

• 济南在社会保障方面略高于区域平均水平,在经济基础、专业服务和经济外向度方面则存在不同程度的劣势。

• 经济外向度不足是济南金融商业环境最大的短板,2015 年实际利用外资总额、进出口总额以及国际旅游外汇收入分别为 15.8 亿美元、91.1 亿美元和1.84亿美元，均要大幅弱于天津和青岛，其中进出口总额和国际旅游收入仅相当于青岛的八分之一。

5.4　青岛金融中心评价

在第9期CFCI评价体系中，青岛金融中心综合竞争力得分为34.69，排名全国第16位，北部沿海地区第3。在一级分项指标评价方面，本期得分均实现正增长，金融产业绩效排名上升4位，金融机构实力排名下降1位，金融生态环境排名上升3位，如表5.4.1所示。

表5.4.1　青岛在CFCI9中评价结果

	CFCI9得分	同比上期	CFCI9排名	同比上期
综合竞争力	34.69	4.39	16	3
金融产业绩效	42.75	6.14	22	4
金融机构实力	27.56	0.51	14	-1
金融生态环境	68.30	5.78	12	3
金融人才环境	67.24	5.47	22	3
金融商业环境	69.36	6.09	11	3

在金融产业绩效方面，如图5.4.1所示：

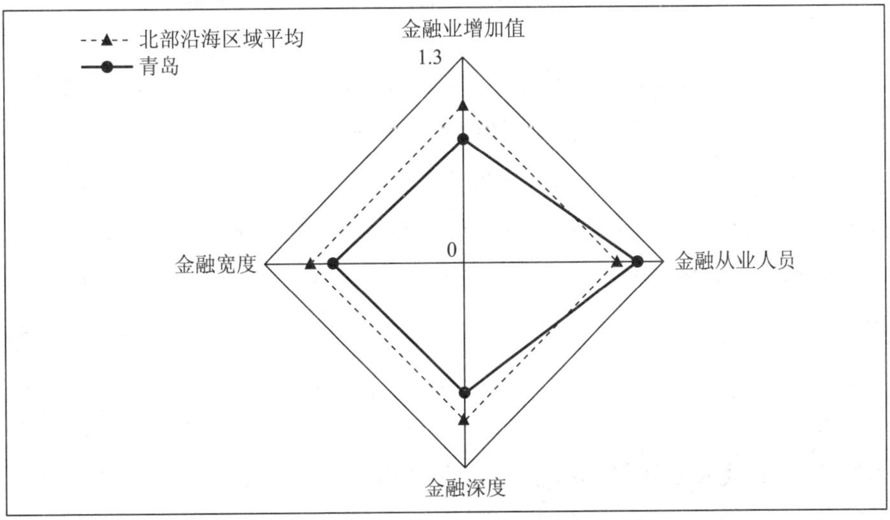

图5.4.1　青岛金融产业绩效同北部沿海地区平均水平的比较

•青岛金融业增加值相较区域平均水平偏小,2015 年为 588.28 亿元,占 GDP 的比例为 6.33%,该比例在区域中是最小的。

•尽管金融从业人员总数只有 5.83 万人,区域排名第 3,但近三年的平均增速达到了 19.7%,是区域中增速最高的。

•2016 年,境内股票市场累计融资额占 GDP 比重只有 3.31%,远低于其他区域中心。

在金融机构实力方面,如图 5.4.2 所示。

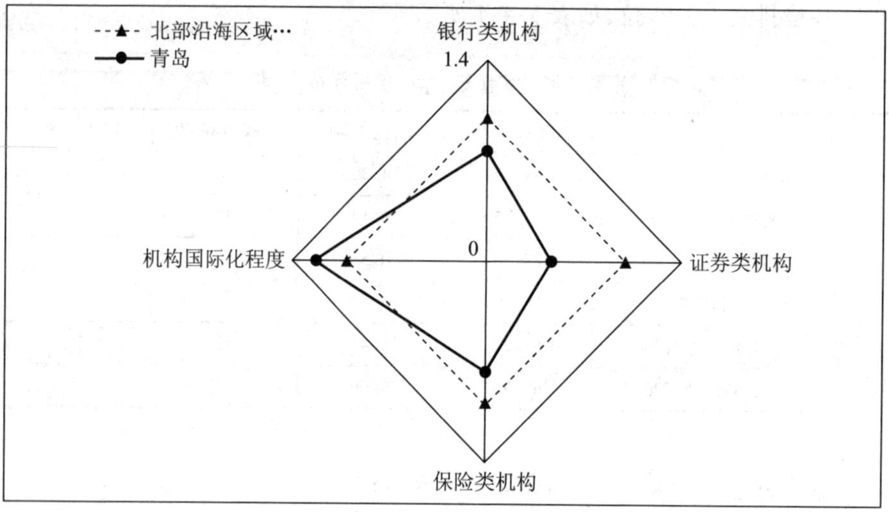

图 5.4.2 青岛金融机构实力与北部沿海区域平均水平的比较

•青岛只有 2 家法人商业银行,数量区域垫底,但法人商业银行资产规模达到 3521 亿元,规模要远大于济南和石家庄。

•只有 1 家法人证券公司,规模 218 亿元,缺少法人基金管理公司和法人期货公司,在北部沿海区域中的证券机构实力相对最弱。

•尽管在金融机构数量和规模上要弱于区域平均水平,但青岛在机构国际化程度方面远高于区域平均水平,目前共有 18 家外资银行分行、52 家外资银行营业性机构、9 家外资保险分公司、3 家外国保险代表处。

在金融生态环境方面,青岛在 31 个城市中排名第 12,北部沿海地区排名第 2,在金融人才环境和金融商业环境两个方面都具备一定优势,如图 5.4.3 和图 5.4.4 所示:

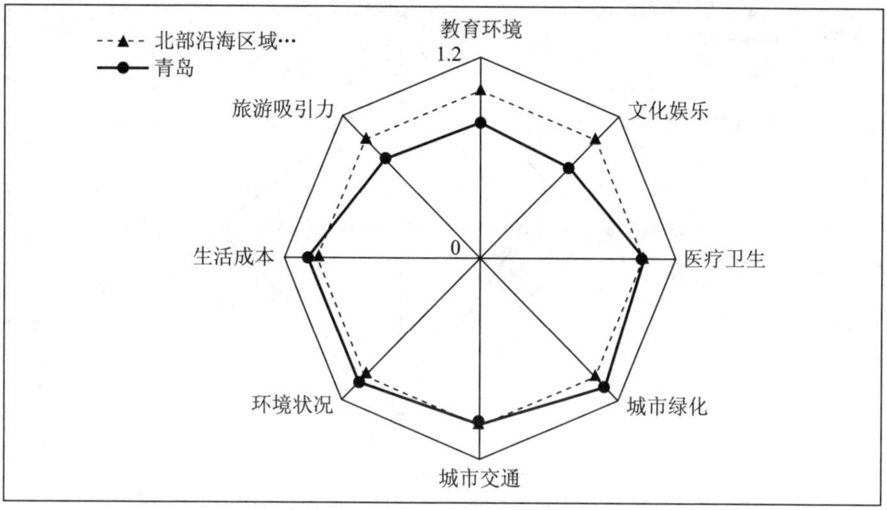

图 5.4.3　青岛金融人才环境与北部沿海区域平均水平的比较

• 环境优良是青岛金融人才环境最大的优势，城市建成区绿化覆盖率44.7%，31个城市中排名第6；全年空气质量优良率80.3%，远高于石家庄和天津。

• 2015年日航班次数426架次，区域排名第1。

• 青岛共有24所普通高等院校、32.2万在校学生，普通高校数量和在校学生数是北部沿海区域中最少的。

• 值得一提的是，2015年青岛住宅房价收入比仅为4.05，是区域中最低的，生活成本反而较其他三个区域中心更具优势。

• 拥有282家专业保险中介机构，区域数量最多，是同期济南和天津的2倍。

• 社会保障方面表现优秀，城镇职工基本养老、医疗和失业保险覆盖率均是北部沿海区域最高的，2015年分别达到了45.13%、35.92%和20.86%。

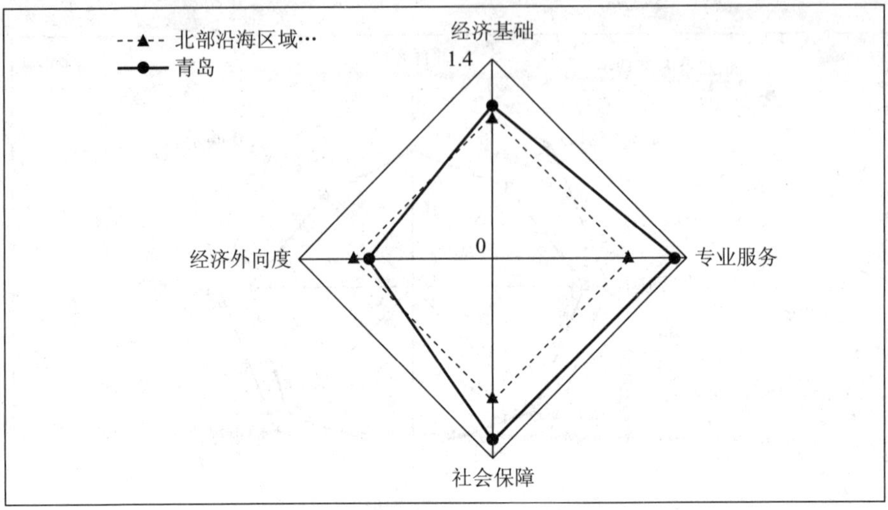

图 5.4.4　青岛金融商业环境与北部沿海区域平均水平的比较

5.5　石家庄金融中心评价

在第9期CFCI评价体系中,石家庄金融中心综合竞争力得分为25.45,排名全国第28,北部沿海地区第4。在一级分项指标评价方面,金融产业绩效排名上升3位,金融机构实力排名上升1位,而金融生态环境得分出现下降,分项排名保持不变,如表5.5.1所示。

表 5.5.1　石家庄在 CFCI9 中评价结果

	CFCI9 得分	同比上期	CFCI9 排名	同比上期
综合竞争力	25.45	2.63	28	1
金融产业绩效	39.30	5.38	26	3
金融机构实力	18.87	3.29	25	1
金融生态环境	45.06	-1.52	29	0
金融人才环境	56.24	-4.27	30	-4
金融商业环境	33.80	1.25	28	1

在金融产业绩效方面,如图5.5.1所示:

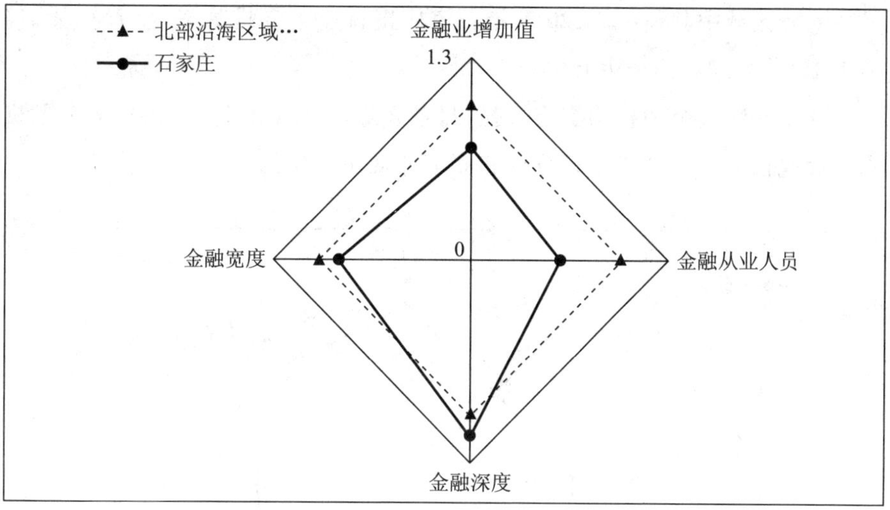

图 5.5.1　石家庄金融产业绩效同北部沿海地区平均水平的比较

• 石家庄金融产业规模和体量在北部沿海区域中是最小的，2015 年金融业增加值为 366 亿元，占当年 GDP 比重为 6.73%。

• 2015 年，金融从业人员 5.47 万人，区域中人数最少。

• 境内股票累计融资额占 GDP 比重达到了 12.43%，基本上与区域内排名第 1 的济南相近。

• 2016 年保险深度达到 5.89%，在区域中是最高的。

在金融机构实力方面，如图 5.5.2 所示。

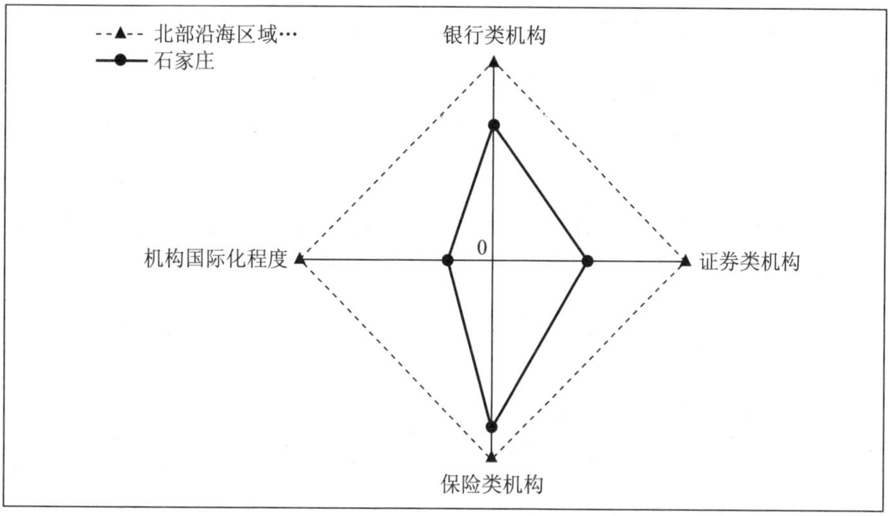

图 5.5.2　石家庄金融机构实力与北部沿海区域平均水平的比较

•较区域中其他中心,2015 年石家庄银行业不良贷款率(全省扣紧)仅为 1.18%,是区域四个中心中最小。

•本地法人金融机构实力不强,目前还无法人保险公司,在外资金融机构方面也仅有 1 家外资银行分行和 6 家外资保险分公司。

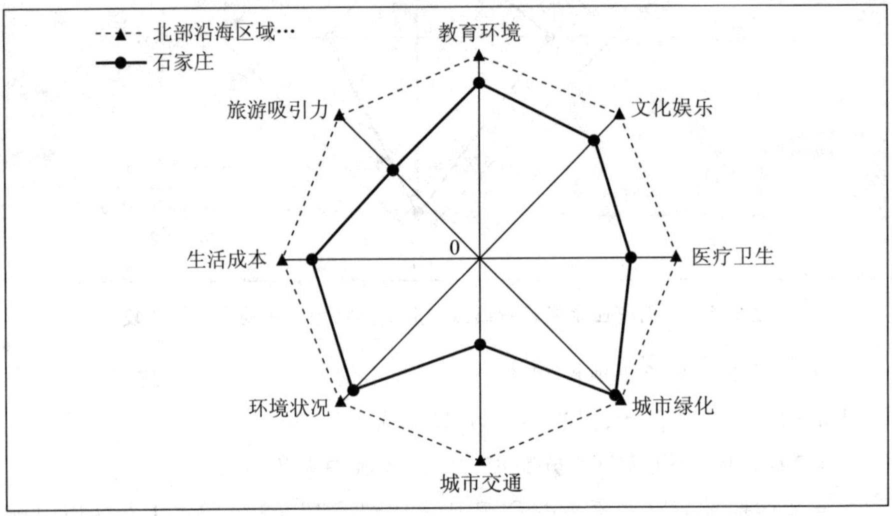

图 5.5.3 石家庄金融人才环境与北部沿海区域平均水平的比较

在金融生态环境方面,石家庄排名第 29,北部沿海地区第 4,在金融人才环境和商业环境表现基本都低于区域平均水平:

•2015 年,每一小学专任教师负担学生数达到了 16.8 人,是区域中负担最高的。

•环境状况整体不佳,全年空气质量优良率仅为 49.3%,31 个金融中心中排名倒数第 2。

•2015 年,石家庄的住宅房价收入比达到了 4.67,是北部沿海区域 4 个中心中最高的。

•石家庄在区域中的经济基础和社会保障相对是最为薄弱的,地区生产总值和人均 GDP 均在区域中排名垫底。

•专业保险中介机构 215 家,在区域中仅次于青岛。

•对国际游客吸引力严重不足,2015 年国际旅游收入仅为 0.93 亿美元,在全国排名倒数第 2。

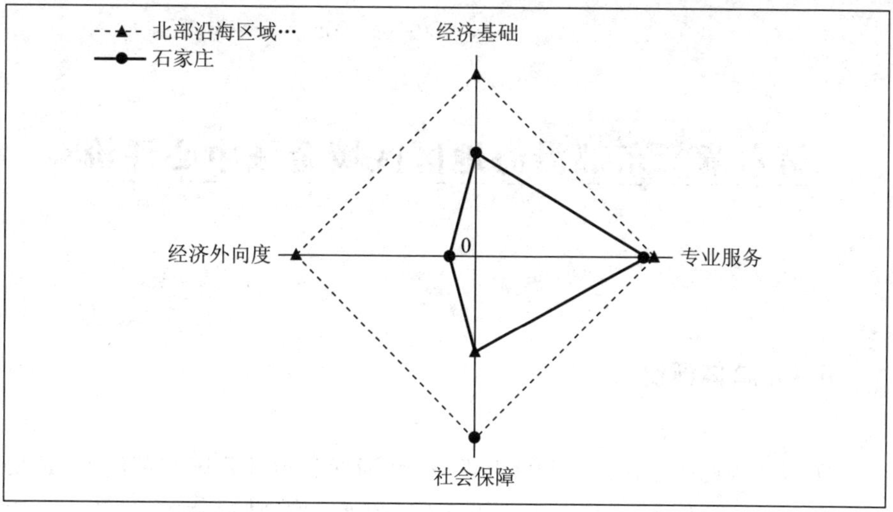

图 5.5.4　石家庄金融商业环境与北部沿海区域平均水平的比较

第六章　东部沿海地区区域金融中心评价

6.1　总体评价

东部沿海地区包括浙江和江苏两省，江浙两省地处我国东部沿海，是长江三角洲地区的核心区域，与上海市一起合称“江浙沪”经济圈，是我国经济最为繁荣的地区之一。目前，该区域共有六个城市明确提出了打造区域金融中心的设想，分别是杭州、南京、苏州、宁波、无锡和温州，它们目前在金融业发展方面已经取得了一定成效。

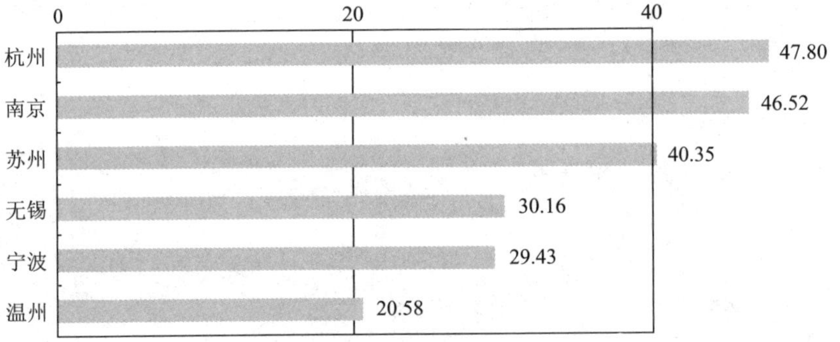

图 6.1.1　东部沿海地区区域金融中心综合竞争力得分比较

• 本期东部沿海地区参与评价的六个城市——杭州、南京、苏州、无锡、宁波、温州综合竞争力排名分别为 7,9,10,21,22 和 31，如图 6.1.1 所示。

• 从得分上来看，6 个中心金融竞争力在本区域中已经形成明显梯度，杭州和南京基本处于同一水平，无锡和宁波则接近。

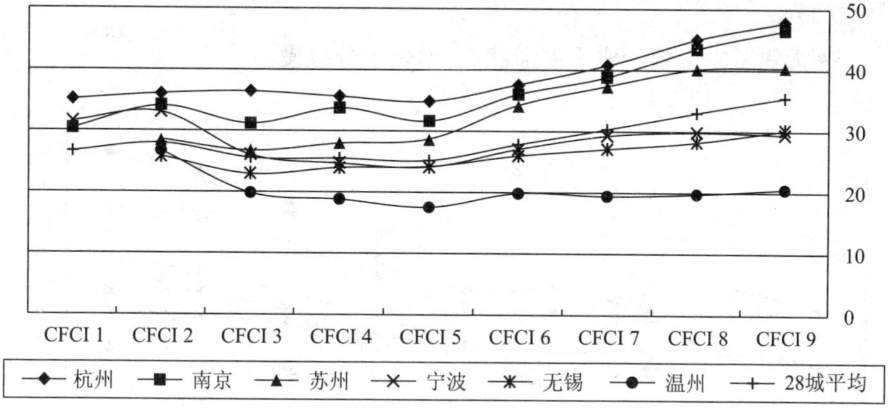

图 6.1.2　东部沿海地区各区域金融中心综合竞争力得分历期变化

• 杭州、南京基本保持同步增长，两者同区域内其他中心的领先优势正在逐步扩大。

• 苏州在保持了前几期的强势崛起后，本期增长势头有所放缓，但综合竞争实力依然较大幅度领先宁波和无锡。

• 相对来说，温州金融中心竞争力最弱，得分长期低于全国 28 个区域金融中心平均水平，且差距有被拉大的趋势。

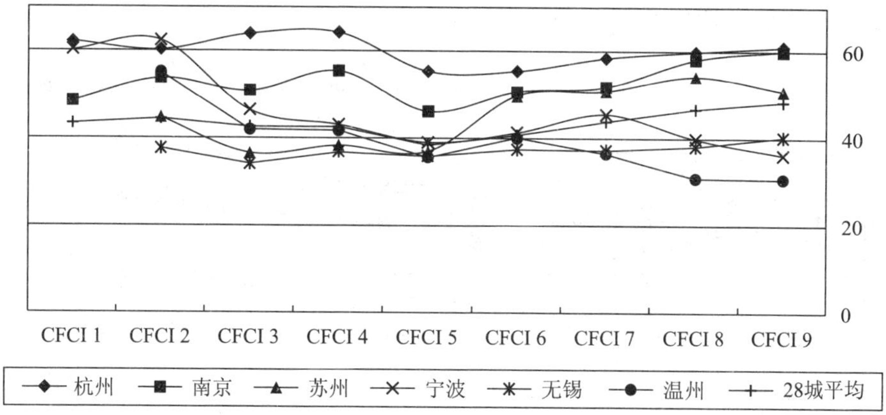

图 6.1.3　东部沿海地区各区域金融中心金融产业绩效分项得分历期变化

• 从往期金融产业绩效的纵向变化趋势来看，杭州、南京分项得分远高于全国 28 个区域金融中心平均得分，两者金融产业规模优势突显。

• 宁波和温州近几期金融业发展状况不佳，金融产业绩效得分呈持续下滑趋势。

• 无锡基本上处于水平停滞状态,增幅十分缓慢。

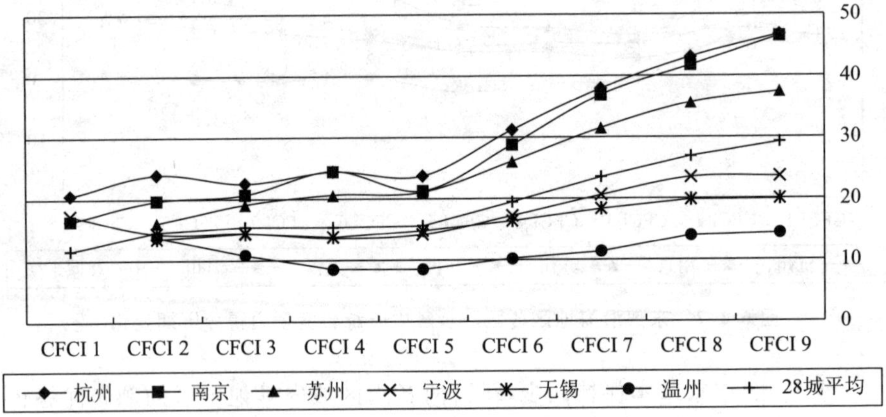

图 6.1.4　东部沿海地区各区域金融中心金融机构实力分项得分历期变化

• 杭州和南京两者金融机构实力整体上相差无几,两者近几期以来增幅几乎同步。

• 东部沿海地区各中心金融机构实力呈现两极分化,处于领先地位的杭州、南京和苏州持续保持快速增长,而处于垫底位置的温州、无锡和宁波则基本处于停滞不前状态,各城市间差距越来越大。

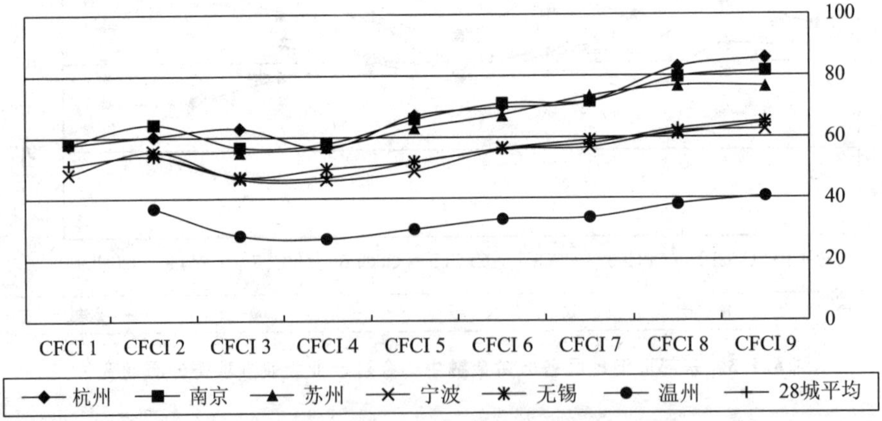

图 6.1.5　东部地区各区域金融中心金融生态环境分项得分历期变化

• 金融中心综合竞争力在东部沿海地区处于领先地位的杭州、南京和苏州，其金融生态环境也十分优秀，三者均远高于全国 28 个区域金融中心平均水平。

• 近两期以来，杭州、南京和苏州三者在金融生态环境的水平逐渐出现分化，三者之间的差距开始显现。

• 宁波和无锡则基本与全国 28 个区域金融中心平均水平保持基本一致。

• 尽管近几期保持一个持续改善状态，但温州的金融生态环境竞争力依然显著低于全国平均水平，目前仅恢复至历史最好水平。

• 东部沿海地区各金融中心人才环境优势主要体现在生活成本、城市交通、旅游吸引力、文化娱乐、城市绿化和环境状况方面。

6.2　杭州金融中心评价

在第 9 期 CFCI 评价体系中，杭州金融中心综合竞争力得分为 47.80，排名全国第 7 位，东部沿海地区排名第 1。在一级分项指标评价方面，尽管本期各分项均实现正增长，但金融机构实力和金融生态环境分项排名均下降 1 位，如表 6.2.1 所示。

表 6.2.1　杭州在 CFCI9 中评价结果

	CFCI9 得分	同比上期	CFCI9 排名	同比上期
综合竞争力	47.80	2.69	7	-1
金融产业绩效	60.98	1.12	7	0
金融机构实力	46.70	3.37	8	-1
金融生态环境	85.63	2.86	6	-1
金融人才环境	81.76	6.32	8	1
金融商业环境	89.52	-0.62	7	-2

在金融产业绩效方面，如图 6.2.1 所示：

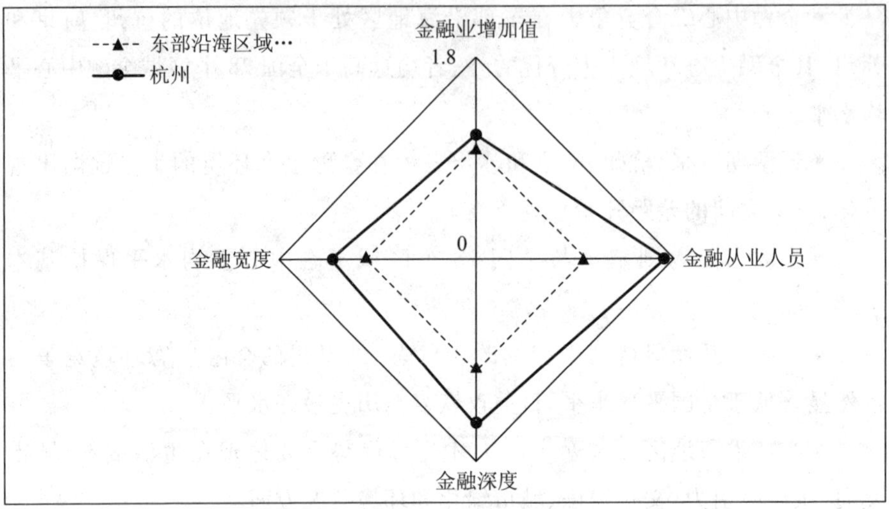

图 6.2.1 杭州金融产业绩效同东部沿海地区平均水平的比较

• 相较东部沿海区域平均水平,杭州金融产业绩效的优势是全面的。

• 2015 年金融业增加值为 941.5 亿元,在区域中排名第 3,占 GDP 比重达到 9.36%,区域中仅次于南京。

• 单位金融从业人员数量 10.67 万人,远高于东部沿海地区其他五个中心,近三年金融从业人员增长率为 6.03%,均排名区域第 1。

• 2015 年保险深度和保险密度分别达到 4.69% 和 5642 元/人,均排名东部沿海区域第 1。

• 2016 年本地证券交易量与 GDP 之比达到 632.3%,远高于区域其他中心水平,全国排名第 2,仅次于上海。

在金融机构实力方面,如图 6.2.2 所示。

• 较区域平均水平,杭州金融机构综合实力大幅度领先,尤其是法人金融机构实力处于绝对领先优势。

• 9 家本地法人商业银行、5 家法人证券公司、3 家法人基金管理公司、10 家法人期货公司、3 家法人保险公司,在数量上保持区域第 1。

• 金融机构国际化程度也在区域中仅次于南京,截至 2016 年底,共有 12 家外资银行分行、17 家外资保险分公司、1 家合资法人保险公司、2 家外国保险公司代表处。

在金融生态环境方面,杭州在 31 个城市中排名第 6,在东部沿海地区中

排名第1,在金融人才环境和金融商业环境两个方面都具备很强的优势,如图6.2.3和图6.2.4所示:

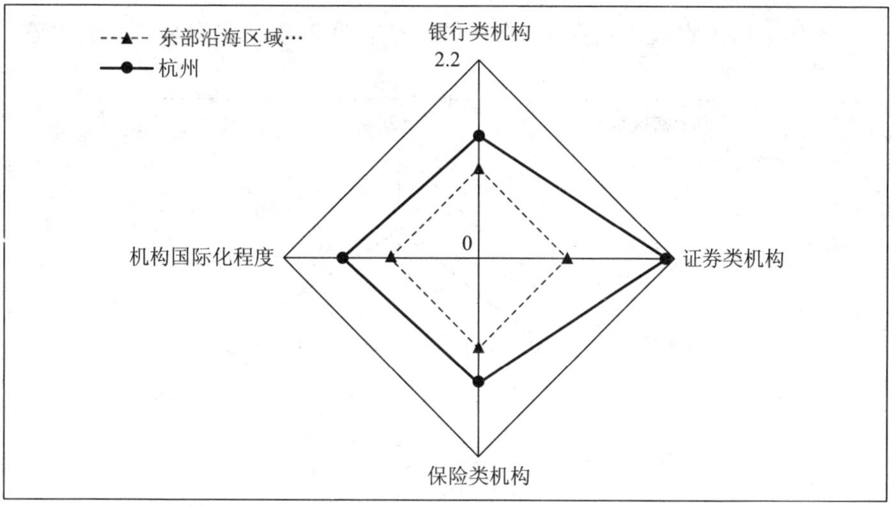

图6.2.2　杭州金融机构实力与东部沿海区域平均水平的比较

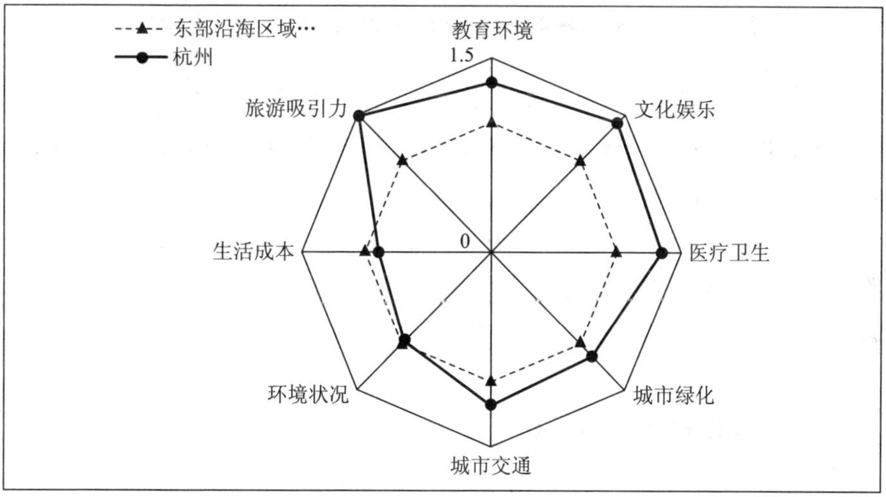

图6.2.3　杭州金融人才环境与东部沿海区域平均水平的比较

• 杭州拥有39所普通高等院校、47.56万在校大学生,数量上仅次于南京,大幅高于其他区域内中心。

• 2015年每万人公共图书藏量达到2.2万册,在区域中排名第1,全国排名第 4。

• 不过,环境状况并不十分理想,2015 年全年空气质量优良率仅为 66.3%,低于区域平均水平。

• 住宅房价收入达到 6.46,在区域中排名第 2,生活成本相对处于劣势。

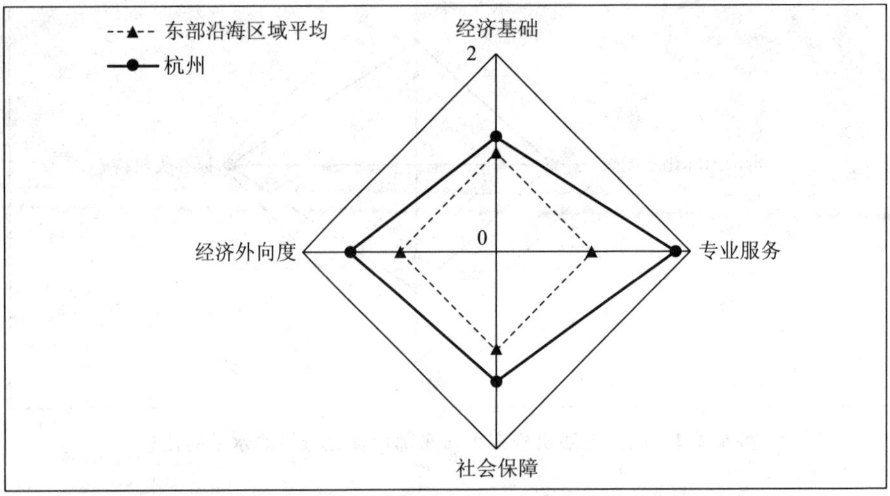

图 6.2.4 杭州金融商业环境与东部沿海区域平均水平的比较

• 在金融商业环境方面,杭州各方面保持有力的竞争优势。

• 杭州有 99 家 A 股上市公司,排名东部沿海区域第 1,在 31 个金融中心中仅次于沪、京、深。

• 专业服务资源远超同区域其他中心,2015 年执业律师数、注册会计师数和专业保险公司数分别达到 4566 人、3294 人和 203 家,基本都是区域最高水平。

6.3 南京金融中心评价

在第 9 期 CFCI 评价体系中,南京金融中心综合竞争力得分为 46.52,排名全国第 9 位,综合竞争实力排名东部沿海地区第 2 位。在一级分项指标评价方面,本期各分项得分均实现较大增长,金融产业绩效和金融机构实力分项排名维持不变,但金融生态环境分项排名下滑 1 位,如表 6.3.1 所示。

表 6.3.1　南京在 CFCI9 中评价结果

	CFCI9 得分	同比上期	CFCI9 排名	同比上期
综合竞争力	46.52	3.03	9	0
金融产业绩效	60.07	2.02	9	0
金融机构实力	46.44	4.74	9	0
金融生态环境	81.49	1.95	7	-1
金融人才环境	92.05	2.67	6	-2
金融商业环境	70.84	1.23	9	0

在金融产业绩效方面，如图 6.3.1 所示：

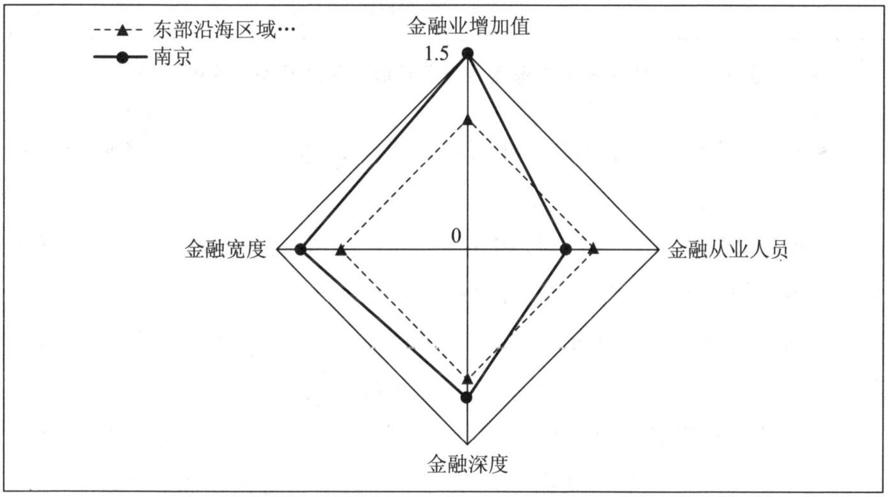

图 6.3.1　南京金融产业绩效同东部沿海地区平均水平的比较

- 2015 年金融业增加值 1122 亿元，排名全国第 9。
- 金融业增加值占 GDP 比重达到 11.54%，全国排名第 5。
- 金融业增加值三年平均增速达到 14.93%，持续保持高速增长。
- 不过，金融从业人员数量偏小，2015 年总数只有 4.24 万人，不足杭州人数的一半，在区域中仅高于温州。

在金融机构实力方面，如图 6.3.2 所示。

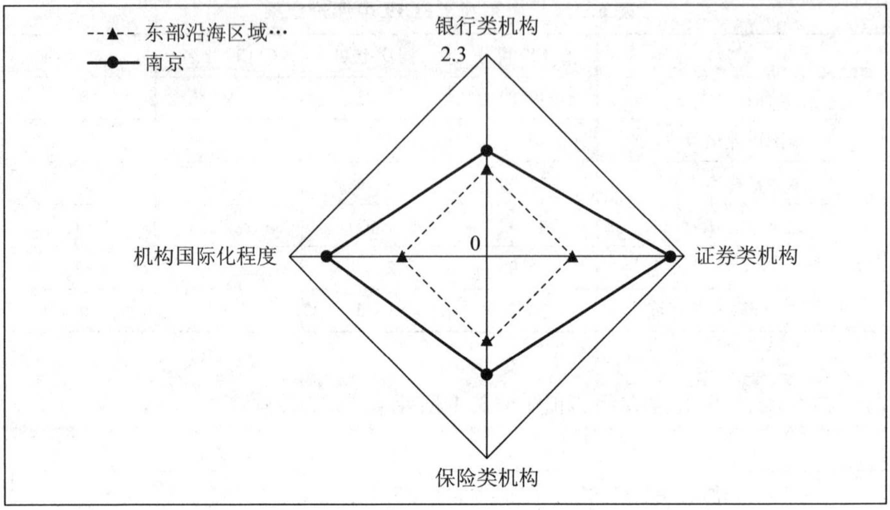

图 6.3.2　南京金融机构实力与东部沿海区域平均水平的比较

• 9 家法人商业银行,2016 年资产规模达到 2.2 万亿元,在区域中排名第 1。

• 拥有 2 家法人证券公司,2016 年资产总规模达到 4283 亿元,在资产规模和经纪规模上均大幅领先同区域其他金融中心。

• 拥有 9 家外资银行分行、29 家外资保险分公司、1 家外国保险公司代表处,保险机构国际化程度显著高于其他区域金融中心。

在金融生态环境方面,南京在 31 个城市中排名第 7,东部沿海地区排名第 2,在金融人才环境和金融商业环境两个方面都具备比较优势,如图 6.3.3 和图 6.3.4 所示:

• 南京在高校数量、高校质量以及高校在校生数量上均有巨大优势,8 所"211"高校,数量仅次于北京和上海;81.26 万在校大学生,数量也处于全国前列。

• 同时,南京的普通中学人均教育资源也处于全国前列,每一普通中学专任教师负担学生数 9.75 人,仅次于北京、武汉和哈尔滨。

• 城市交通是南京的另一大优势,其中轨道交通的人均资源在全国 31 个金融中心中是最高的,平均每百万人轨道交通里程数达到 27.26 公里,超过北京和上海。

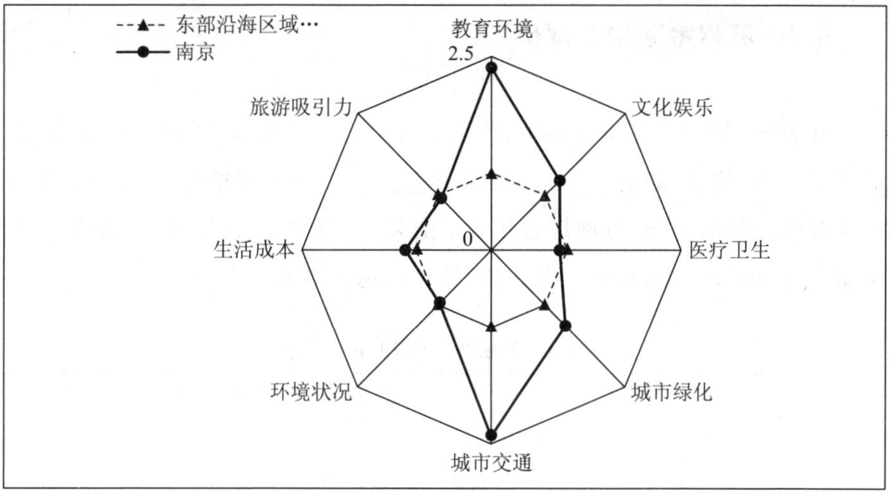

图 6.3.3 南京金融人才环境与东部沿海区域平均水平的比较

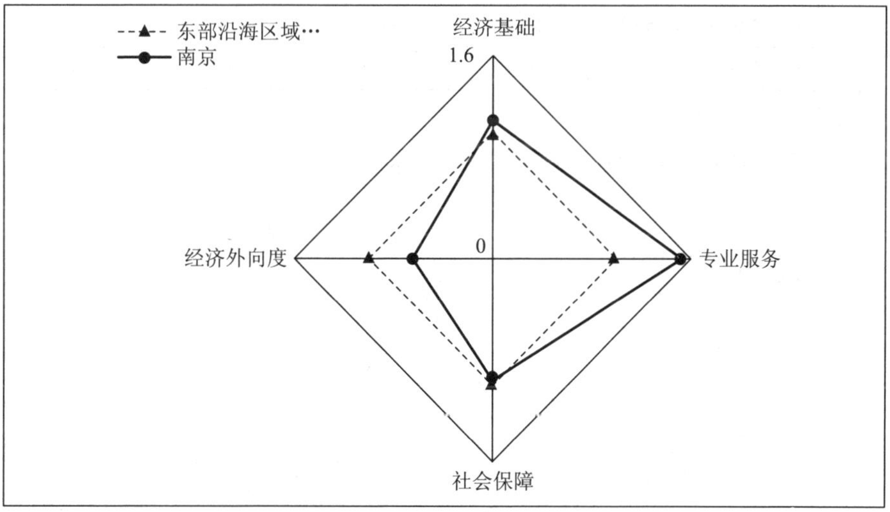

图 6.3.4 南京金融商业环境与东部沿海区域平均水平的比较

- 在金融商业环境方面，南京的专业服务水平远高于区域平均水平，2015 年有执业律师 4712 人，注册会计师 1846 人，专业保险中介机构 170 家，数量上仅次于杭州。

- 经济外向度相对偏低，进出口总额 532.4 亿美元，在区域中仅高于温州，远低于苏州和宁波。

6.4 苏州金融中心评价

在第9期CFCI评价体系中,苏州金融中心综合竞争力得分为40.35,排名全国第10位,东部沿海地区排在第3位。在一级分项指标评价方面,金融产业绩效出现负增长,分项排名相应下滑2位,金融机构实力排名保持不变,金融生态环境的分项排名下滑3位,如表5.4.1所示。

表6.4.1 苏州在CFCI9中评价结果

	CFCI9得分	同比上期	CFCI9排名	同比上期
综合竞争力	40.35	0.21	10	0
金融产业绩效	50.83	-3.33	12	-2
金融机构实力	37.43	1.80	10	0
金融生态环境	76.58	-0.11	8	-3
金融人才环境	62.83	-0.93	20	-5
金融商业环境	90.44	0.72	6	0

在金融产业绩效方面,如图6.4.1所示:

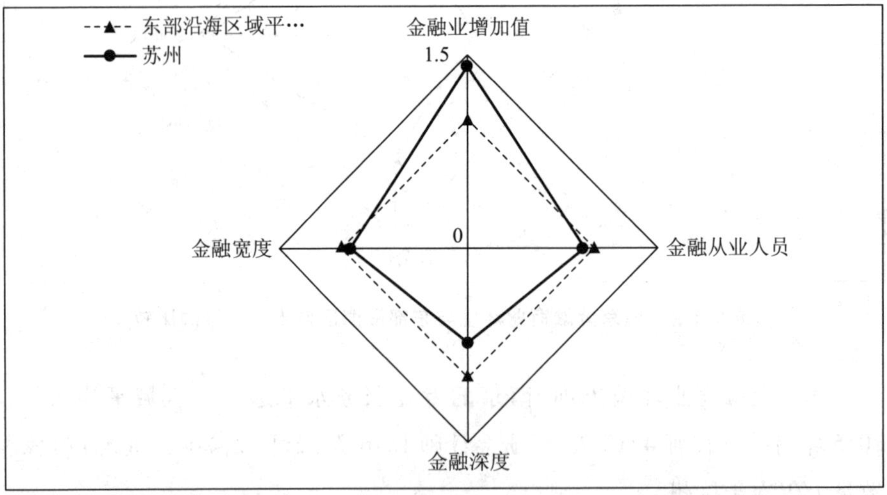

图6.4.1 苏州金融产业绩效同东部沿海地区平均水平的比较

• 苏州金融产业绩效的区域比较优势主要体现在金融产业规模指标上，2015 年金融业增加值为 1180.43 亿元，在 31 个金融中心中排名第 7、东部沿海区域排名第 1。

• 同时，近年来苏州金融业发展速度持续保持高速增长，金融业增加值三年平均增速达到 14.7%。

• 2016 年本地证券交易量占 GDP 比重只有 216.2%，同期东部沿海区域平均水平为 363.7%。

在金融机构实力方面，如图 6.4.2 所示。

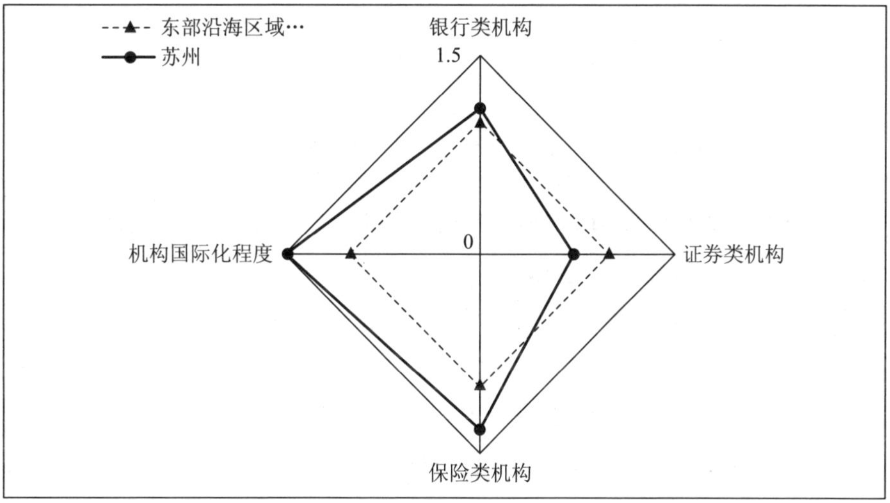

图 6.4.2　苏州金融机构实力与东部沿海区域平均水平的比较

• 保险类机构实力、机构国际化水平显著高于区域平均水平，仅证券类机构实力处于相对劣势。

• 相较于南京和杭州，苏州 1 家法人证券公司的资产和业务规模显得偏小，2016 年资产规模 894.8 亿元，资产规模仅约为同期南京的五分之一。

• 在机构国际化程度方面，2016 年有 18 家外资银行分行、6 家外资保险分公司、5 家外资保险公司代表处，数量居区域前列。

在金融生态环境方面，苏州在 31 个城市中排名第 11，在东部沿海地区排名第 3，如图 6.4.3 和图 6.4.4 所示：

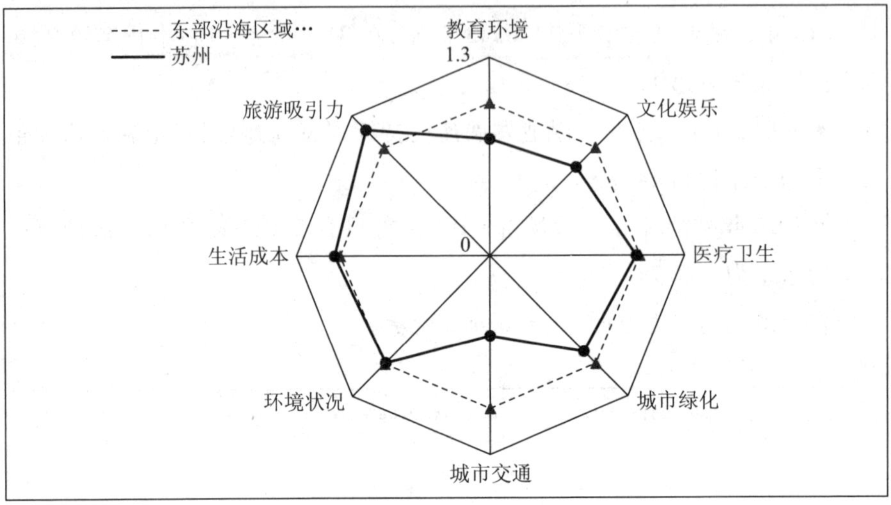

图 6.4.3 苏州金融人才环境与东部沿海区域平均水平的比较

•苏州在旅游吸引力方面有很强的区域优势,2015 年接待国内外游客人数将近 1.08 亿人次,超过区域平均水平。

•住宅房价收入比 4.77,区域中与南京、宁波基本处于同一水平,在区域中相对较低。

•值得注意的是,苏州是 31 个金融中心中唯一没有机场的城市。

•2015 年,每一小学专任教师负担学生数为 19.16 人,在东部沿海区域中负担是最大的。

•经济基础是苏州金融产业发展重要优势条件,2015 年 GDP 总量 14500 亿元,全国排名第 7;人均 GDP 达到 14.6 万元,31 个中心中仅次于深圳,全国排名第 2。

•经济外向度极高,2015 年全年进出口总额为 3053.5 亿美元,仅次于三大全国性金融中心,是同期宁波的 3 倍、温州的 15 倍,远超同区域其他金融中心。

•不过,专业服务相对是弱项,注册会计师人数只有 700 人,大约是同期杭州和南京的四分之一和二分之一。

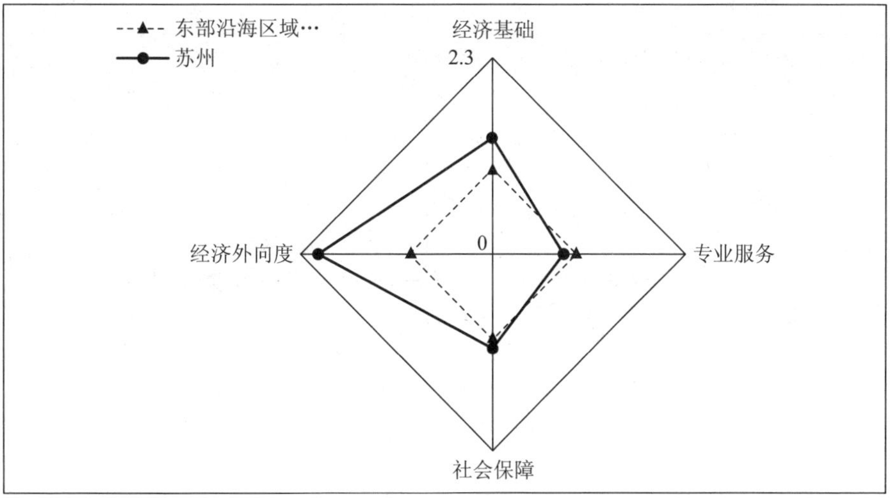

图 6.4.4　苏州金融商业环境与东部沿海区域平均水平的比较

6.5　宁波金融中心评价

在第 9 期 CFCI 评价体系中，宁波金融中心综合竞争力得分为 29.43，排名全国第 22 位、东部沿海地区排在第 4 位。在一级分项指标评价方面，金融产业绩效分项得分减少了 3.69 分，相应排名下降 6 位，金融机构实力和金融生态环境分项排名分别下滑 1 位和 2 位，如表 6.5.1 所示。

表 6.5.1　宁波在 CFCI9 中评价结果

	CFCI9 得分	同比上期	CFCI 9 排名	同比上期
综合竞争力	29.43	-0.42	22	-2
金融产业绩效	36.20	-3.69	28	-6
金融机构实力	23.60	0.12	20	-1
金融生态环境	62.51	0.75	19	-2
金融人才环境	60.72	1.93	26	1
金融商业环境	64.31	-0.44	14	-2

在金融产业绩效方面，如图 6.5.1 所示：

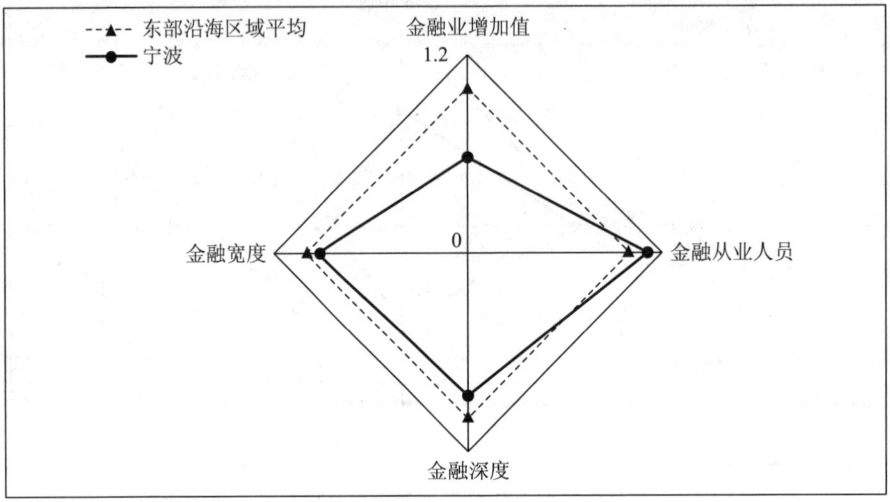

图 6.5.1　宁波金融产业绩效同东部沿海地区平均水平的比较

• 金融从业人员数量高于区域平均水平,2015 年达到 7.45 万人,区域中仅次于杭州。

• 2015 年金融业增加值 478.45 亿元,金融业增加值三年平均增速仅为 2.43%,增速处于全国最低水平。

在金融机构实力方面,如图 6.5.2 所示。

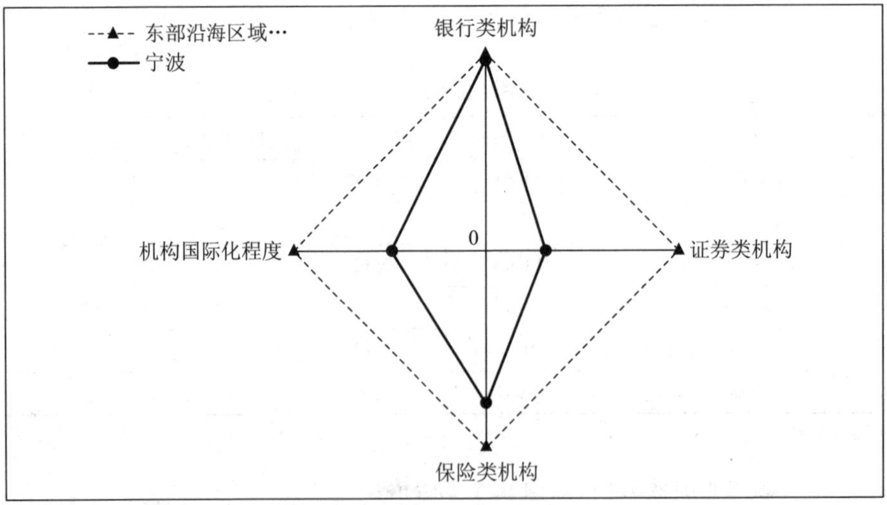

图 6.5.2　宁波金融机构实力与东部沿海区域平均水平的比较

• 宁波有 10 家本地法人银行机构,其中相当一部分数量是近年来新成立改制的农商行,整体规模并不大。

• 拥有 1 家本地法人基金管理公司,东部沿海区域中另外只有杭州拥有 3 法人基金管理公司。

• 缺乏本地法人证券机构或本地法人保险机构,但较高的保险市场活跃度提升了其保险类机构方面的得分。

在金融生态环境方面,宁波在 31 个城市中排名第 19,东部沿海地区排名第 4,金融人才环境和商业环境存在一定的比较优势,如图 6.5.3 和图 6.5.4 所示:

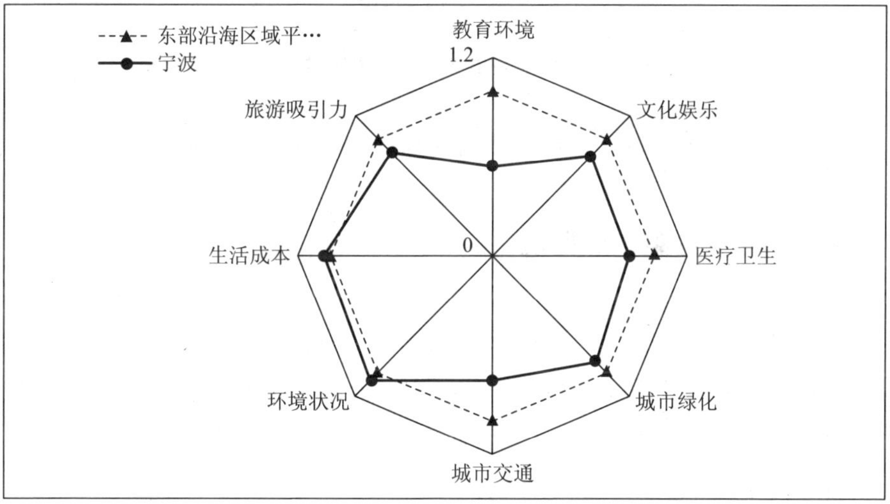

图 6.5.3　宁波金融人才环境与东部沿海区域平均水平的比较

• 生活成本相对较低以及环境状况相对较好等方面是宁波在金融人才环境方面的重要优势,2015 年全年空气质量优良率为 87%,是东部沿海 6 个中心中表现最优的,远胜于南京和杭州。

• 教育环境相对弱势,14 所普通高等院校、15 万在校大学生,数量上要远低于南京和杭州。

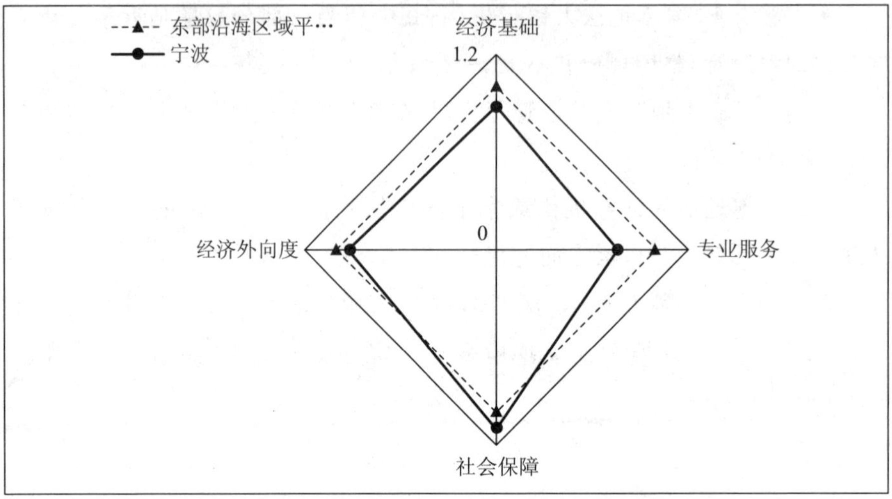

图 6.5.4 宁波金融商业环境与北部沿海区域平均水平的比较

• 执业律师数和注册会计师数偏少,与杭州、南京等有较大差距。

6.6 无锡金融中心评价

在第 9 期 CFCI 评价体系中,无锡金融中心综合竞争力得分为 30.16,排名全国第 21 位、东部沿海地区第 5 位。在一级分项指标评价方面,各分项得分均有所上升,其中金融产业绩效和金融生态环境排名分别上升 1 位和 2 位,金融机构实力分项排名下降 2 位,如表 6.6.1 所示。

表 6.6.1 无锡在 CFCI 8 中评价结果

	CFCI9 得分	同比上期	CFCI9 排名	同比上期
综合竞争力	30.16	1.95	21	1
金融产业绩效	40.30	2.15	24	1
金融机构实力	19.87	0.05	23	-2
金融生态环境	64.62	3.51	16	2
金融人才环境	64.62	2.11	24	-1
金融商业环境	64.63	4.91	13	3

在金融产业绩效方面,如图 6.6.1 所示:

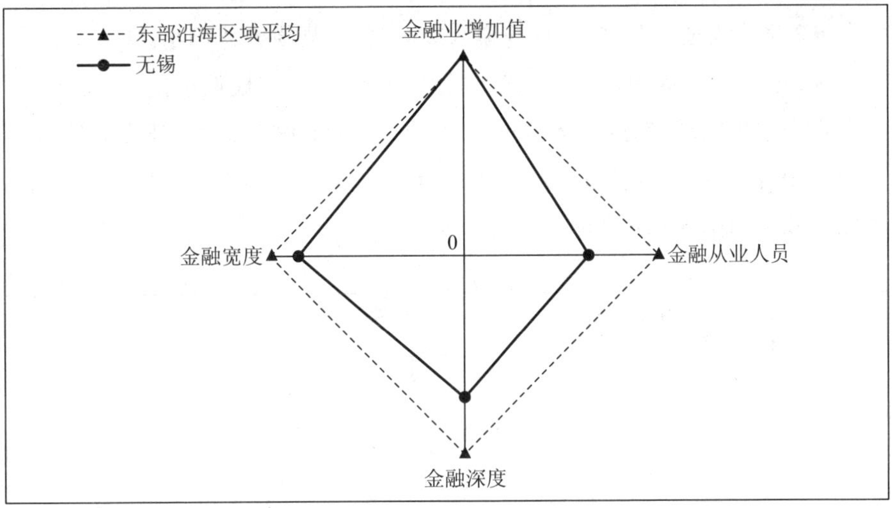

图 6.6.1　无锡金融产业绩效同东部沿海地区平均水平的比较

• 2015 年无锡金融业增加值达到 596.53 亿元，三年平均增速达到 15.8%，金融产业继续保持高速增长。

• 2015 年金融从业人员数量为 3.26 万人，为区域最少。

在金融机构实力方面，如图 6.6.2 所示。

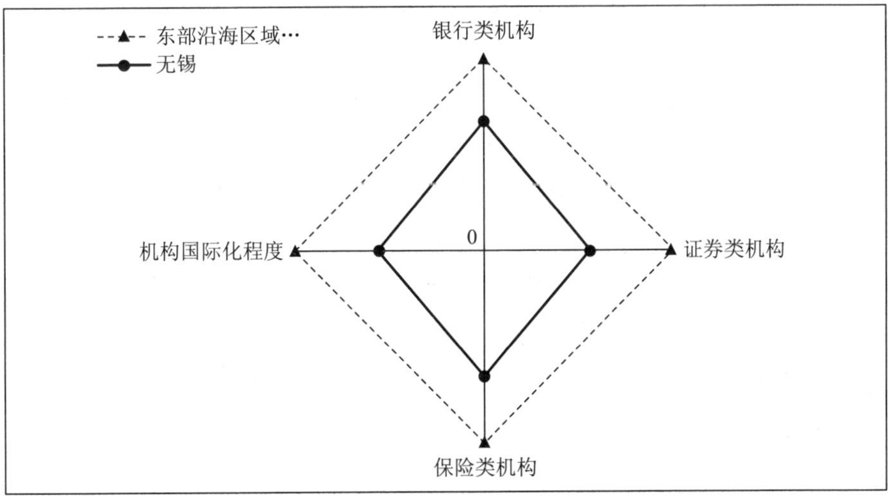

图 6.6.2　无锡金融机构实力与东部沿海区域平均水平的比较

• 无锡有3家本地法人商业银行,在数量上是本区域中最少的。

• 2家法人证券公司,资产规模为256亿元,规模整体偏小。

• 1家本地法人保险公司,资产规模34.6亿元,规模偏小。

在金融生态环境方面,无锡在31个城市中排名第16,东部沿海地区排名第4,在金融人才环境和金融商业环境两个方面都略低于区域平均水平,如图6.6.3和图6.6.4所示:

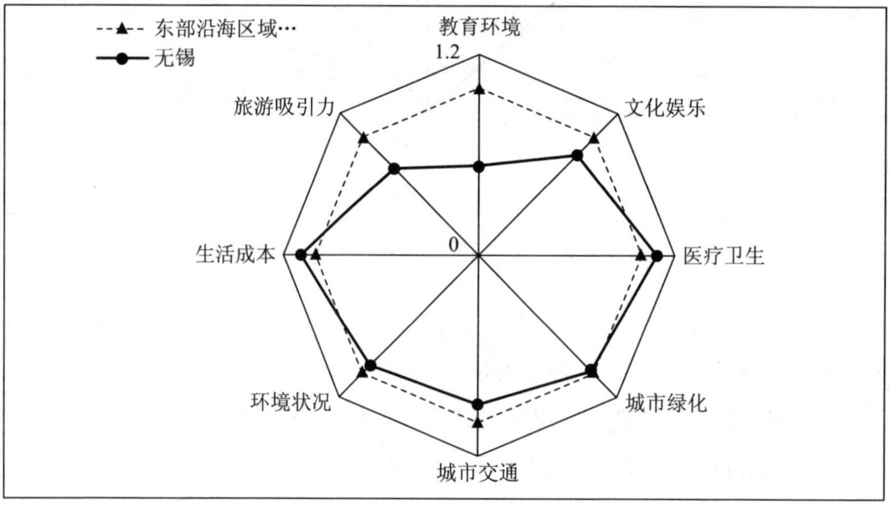

图6.6.3 无锡金融人才环境与东部沿海地区平均水平的比较

• 无锡的住宅房价收入比为3.51,为区域最优,房价水平较区域内其他城市有较大吸引力。

• 2015年空气质量优良率63.1%,为区域最低水平,极大影响金融人才宜居环境的营造。

• 教育环境方面,无锡高等教育资源以及师资力量略显不足,2015年仅有12所普通高等院校、在校大学生数仅11.5万人。

• 每万人公共图书藏量仅为7648册,在区域中是最低水平。

• 无锡拥有很强的经济基础,2016年GDP达到9210亿元,人均生产总值达到14.1万元,全国排名第3,基本与区域最高的苏州处于同一水平。

• 专业服务方面,无锡的专业服务人员数量明显落后于区域平均水平,2015年执业律师数仅为1660人,是区域中最少的;注册会计师人数为489

人,约为同期南京的四分之一、杭州的七分之一。

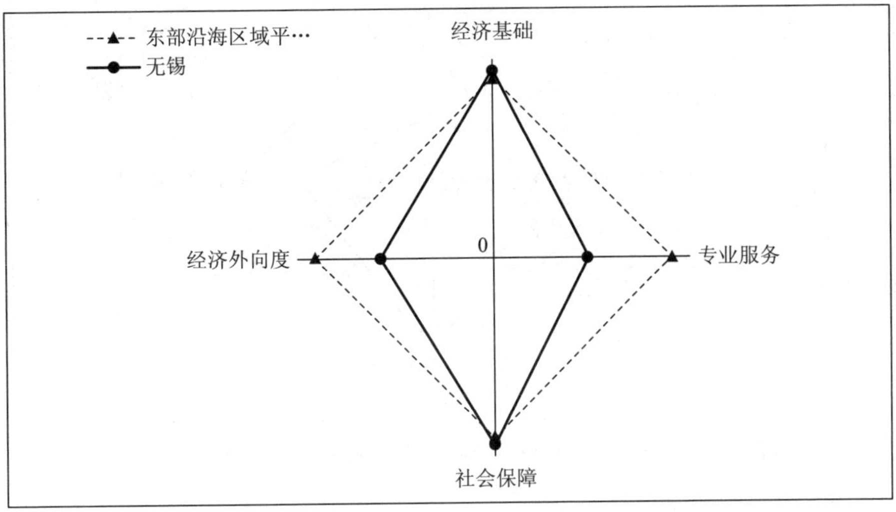

图 6.6.4　无锡金融商业环境与东部沿海区域平均水平的比较

6.7　温州金融中心评价

在第 9 期 CFCI 评价体系中,温州金融中心综合竞争力得分为 20.58,排名全国第 31 位、东部沿海地区第 6 位。在一级分项指标评价方面,金融产业绩效排名再次下降 1 位,其他分项排名均处于末位,如表 6.7.1 所示。

表 6.7.1　温州在 CFCI9 中评价结果

	CFCI9 得分	同比上期	CFCI9 排名	同比上期
综合竞争力	20.58	0.78	31	0
金融产业绩效	30.67	-0.23	31	0
金融机构实力	14.37	0.37	29	-1
金融生态环境	40.54	2.46	31	0
金融人才环境	51.14	3.22	31	0
金融商业环境	29.85	1.69	30	0

在金融产业绩效方面,如图 6.7.1 所示:

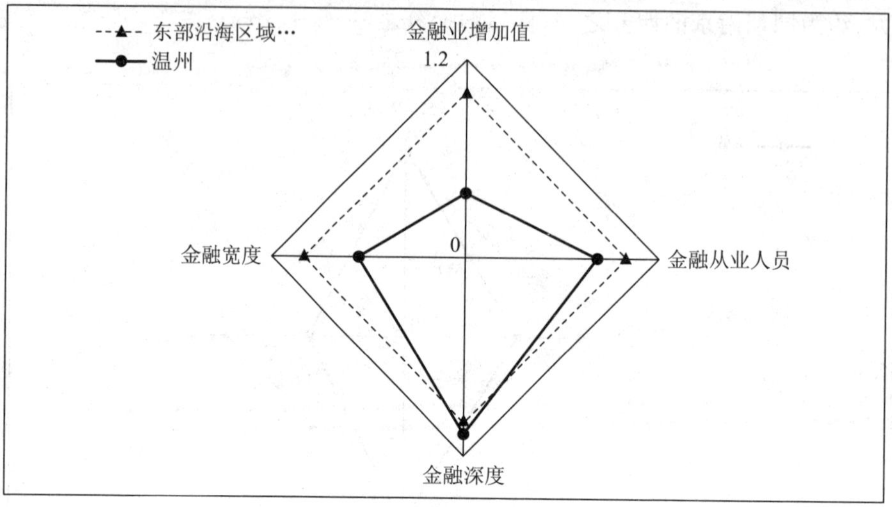

图 6.7.1　温州金融产业绩效同东部沿海地区平均水平的比较

• 经历了 2014 年金融业增加值-11%的增长后,温州金融业开始从低谷恢复增长,2015 年同比增长 12.9%,金融业增加值达到 210.66 亿元,但规模依旧是 31 个中心中最小的。

• 2016 年,境内股票市场累计融资量与 GDP 之比仅 3.28%,指标在 31 个金融中心中是最小的。

在金融机构实力方面,如图 6.7.2 所示。

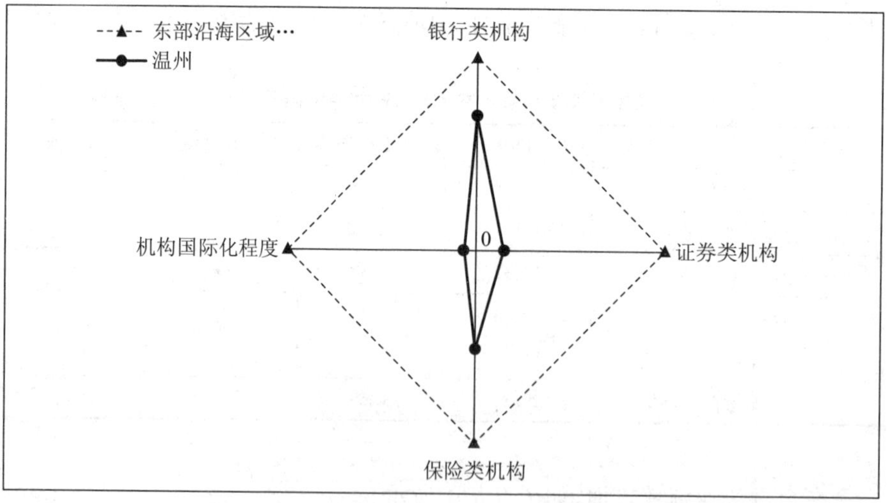

图 6.7.2　温州金融机构实力与东部沿海区域平均水平的比较

• 温州拥有 10 家本地法人商业银行，数量在东部沿海区域与宁波并列第一。不过，绝大部分是 2014 年后改制成立的农商行，因此法人机构的资产总规模均不大。

• 除去银行类法人机构，在证券公司、基金管理公司、期货公司和保险公司方面均未有法人机构，法人金融机构实力明显不足。

• 同时，外资金融机构的种类和数量也十分不足，仅有 7 家外资银行支行。

在金融生态环境方面，温州在 31 个城市中排名第 31，东部沿海地区排名第 6，在金融人才环境和金融商业环境两个方面均落后于区域平均水平，如图 6.7.3 和图 6.7.4 所示：

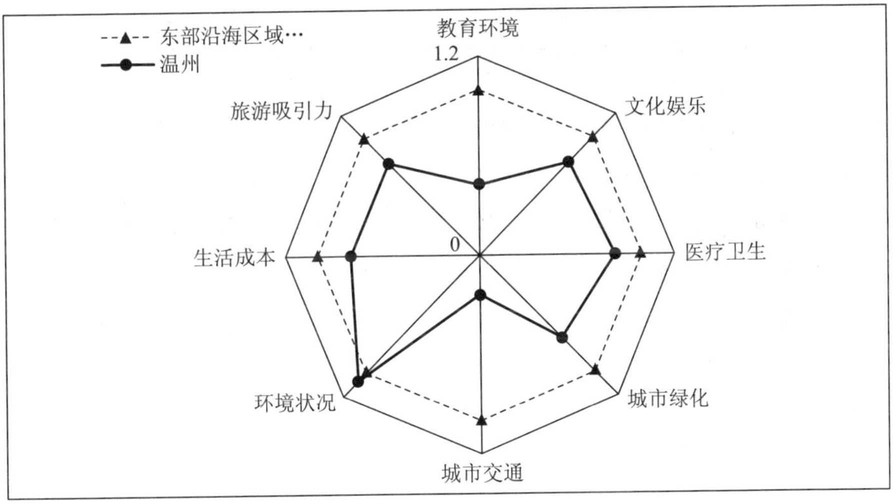

图 6.7.3　温州金融人才环境与东部沿海地区平均水平的比较

• 高等教育资源十分匮乏，目前仅有 8 所普通高等院校，在校学生仅 8.4 万人。

• 城市绿化水平偏低，建成区绿化覆盖率仅为 37%，31 个中心中排名倒数第 3，人均公园绿地面积仅 2.83 平米，31 个中心中最低。

• 温州房价依然是制约人才环境的重要因素，2015 年住宅房收入比高达 7.47，在全国范围内仅次于深圳、北京、上海和厦门。

• 环境状况成为相对优势，空气质量优良率全年 85.5%，基本与宁波持平，大幅优于本区域其他中心。

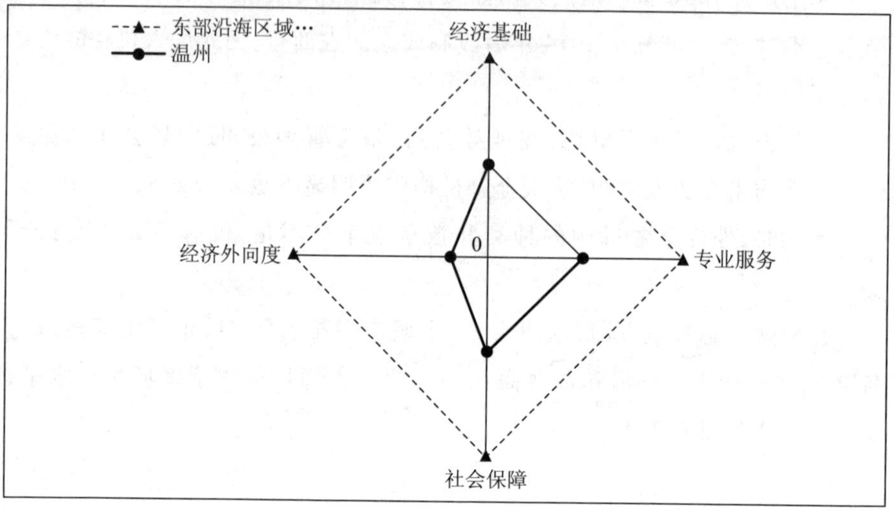

图 6.7.4 温州金融商业环境与东部沿海区域平均水平的比较

• 从金融商业环境看,温州的经济基础、专业服务、社会保障和经济外向度四个方面均低于区域平均水平。

• 2016 年人均 GDP 只有 54990 元,31 个中心中排名倒数第 3,同期 31 个区域金融中心平均水平为 95653 元。

• 基本养老保险、医疗保险以及失业保险覆盖率分别仅为 28.18%、17.87%和 12.15%,在东部沿海区域均为最低水平。

第七章　南部沿海地区区域金融中心评价

7.1　总体评价

南部沿海地区主要包括福建、广东、海南三省，国土面积33万平方公里，拥有临近港、澳、台三地的天然优势，对外开放程度较高。目前，该地区共有三个城市明确提出了打造区域金融中心的设想，分别是广州、厦门和福州，它们目前已经在金融业发展方面取得了一定成效。

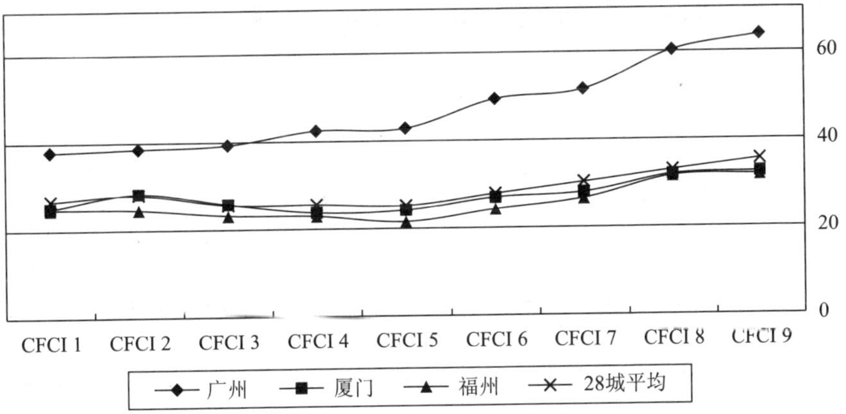

图 7.1.1　南部沿海地区各区域金融中心综合竞争力得分历期变化

• 从南部沿海地区各金融中心综合竞争力得分变化来看，广州一枝独秀，近年来保持很高的增长势头，得分远远超过厦门、福州。

• 厦门和福州的综合竞争力得分十分接近，略微低于28个区域金融中心平均水平，目前这两个中心基本处在同一水平。

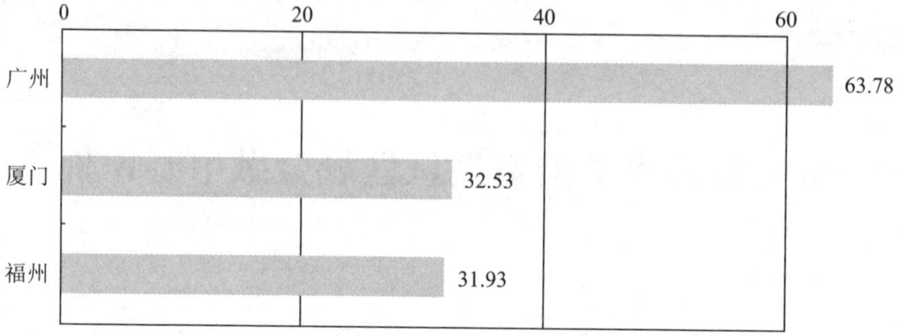

图 7.1.2 南部沿海地区区域金融中心综合竞争力得分比较

• 本期南部沿海地区的三个金融中心—广州、厦门、福州的综合竞争力排名分别为 4、18 和 20,厦门和福州得分已经处于同一水平。

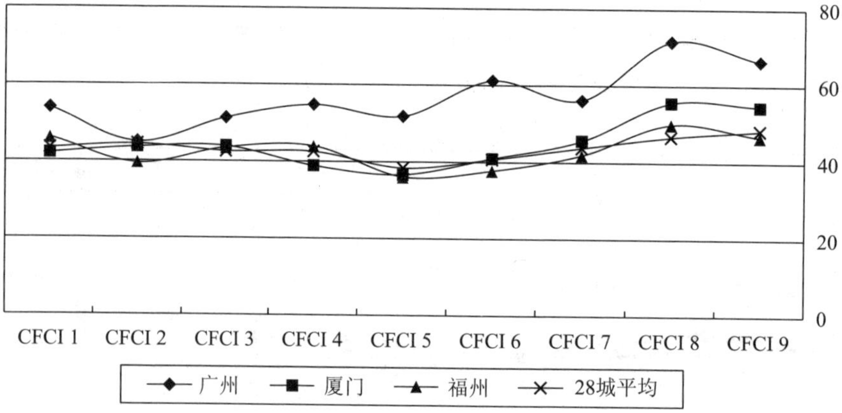

图 7.1.3 南部沿海地区各区域金融中心金融产业绩效分项得分历期变化

• 广州近几期金融产业绩效得分有较大波动,继上期大幅增长之后,本期得分出现回落,不过其在南部沿海区域中的领先优势依旧十分显著,如图 7.1.3 所示。

• 广州本期分项得分回落主要在于金融从业人员数量较此前年度有所减少。

• 福州的金融产业绩效得分小幅下挫,维持在 28 个区域金融中心平均水平附近波动。

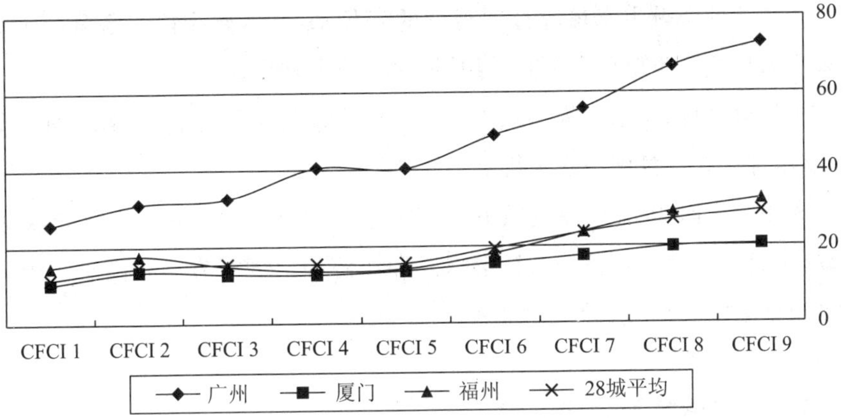

图 7.1.4 南部沿海地区各区域金融中心金融机构实力分项得分历期变化

• 广州金融机构实力得分继续保持快速增长，其在南部沿海地区的领先优势是巨大的，在 CFCI 中的历期得分几乎都是厦门和福州的两倍。

• 金融机构资源集聚的“马太效应”在此得到很好体现，广州近期的得分增幅均要大于区域其他中心，如图 7.1.4 所示。

• 近年来，福州金融机构实力已经领先厦门，且领先优势正在逐年扩大。

• 整体上来说，相较全国 28 个区域金融中心平均水平，南部沿海区域各中心的金融机构实力在机构国际化程度和证券类机构方面有很大相对优势，其主要归功于这几个中心与港、澳、台地区长期形成的经济金融合作关系。

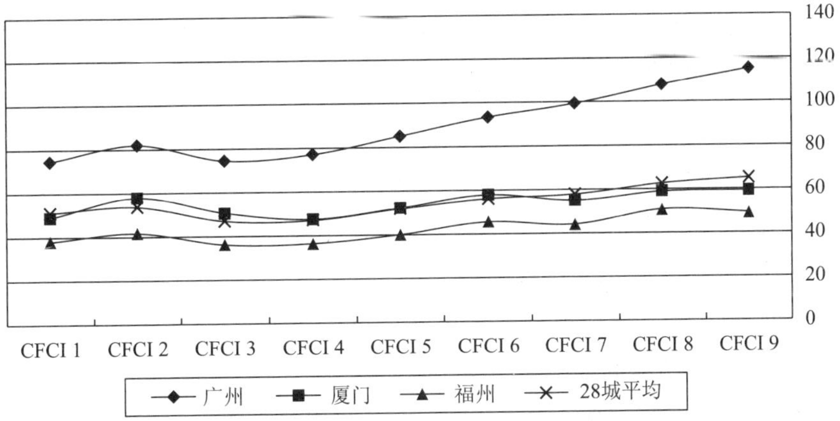

图 7.1.5 南部沿海地区各区域金融中心金融生态环境分项得分历期变化

• 从往期金融生态环境分项得分的变化来看,广州金融生态环境的改善幅度明显要高于厦门和福州,且长期保持稳定进步状态。

• 相对来说,厦门和福州几乎是保持同步发展,近几期改善幅度并不算大,基本维持在自身同一水平徘徊。

• 相较全国 28 个区域金融中心平均水平,南部沿海地区在文化娱乐、城市绿化、经济基础、专业服务、社会保障和经济外向度等方面均高于全国 28 个区域金融中心平均水平。

7.2 广州金融中心评价

在第 9 期 CFCI 评价体系中,广州金融中心综合竞争力得分为 63.78,排名全国第 4、南部沿海地区首位。在一级分项指标评价方面,除金融产业绩效分项得分出现负增长,其他各项指标得分均有较大幅度增长,其中金融产业绩效本期分项排名下降 1 位,其他各分项排名维持不变,如表 7.2.1 所示。

表 7.2.1 广州在 CFCI9 中评价结果

	CFCI9 得分	同比上期	CFCI9 排名	同比上期
综合竞争力	63.78	3.49	4	0
金融产业绩效	66.44	-5.16	5	-1
金融机构实力	73.00	6.20	4	0
金融生态环境	115.07	7.30	4	0
金融人才环境	102.21	4.65	3	0
金融商业环境	128.03	9.98	4	0

在金融产业绩效方面,如图 7.2.1 所示:

• 2015 年金融业增加值 1628.7 亿元,排在全国第 5,是同期福州的 3.6 倍、厦门的 4.4 倍。

• 同时,金融业增加值近三年持续保持高速增长,三年平均增速达到 18.76%,区域中增速最快,全国排名第 5。

• 2015 年,金融从业人员 8.33 万人,在全国排名第 8。不过,金融从业人员人数在出现减少,近三年平均增长率为-5.78%,人员增速全国垫底,这导致其本期该分项得分出现较大幅度减少。

• 2016年，广州的保险深度和保险密度分别达到5.95%和8304元，分别排名全国第4和第2。

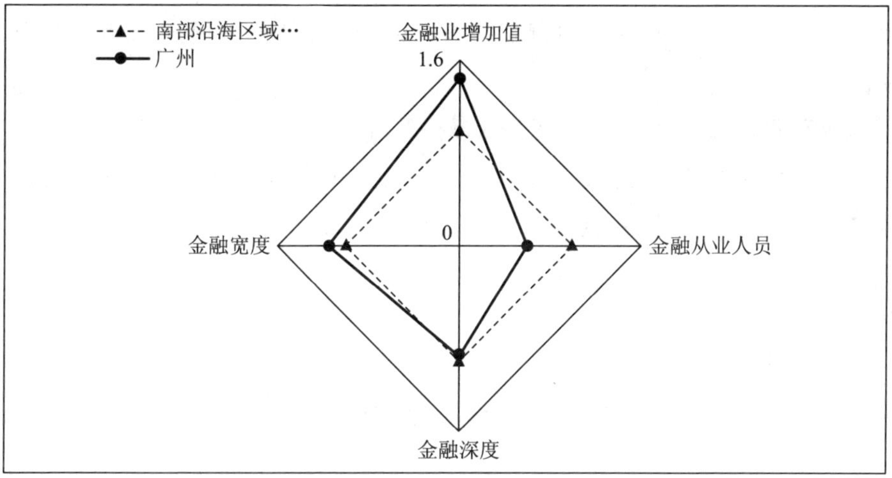

图 7.2.1　广州金融产业绩效同南部沿海地区平均水平的比较

在金融机构实力方面，如图7.2.2所示：

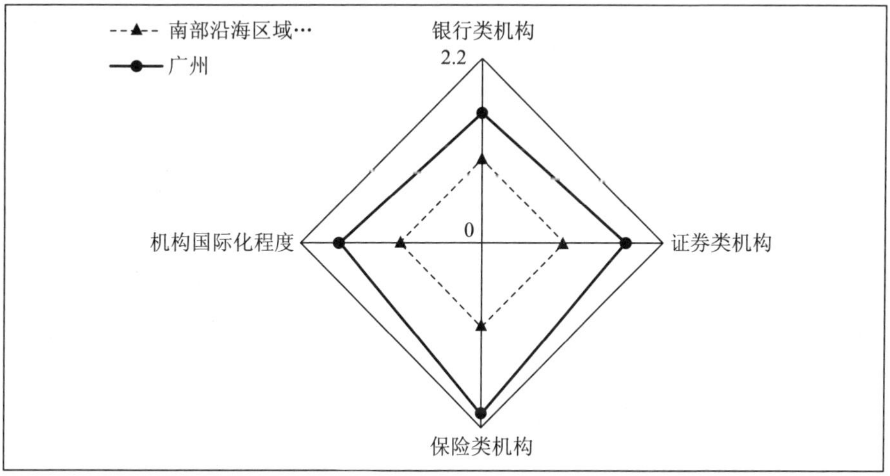

图 7.2.2　广州金融机构实力与南部沿海区域平均水平的比较

• 广州在银行类机构、证券类机构、保险类机构以及机构国际化程度四个方面均大幅领先区域平均水平。

• 法人金融机构实力强劲,法人商业银行、法人证券公司和法人保险公司资产规模分别排名全国第 5、第 5 和第 7。

• 在金融业务市场覆盖水平上有很大优势,其 2016 年的商业银行支行数量达到 2362 家、证券机构营业部有 250 家,数量分别居全国第 3 和第 4 位。

• 值得注意的是,广州缺乏法人基金管理公司。

在金融生态环境方面,广州在 31 个城市中排名第 4,南部沿海地区排名第 1,在金融人才环境和金融商业环境两个方面均有显著比较优势,如图 7.2.3 和图 7.2.4 所示:

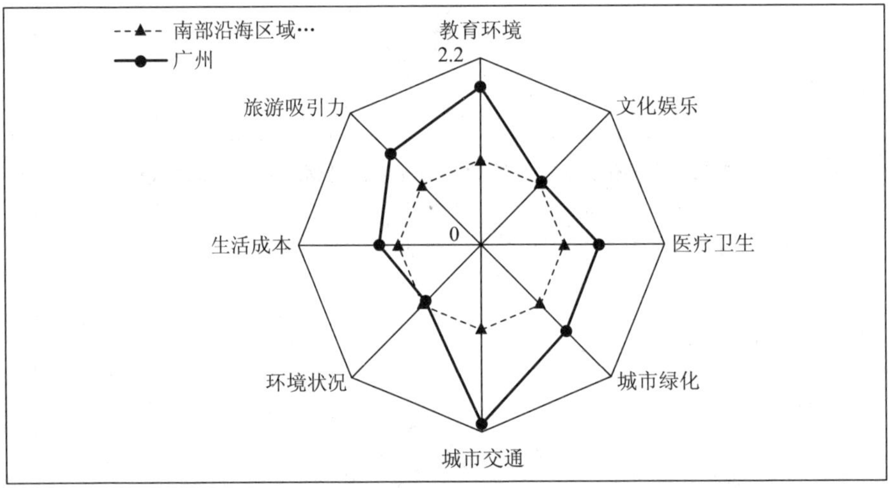

图 7.2.3　广州金融人才环境与南部沿海区域平均水平的比较

• 广州拥有的普通高等学校数量和在校学生数不但在南部沿海地区居首位,在 31 个金融中心中也是分别排名第 2 和第 1,其 2015 年在校大学生数量达到了 104.32 万人。

• 2015 年每百万人公共图书藏量达到 1.6 万册,排名全国第 8。

• 人均公园绿地面积达到 20.15 平米,在全国排名第 1。

• 拥有南部沿海地区最具发达的轨道交通系统,2016 年每百万人轨道交通里程数达到 19.8 公里,全国排名第 4。

• 广州仅在环境状况方面处于相对弱势地位,2015 年全年空气质量优良率为85.5%，同期福州和厦门均超过95%。

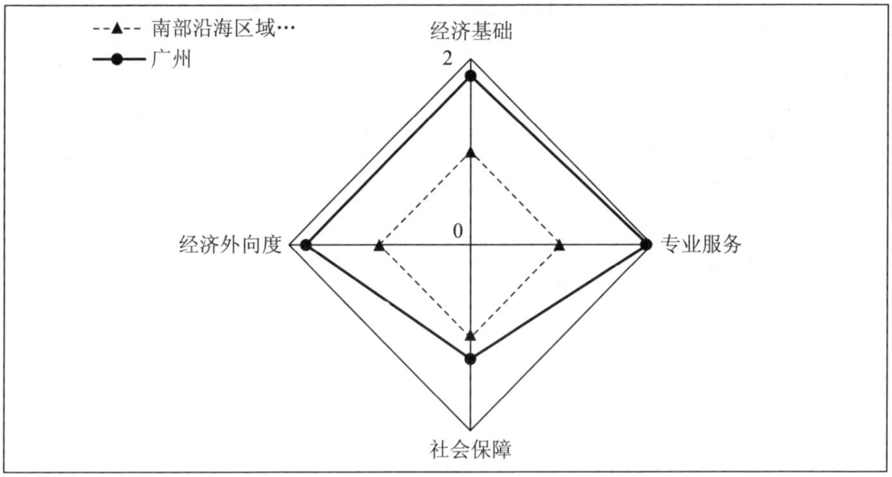

图7.2.4　广州金融商业环境与南部沿海区域平均水平的比较

- 在金融商业环境方面，广州经济基础、专业服务和经济外向度三个方面具有明显优势，在社会保障方面则略高于区域平均水平。
- 经济基础方面，2016年有地区生产总值达19611亿元、全国第3，人均地区生产总值达13.96万元、全国第4，远超区域中其他两个中心。
- 广州专业服务十分发达，2015年执业律师数、注册会计师（CPA）数和专业保险中介机构数分别达到9817人、3209人和362家，分别排名全国第3、第5和第4，均处于南部沿海地区首位。
- 经济外向度方面，广州2015年实际利用FDI总额、进出口总额和国际旅游（外汇）收入三项指标也均为区域首位，其中进出口总额指标排名全国第5、国际旅游外汇收入指标排名全国第2。

7.3　厦门金融中心评价

在第9期CFCI评价体系中，厦门金融中心综合竞争力得分为32.53分，排名全国第18位、南部沿海第2。在一级分项指标评价方面，金融产业绩效得分略有下降、排名下滑1位，金融机构实力排名上升1位，金融生态环境排名则下降2位，如表7.3.1所示。

表 7.3.1 厦门在 CFCI9 中评价结果

	CFCI9 得分	同比上期	CFCI9 排名	同比上期
综合竞争力	32.53	0.56	18	-3
金融产业绩效	54.68	-0.91	11	-1
金融机构实力	20.28	0.52	21	1
金融生态环境	59.31	0.40	21	-2
金融人才环境	58.14	3.57	28	1
金融商业环境	60.49	-2.79	15	-2

在金融产业绩效方面,如图 7.3.1 所示:

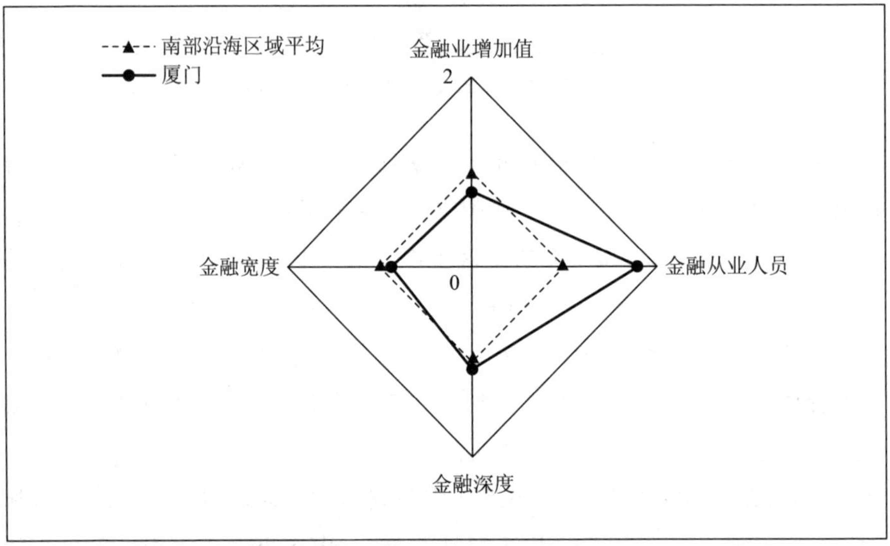

图 7.3.1 厦门金融产业绩效同南部沿海地区平均水平的比较

• 尽管厦门金融业增加值是区域最小的,但金融业增加值占 GDP 比重 2015 年达到 10.72%,全国排名第 8,金融业的支柱作用明显。

• 厦门金融深度和金融宽度均要高于区域平均水平,其存款余额和贷款余额占 GDP 比重两项指标均是区域最高的,2015 年分别达到了 258.7% 和 202.4%,本地证券交易量占 GDP 比重达到 526%,全国排名第 4。

在金融机构实力方面,如图 7.3.2 所示:

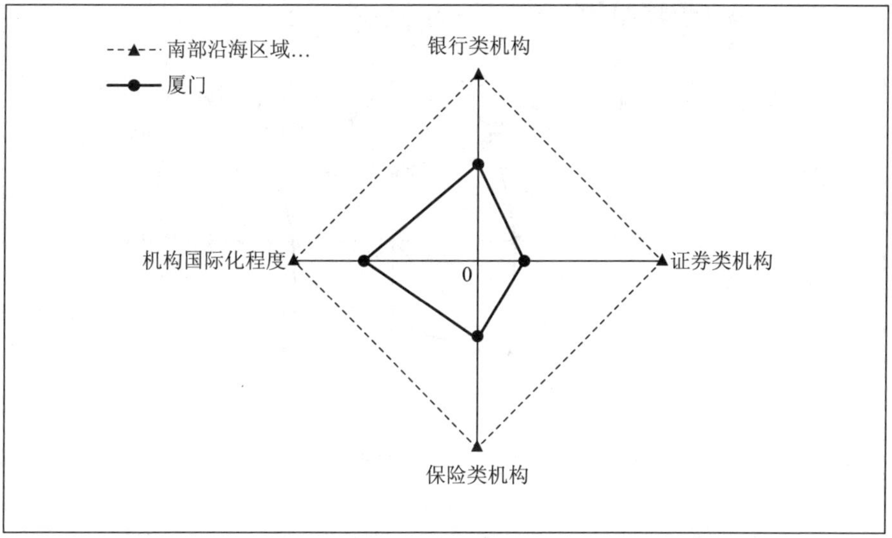

图 7.3.2　厦门金融机构实力与南部沿海区域平均水平的比较

• 厦门金融机构整体实力是相对较弱的，特别是在证券机构方面，1 家法人证券公司的 2016 年资产规模为 126 亿元，大约相当于同期福州的 7%、广州的 3%。

• 在基金管理方面具备一定的优势，2016 年法人基金管理公司数量和资产管理规模分别排名全国第 7 和第 9。

在金融生态环境方面，厦门在 31 个城市中排名第 21，南部沿海地区排名第 2，如图 7.3.3 和图 7.3.4 所示：

• 厦门拥有非常好的环境状况，2015 年城市生活污水处理率和空气质量优良率分别达到 100%和 99.2%，均排名全国第 1。

• 值得注意的是，房价因素已成为厦门金融人才环境的重要制约因素，2015 年住宅收入比达到 9.81，全国仅次于深圳和上海。

• 社会保障体系优秀，2015 年城镇职工基本养老、医疗和失业保险覆盖率分别排名全国第 6、第 6 和第 3。

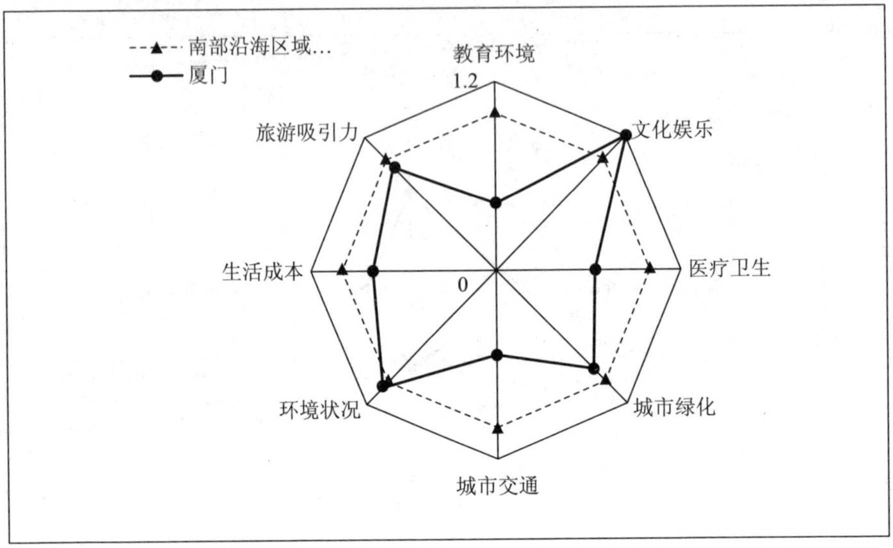

图 7.3.3　厦门金融人才环境与南部沿海区域平均水平的比较

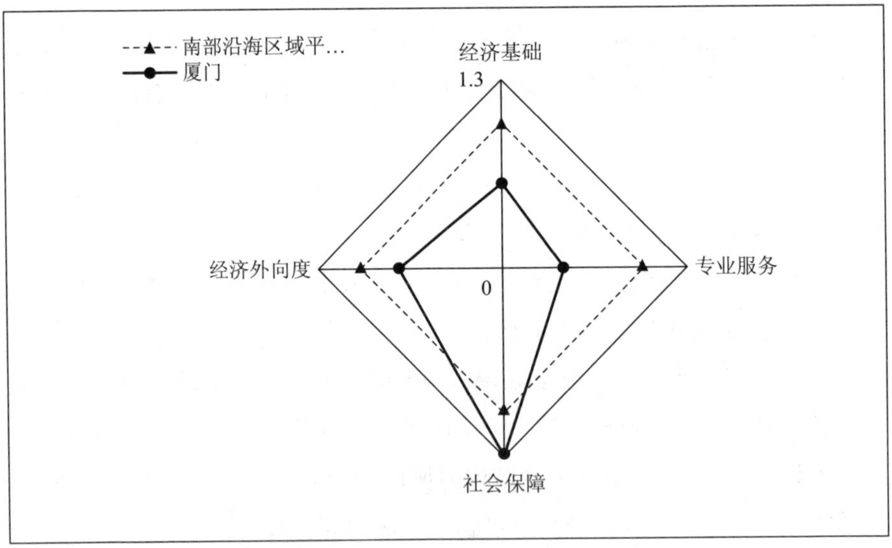

图 7.3.4　厦门金融商业环境与南部沿海区域平均水平的比较

7.4　福州金融中心评价

在第 9 期 CFCI 评价体系中,福州金融中心综合竞争力得分为 31.93 分,排名全国第 20 位,较上期排名下降 4 位。在一级分项指标评价排名方面,金融产业绩效得分减少 3.21、排名下降 4 位，金融机构实力排名上升 1 位，金融生态环境排名下降 4 位，如表 7.4.1 所示。

表 7.4.1　福州在 CFCI9 中评价结果

	CFCI9 得分	同比上期	CFCI9 排名	同比上期
综合竞争力	31.93	0.31	20	-4
金融产业绩效	46.76	-3.21	17	-4
金融机构实力	32.27	3.31	11	1
金融生态环境	49.39	-1.47	28	-4
金融人才环境	56.65	2.33	29	1
金融商业环境	42.08	-5.29	22	-1

在金融产业绩效方面，如图 7.4.1 所示：

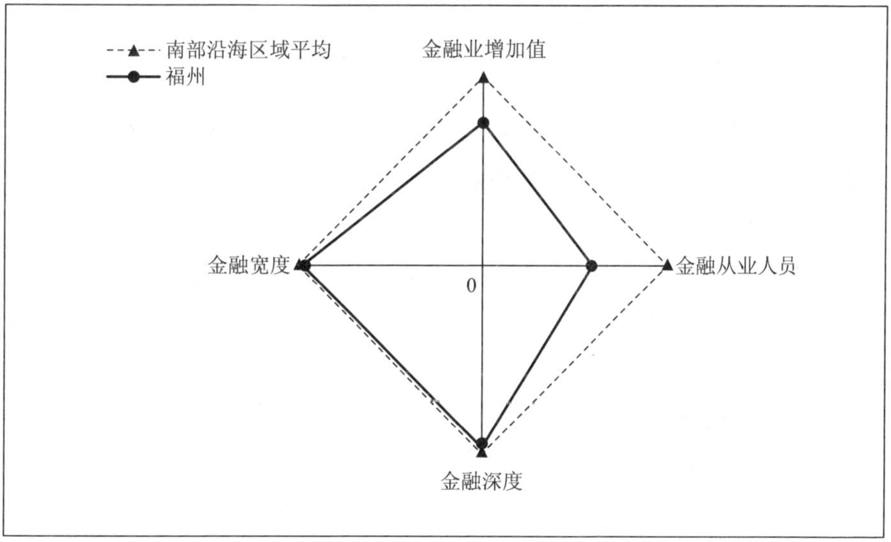

图 7.4.1　福州金融产业绩效同南部沿海地区平均水平的比较

• 金融深度和宽度方面具备一定的比较优势，2016 年福州本地证券交易量和境内股票市场累计融资量与 GDP 之比分别达到 484% 和 43%，指标分别排名全国第 6 和第 2。

• 2015 年金融从业人员数量 3.51 万人，仅排名全国第 25，是同期广州的 40% 左右。

在金融机构实力方面,如图 7.4.2 所示:

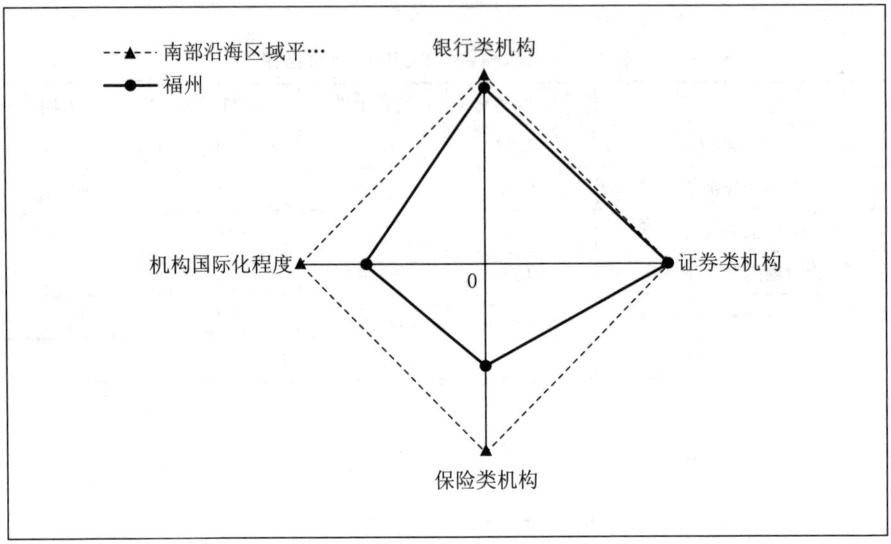

图 7.4.2 福州金融机构实力与南部沿海区域平均水平的比较

• 福州银行类机构具有很强的竞争力,得益于兴业银行的规模,2016 年 6 家本地法人商业银行资产总规模高达 5.46 万亿元,排名南部沿海区域第 1,在全国仅次于北京、上海和深圳。

在金融生态环境方面,福州于 31 个城市中排名第 28,南部沿海地区排名最后,在金融人才环境和金融商业环境两个方面均低于区域平均水平,如图 7.4.3 和图 7.4.4 所示:

• 南部沿海区域整体环境状况较好,2015 年福州的空气质量优良率达到 95.1%,全国排名第 3。

• 2015 年城市建成区绿化覆盖率 43.5%,全国第 8,但人均公园绿地面积仅 4.36 平方米,全国排名第 27。

• 在金融商业环境方面,福州在经济基础、专业服务、社会保障和经济外向度上均低于南部沿海区域平均水平。

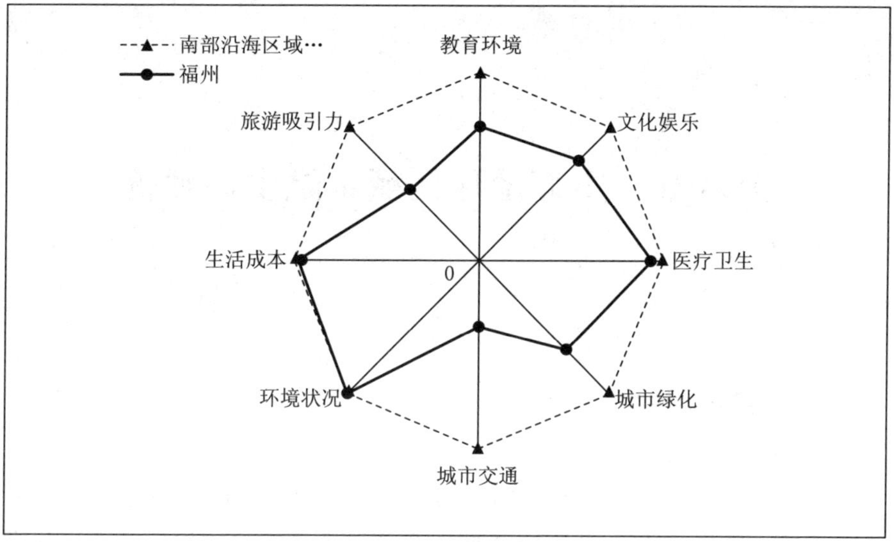

图 7.4.3　福州金融人才环境与南部沿海区域平均水平的比较

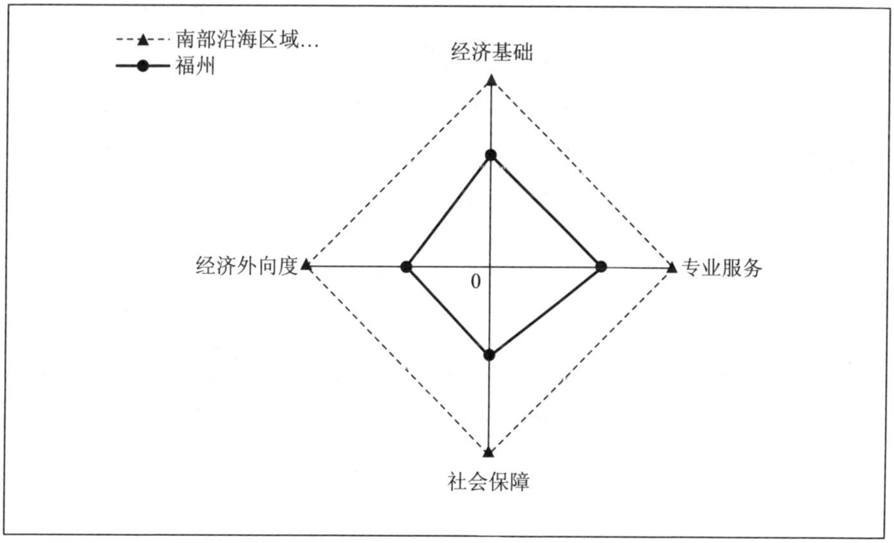

图 7.4.4　福州金融商业环境与南部沿海区域平均水平的比较

第八章　中部地区区域金融中心评价

8.1　总体评价

中部地区包括山西、安徽、江西、河南、湖北、湖南六省，国土面积103万平方公里。目前，该地区共有五个城市明确提出了打造区域金融中心的设想，分别是武汉、郑州、长沙、合肥和南昌。

从中部地区各城市历期评价结果来看，中部地区五个金融中心城市中，武汉保持了较好的整体发展水平，历次得分高于全国28个区域金融中心的平均水平；郑州近年来则取得长足进步，得分增长势头明显，自CFCI 8开始就超过全国区域平均水平，其余三个城市的综合竞争实力也处于增长态势，但离区域平均水平还有一定差距，如图8.1.1所示。

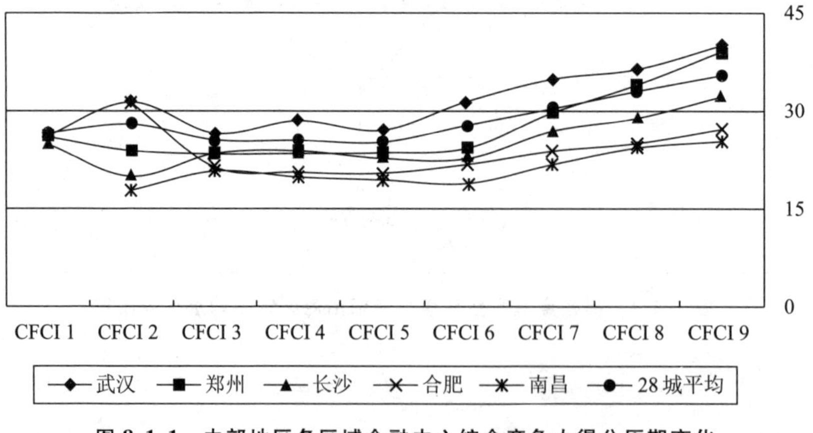

图8.1.1　中部地区各区域金融中心综合竞争力得分历期变化

以下为本期中部地区区域金融中心的评价要点：

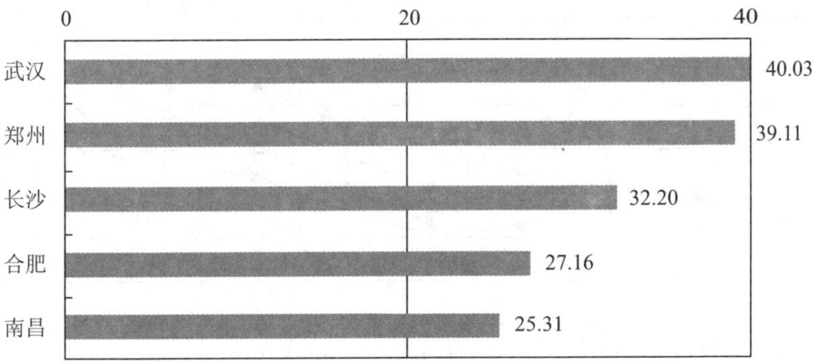

图 8.1.2　中部地区区域金融中心综合竞争力得分比较

• 中部地区区域综合竞争力平均得分为 32.76，低于全国 28 个区域金融中心 35.46 的平均得分。

• 本期中部地区参与评价的五个城市，武汉、郑州、长沙、合肥、南昌的综合竞争力排名分别为 11、13、19、24 和 29，武汉的金融中心综合竞争力继续在中部地区保持领先地位，如图 8.1.2 所示。

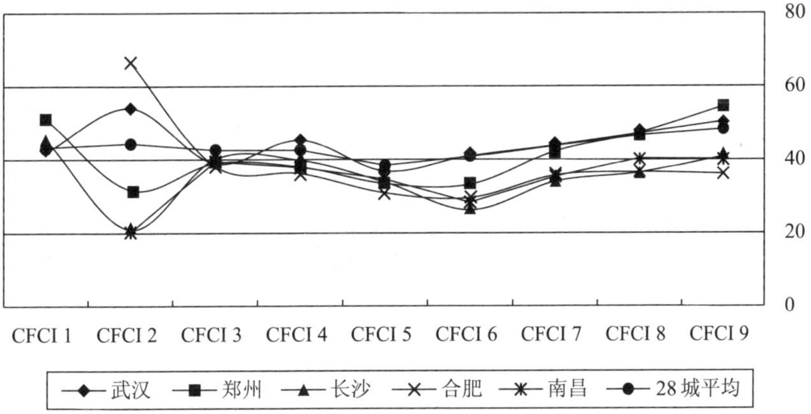

图 8.1.3　中部地区各区域金融中心金融产业绩效分项得分历期变化

• 在金融产业绩效方面，除合肥和南昌外，近期武汉、郑州和长沙的分项得分保持平稳较快增长，如图 8.1.3 所示。

• 中部区域的金融产业绩效平均水平整体要低于 28 个区域金融中心平均水平，特别是金融业规模方面存在一定差距。

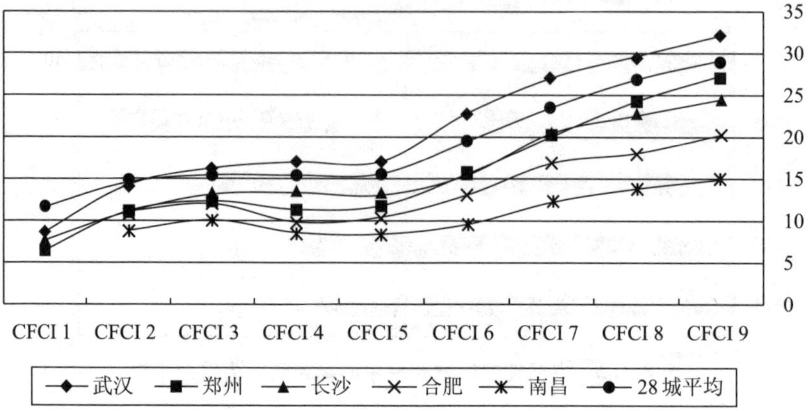

图 8.1.4　中部地区各区域金融中心金融机构实力分项得分历期变化

• 在金融机构实力方面,中部地区各金融中心分项竞争力基本保持与全国区域金融中心平均增速相一致的增长态势。其中,合肥和南昌的差距要相对大一些、增速也较慢一些,如图 8.1.5 所示。

• 中部区域金融机构实力平均水平低于全国 28 个区域中心平均水平,主要是在机构国际化程度方面差距较显著。

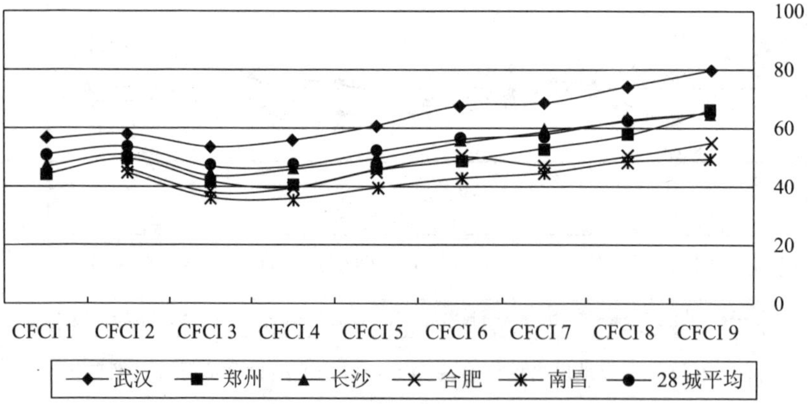

图 8.1.5　中部地区各区域金融中心金融生态环境分项得分历期变化

• 在金融生态环境方面,中部地区各金融中心近年来做出了积极的改善和进步,并持续保持增长态势。其中,南昌和合肥的分项表现要稍微慢一些。

• 中部地区在金融人才环境方面具备一定的竞争实力,特别是在教育环境方面具有突出的优势。但是,中部地区在金融商业环境方面差距较大,各项指标显著低于28个区域金融中心的平均水平。

8.2　武汉金融中心评价

在第9期CFCI评价体系中,武汉金融中心综合竞争力得分为40.03,排名全国第11位、中部地区第1位。在一级分项指标评价方面,所有指标评价得分均有所增长,不过金融机构实力分项排名在本期下滑1位,如表8.2.1所示。

表8.2.1　武汉在CFCI9中评价结果

	CFCI9得分	同比上期	CFCI9排名	同比上期
综合竞争力	40.03	3.66	11	2
金融产业绩效	50.46	3.26	15	1
金融机构实力	32.13	2.47	12	-1
金融生态环境	79.69	5.50	9	2
金融人才环境	94.17	6.93	4	1
金融商业环境	65.10	4.06	12	3

在金融产业绩效方面,如图8.2.1所示:

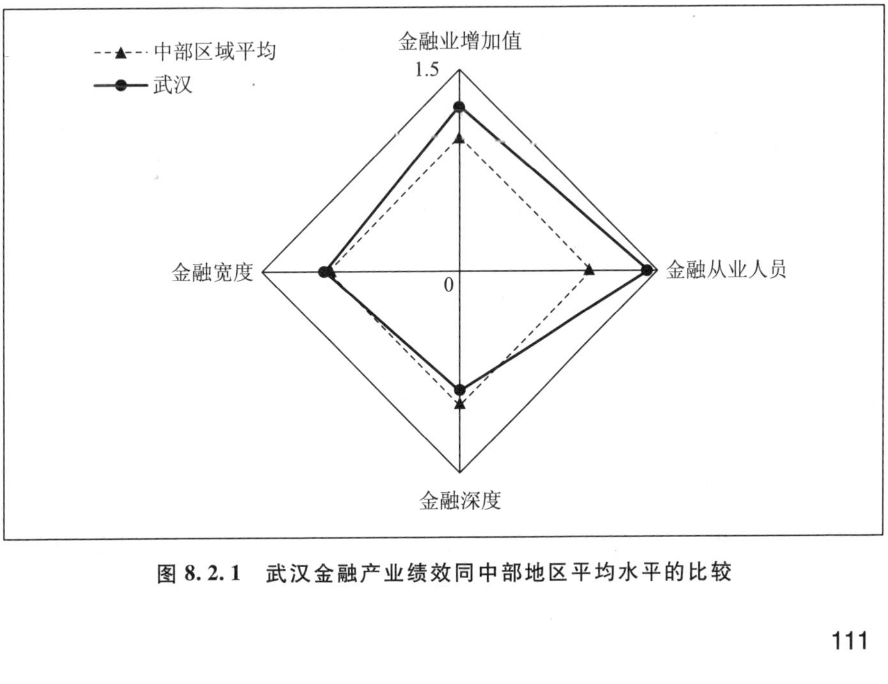

图8.2.1　武汉金融产业绩效同中部地区平均水平的比较

• 武汉在金融业增加值和金融从业人员数量方面均具有显著的区域比较优势。

• 2015 年金融业增加值为 837.5 亿元,排名中部第 1 位、全国第 11 位。

• 2015 年单位金融从业人员数量为 7.29 万人,远高于中部地区其他中心,全国排名第 12 位。

在金融机构实力方面,如图 8.2.2 所示:

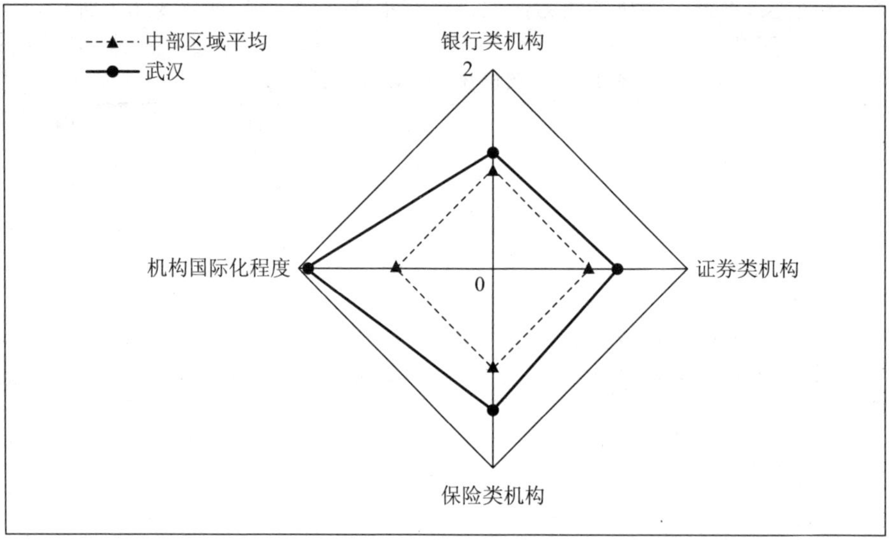

图 8.2.2　武汉金融机构实力与中部区域平均水平的比较

• 武汉在机构国际化程度、保险机构实力、银行机构实力和证券机构实力方面都具备显著的区域相对优势,其中机构国际化程度尤为显著。

• 法人证券公司具备竞争优势,2016 年武汉拥有 2 家法人证券公司,资产总规模达到 1637 亿元,规模总量排名全国第 8 位,在证券公司承销金额、经纪规模等业务水平方面均排名全国第 11 位。

• 法人保险机构实力强劲,武汉拥有 3 家本地法人保险机构,截至 2015 年底的资产规模为 789 亿元,远高于区域其他城市,法人机构数量和规模分别排名全国第 5 和第 6。

• 相对来说,武汉本地法人商业银行实力不够突出,尽管拥有 3 家法人商业银行和 4897 亿元的总资产规模,在中部区域处于领先地位,但在全国范围内优势不大,其机构数量和规模分别仅排名全国第 22 位和第 19 位。

在金融生态环境方面,武汉在 31 个城市中排名第 9 位,中部地区排名第 1 位,在金融人才环境和金融商业环境两个方面均具有较强的竞争实力,如图 8. 2. 3 和图 8. 2. 4 所示。

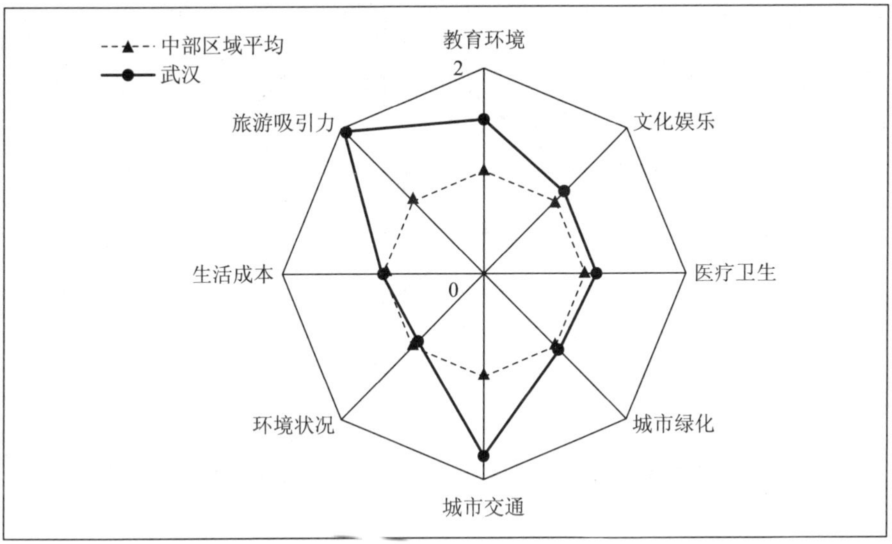

图 8. 2. 3　武汉金融人才环境与中部区域平均水平的比较

• 武汉教育环境优势突出,拥有 80 所普通高等院校,其中 7 所"211 工程"高校,在校大学生人数达到 95. 7 万人,高校数量和学生人数均排名全国第 2,远高于同区域其他城市。

• 2016 年武汉每百万人轨道交通里程数达 17. 24 公里,排名全国第 6 位。

• 武汉旅游吸引力十分强,2015 年共接待国内旅游人数 2. 1 亿人次,排名全国第 4 位。

• 相对来说,武汉的环境状况是其金融人才环境的短板,2015 年全年空气质量优良率仅为 52. 6%,排名全国倒数第 5 位。

• 在金融商业环境方面,武汉在经济基础、经济外向度、社会保障和专业服务方面均具备显著的比较优势。

• 2016 年武汉国内生产总值达到 11912. 6 亿元,远高于中部区域平均水平。

• 2015 年实际利用外资 73. 4 亿美元,全国排名第 6 位。

• 相对来说,武汉城镇职工基本养老保险覆盖率并不理想,2015 年仅为 25.73%,全国排名第 24 位。

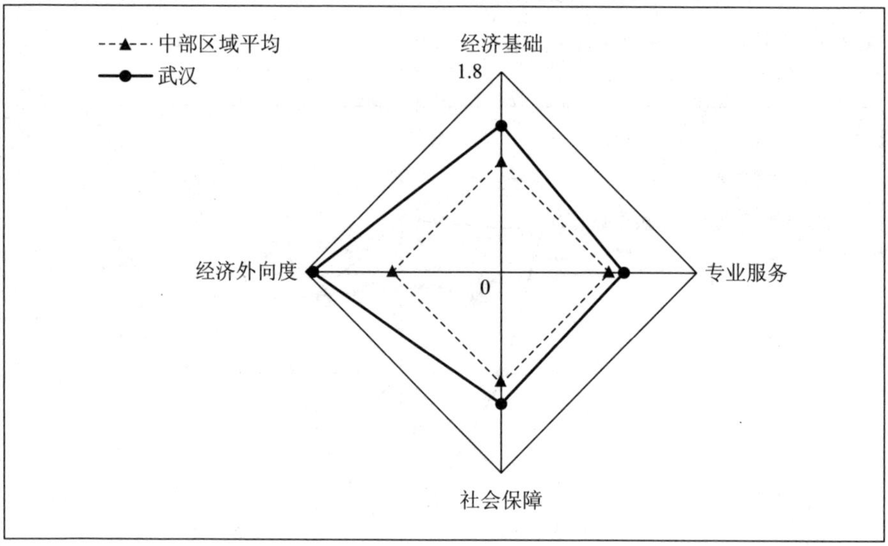

图 8.2.4 武汉金融商业环境与中部区域平均水平的比较

8.3 郑州金融中心评价

在第 9 期 CFCI 评价体系中,郑州金融中心综合竞争力得分为 39.11,排名全国第 13 位,综合竞争实力在中部地区仅次于武汉。在一级分项指标评价方面,各项指标得分均有较快增长,其中金融产业绩效分项排名上升 3 位,金融机构实力排名上升 1 位,而金融生态环境排名提升 7 位,如表 8.3.1 所示。

表 8.3.1 郑州在 CFCI9 中评价结果

	CFCI9 得分	同比上期	CFCI9 排名	同比上期
综合竞争力	39.11	5.12	13	1
金融产业绩效	54.54	7.21	12	3
金融机构实力	27.35	3.09	15	1
金融生态环境	66.21	8.67	14	7
金融人才环境	77.18	10.77	12	5
金融商业环境	55.17	6.55	18	2

在金融产业绩效方面，如图 8.3.1 所示：

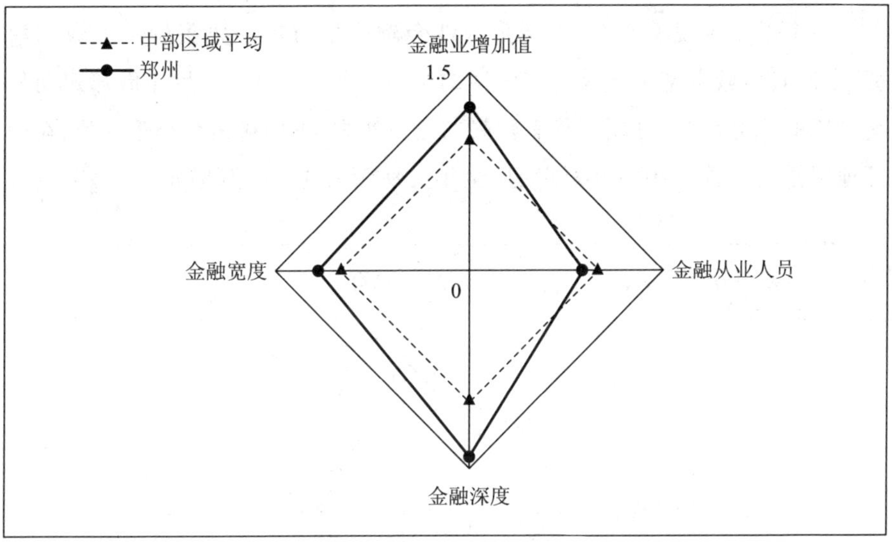

图 8.3.1　郑州金融产业绩效同中部地区平均水平的比较

• 郑州 2015 年金融业增加值为 666.8 亿元，在中部地区仅次于武汉，金融业增加值三年平均增速为 20.8%，居中部第 1 位、全国第 2 位。

• 郑州的保险深度和保险密度具有很强的竞争优势，2016 年分别达到 5.8%和 4765 元/人，在中部地区五个中心中均列首位，分别排名全国第 6 位和第 11 位。

• 相对来说，郑州金融从业人员数量还显不足，2015 年单位金融从业人员数量为 5 万人，与武汉相比还有较大差距。

在金融机构实力方面，如图 8.3.2 所示：

• 法人商业银行具备较强实力，2016 年共有 8 家本地法人商业银行，资产规模合计 5800 亿元左右，数量和规模均排名中部地区第 2 位。

• 在法人期货公司方面，2016 年共有 2 家法人机构，总资产达 81.48 亿元，资产规模排名全国第 7 位。

• 保险机构实力方面比较优势显著，但主要体现在本地市场业务量上，2016 年郑州保费收入 463.35 亿元，在中部区域排名第 1 位。

• 郑州证券类机构实力整体偏弱，目前仅有 1 家本地法人证券公司，

2016年资产规模为403.85亿元,公司实力和业务规模在中部地区基本处于末位。

在金融市场规模方面,由于全国性金融交易市场主要集中于上海和深圳,全国其他城市基本不具备全国性的金融市场。因此,郑州凭借郑州期货交易所的优势,在该分项上具有较强的竞争实力,本期排名全国第5位,在中部地区排名首位。2016年,郑商所全年交易额为31.03万亿元。

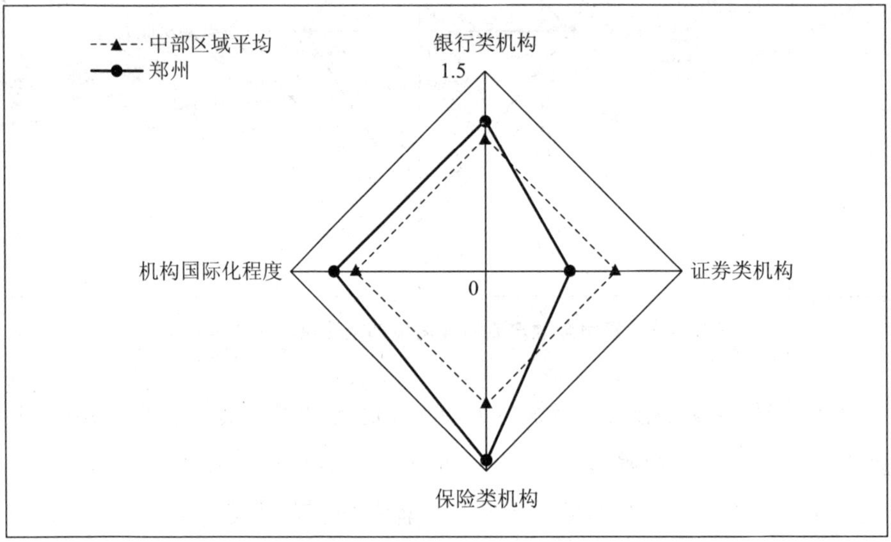

图8.3.2 郑州金融机构实力与中部区域平均水平的比较

在金融生态环境方面,郑州在全国排名第14位,中部地区排名第2位。其中,郑州在金融人才环境和金融商业环境两个分项指标上具有一定的比较优势,如图8.3.3和图8.3.4所示:

- 郑州高等教育资源丰富,2015年郑州拥有56所普通高等院校,在校大学生共计88.9万人,学校数量和学生人数分别排名全国第7位和第3位,在中部地区仅次于武汉。
- 在医疗卫生方面,2015年郑州每万人拥有的医院病床数和执业医师数分别达到为89.87和34.49,分别排名全国第1位和第6位。
- 环境状况不佳成为制约因素,2015年郑州全年空气质量优良率仅48.28%,在全国排名倒数第2位。

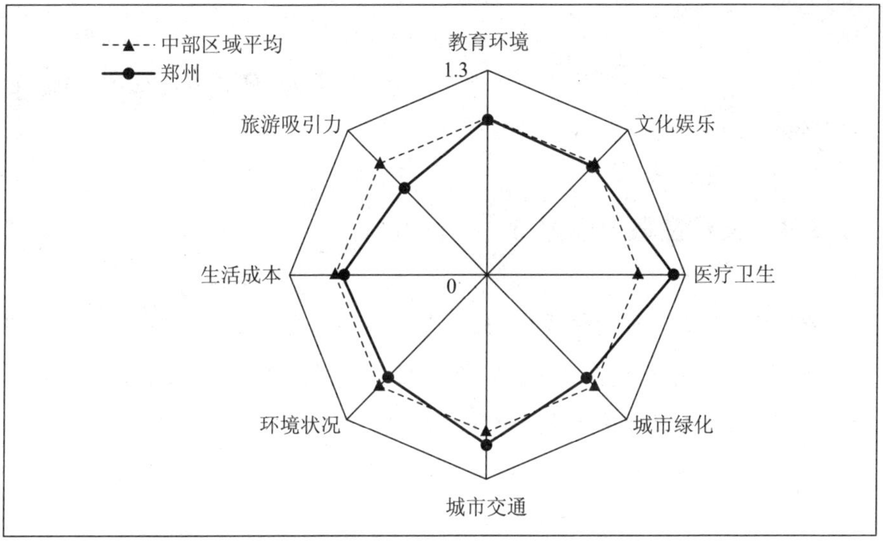

图 8.3.3 郑州金融人才环境与中部区域平均水平的比较

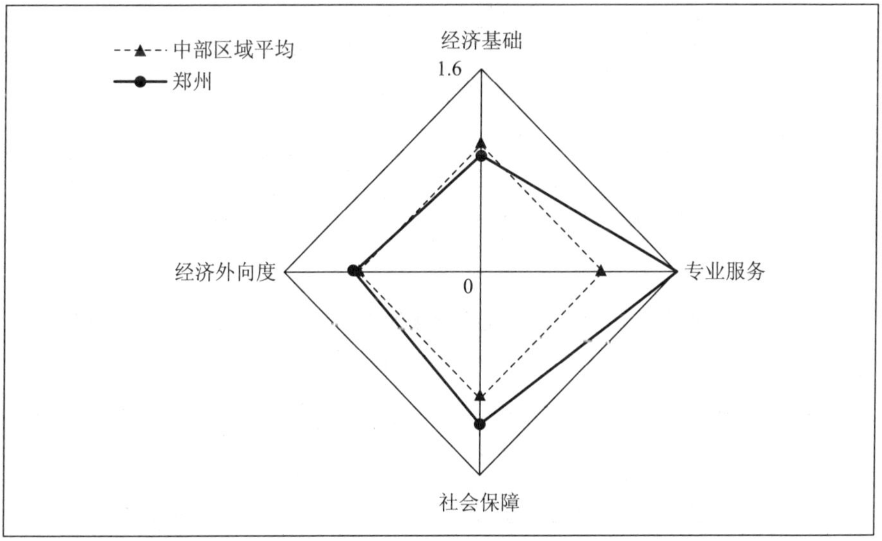

图 8.3.4 郑州金融商业环境与中部区域平均水平的比较

• 郑州在专业服务方面具有很强的竞争优势，2015 年执业律师数达到 4995 人、注册会计师数达到 2644 人、专业保险中介机构达到 238 家，分别排名全国第 9 位、第 8 位和第 7 位。

• 在经济基础方面,郑州的GDP总量和人均指标相较武汉还有一定差距。

• 2015年,郑州国际旅游外汇收入1.88亿美元,排名中部地区末位,全国排名第26位。

8.4 长沙金融中心评价

在第9期CFCI评价体系中,长沙金融中心综合竞争力得分为32.20,排名全国第21位,中部地区第3位。在一级分项指标评价方面,本期长沙各方面指标均有不同程度的增长,相应分项排名都呈现正向增长,如表8.4.1所示。

表8.4.1 长沙在CFCI9中评价结果

		CFCI9得分	同比上期	CFCI9排名	同比上期
综合竞争力		32.20	3.34	19	2
金融产业绩效		40.90	4.47	23	5
金融机构实力		24.49	1.94	18	2
金融生态环境		65.16	2.82	15	1
	金融人才环境	74.69	2.28	15	-2
	金融商业环境	55.55	3.35	17	2

在金融产业绩效方面,长沙在金融从业人员分项上有一定的比较优势,在金融增加值和金融深度分项存在一定的比较劣势,如图8.4.1所示:

• 2015年长沙的单位金融从业人员为6.44万人,人数在中部区域仅次于武汉。

• 2015年长沙金融业增加值401.2亿元,占GDP比例为4.71%,离5%的支柱产业通行标准还有差距,在中部地区排名末位。但是,长沙金融业增加值三年平均增速达到19.94%,增速全国排名第3位。

• 在金融深度和宽度方面,长沙存款余额和贷款余额占GDP比重相对较小,2016年分别为166.12%和148.73%,在中部地区均列末位,分别排名全国第28位和第24位。

• 2015 年，长沙的保险深度为 2.74%，全国排名垫底。

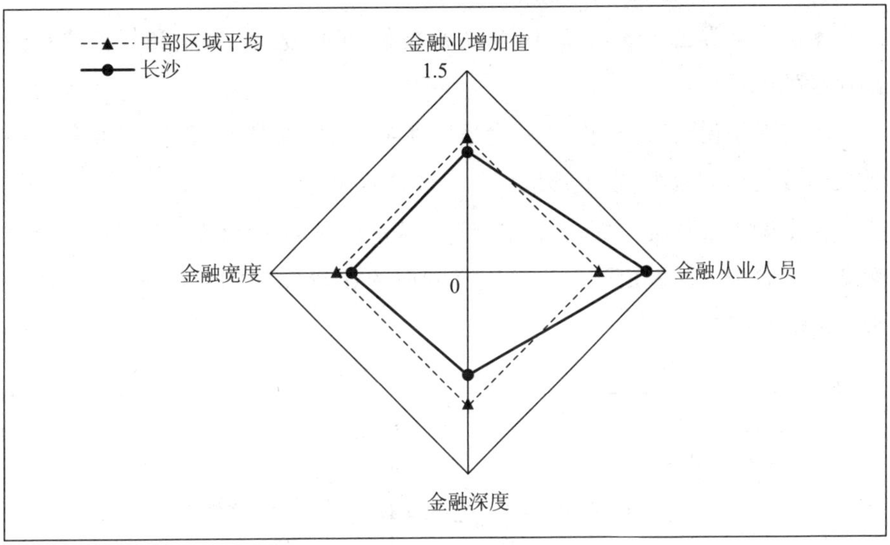

图 8.4.1　长沙金融产业绩效同中部地区平均水平的比较

在金融机构实力方面，长沙在银行类和证券类机构实力方面有比较显著的优势，但在机构国际化程度方面相对竞争力不足，如图 8.4.2 所示：

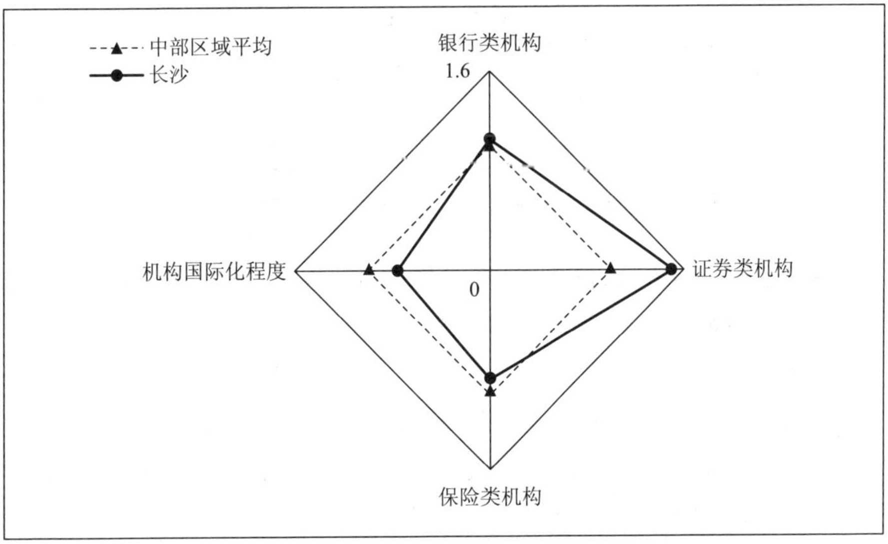

图 8.4.2　长沙金融机构实力与中部区域平均水平的比较

• 截至 2016 年底,长沙拥有 9 家法人商业银行,在中部地区排名首位,不过其中多数是农商行,整体规模不大。

• 法人证券公司 3 家,2016 年资产规模 2090 亿元,数量和规模均在中部地区处于首位。

• 相对来说,长沙机构国际化程度明显不足,在外资银行、证券和保险类机构数量相对偏少,在中部地区处于较低水平。

在金融生态环境方面,长沙在 31 个城市中排名第 15 位,中部地区排名第 3 位。其中,长沙在金融人才环境方面的比较优势相对明显一些,如图 8.4.3 和图 8.4.4 所示:

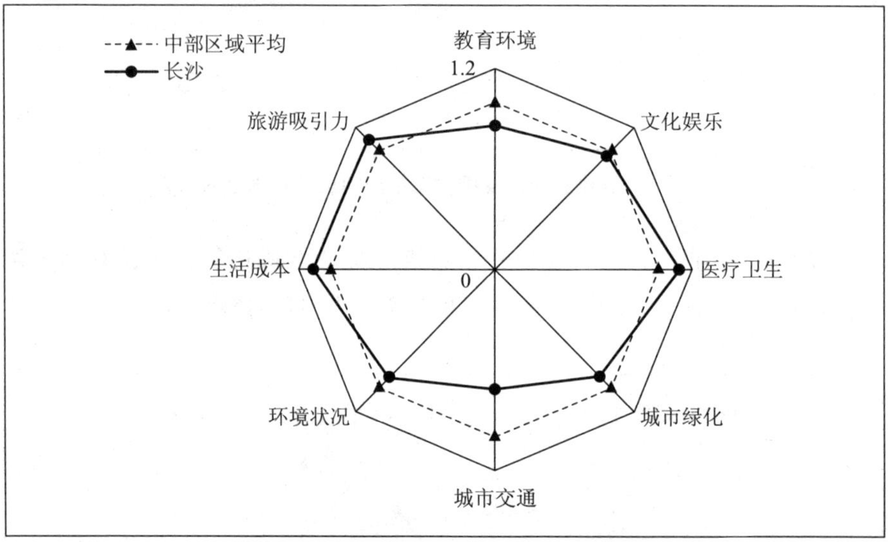

图 8.4.3 长沙金融人才环境与中部区域平均水平的比较

• 在医疗卫生方面,长沙在中部地区排名仅次于郑州,2015 年每万人拥有的医院床位数和执业医师数分别达到 81.34 张和 34.45 人,分别排名全国第 2 位和第 7 位。

• 在人均基础教育资源方面,长沙的表现不甚理想,2015 年每位普通中学专任教师负担学生数为 13.93 人、每位小学专任教师负担学生数为 22.09 人,两项指标分别排名全国倒数第 3 位和第 2 位。

• 环境状况显著不佳，2015 年长沙全年空气质量优良率仅为 48%，在全国 31 个金融中心表现最差。

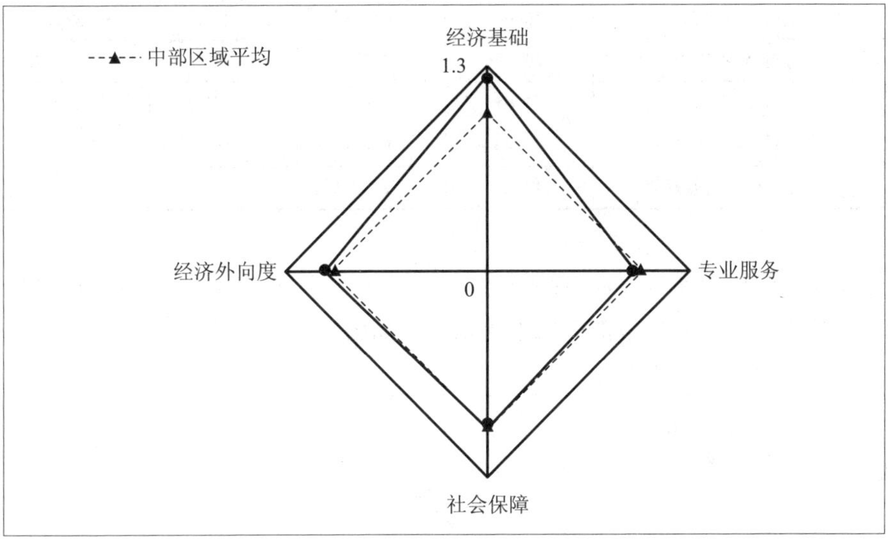

图 8.4.4　长沙金融商业环境与中部区域平均水平的比较

• 在金融商业环境方面，长沙在经济基础分项指标具有区域比较优势，2016 年人均地区生产总值为 12.2 万元，在中部地区排名首位、全国排名第 6 位。

• 长沙注册会计师人数全国排名第 9，2015 年达到 2115 人

• 长沙拥有本地上市公司 44 家，在中部地区排名第 2 位。

8.5　合肥金融中心评价

在第 9 期 CFCI 评价体系中，合肥金融中心综合竞争力得分为 27.16，排名全国第 24 位、中部第 4 位。在一级分项指标评价方面，金融产业绩效得分小幅降低，排名下滑 2 位，金融机构实力分项排名上升 2 位，金融生态环境分项排名上升 1 位，如表 8.5.1 所示。

表 8.5.1　合肥在 CFCI 9 中评价结果

	CFCI9 得分	同比上期	CFCI9 排名	同比上期
综合竞争力	27.16	2.17	24	1
金融产业绩效	36.08	-0.48	29	-2
金融机构实力	20.27	2.23	22	2
金融生态环境	54.91	4.61	24	1
金融人才环境	69.45	6.89	19	3
金融商业环境	40.27	2.32	24	0

在金融产业绩效方面,合肥在金融从业人员方面具有一定的比较优势,在其他方面则要低于中部区域平均水平。如图 8.5.1 所示:

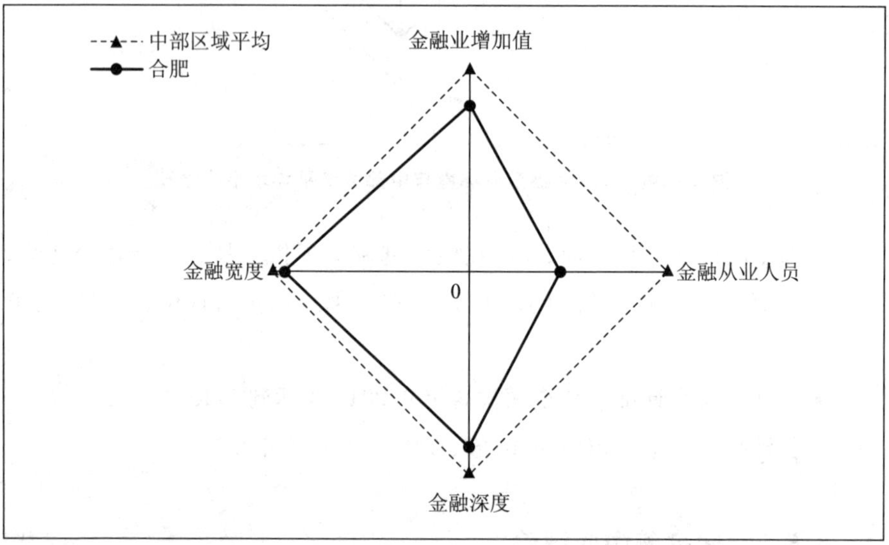

图 8.5.1　合肥金融产业绩效同中部地区平均水平的比较

• 合肥金融业增加值近三年平均增长速度达到 18.15%,位列全国第 7 位。合肥之所以能保持如此高的增长速度,主要在于金融业增加值的基数不大。2015 年合肥金融业增加值总量为 309.87 亿元,仅排名全国第 27 位、中部地区末位,

• 2015 年合肥金融从业人员 3.38 万人,人数较 2012 年出现下滑,三年平均增速仅为-0.28%。

• 2016 年合肥保险密度达到 2710 元/人，较中部其他中心仍有较大差距，指标排名中部地区最低。

在金融机构实力方面，合肥在金融机构实力分项的整体偏弱，如图 8.5.2 所示：

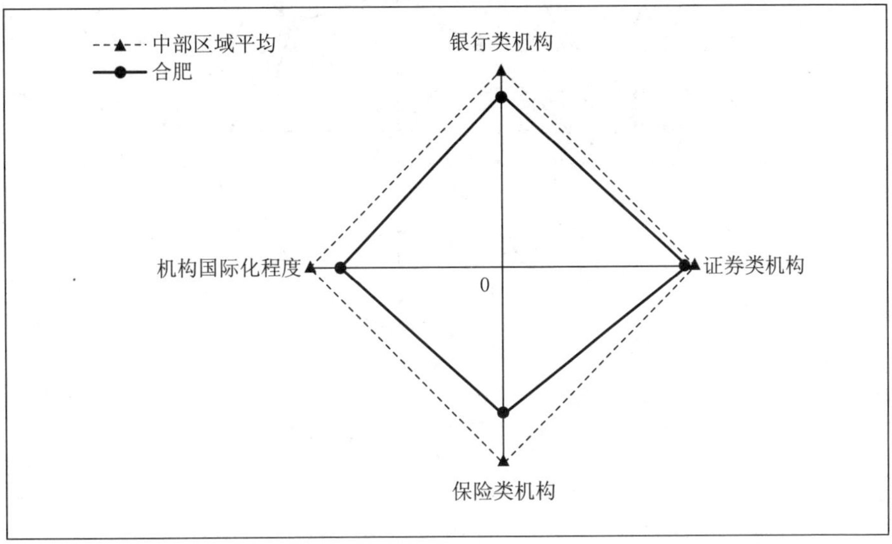

图 8.5.2　合肥金融机构实力与中部区域平均水平的比较

• 合肥在法人期货类机构实力方面具备一定竞争优势，2016 年共有 3 家法人期货公司，资产规模达到 51.2 亿元，两项指标分别排名全国第 9 位和第 12 位。

• 在机构国际化程度方面，合肥缺少外资证券类机构，外资保险类机构也只有 5 家。

在金融生态环境方面，合肥在 31 个城市中排名第 24，中部地区排名第 4 位，在金融人才环境和金融商业环境方面的比较优势均相对较少，如图 8.5.3 和图 8.5.4 所示：

• 合肥城市建成区绿化覆盖率为 46%，中部第 1 位、全国排名第 3 位。

• 目前，合肥是中部五个中心中唯一没有城市轨道交通系统的城市。

• 2016 年合肥人均 GDP 为 79733 元，在中部地区排名最低。

• 2015 年合肥实际利用外资总额为 25.26 亿美元，在中部地区亦处于末位。

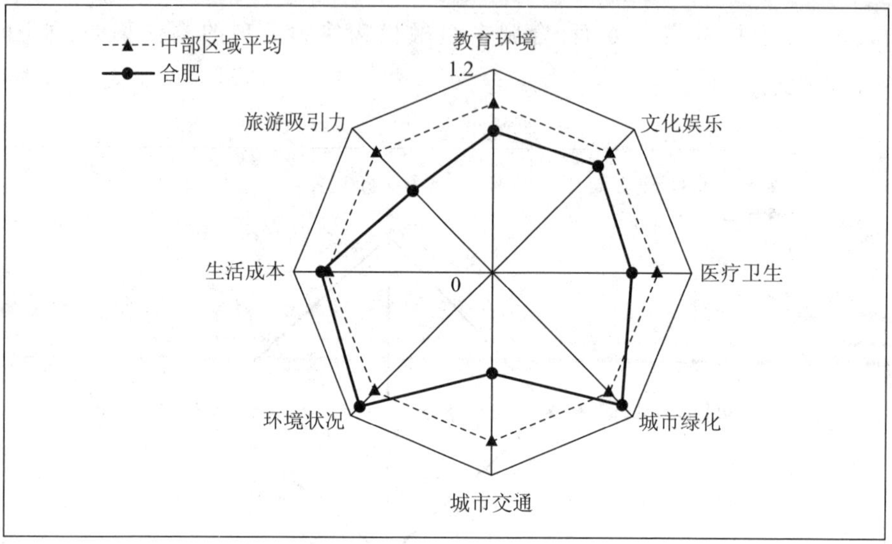

图 8.5.3　合肥金融人才环境与中部区域平均水平的比较

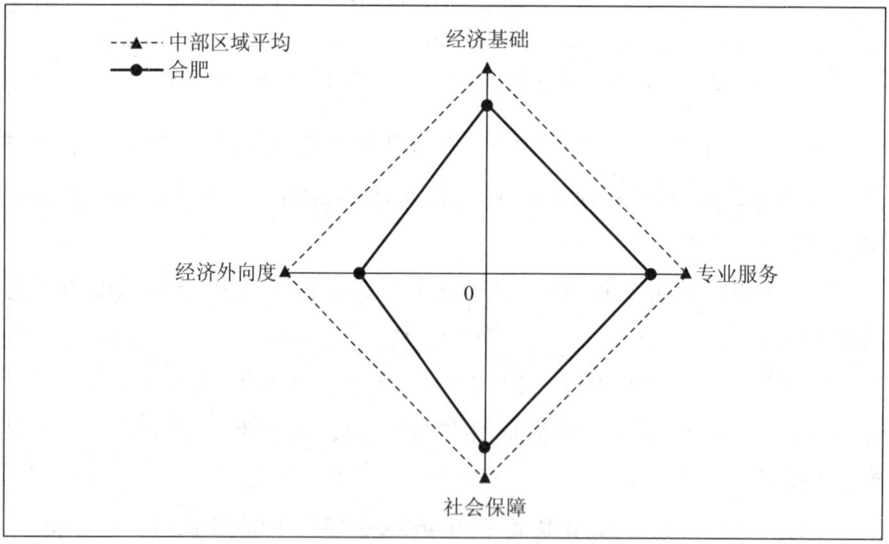

图 8.5.4　合肥金融商业环境与中部区域平均水平的比较

8.6　南昌金融中心评价

在第 9 期 CFCI 评价体系中,南昌金融中心综合竞争力得分为 25.31,排名全国第 29 位,中部地区排名末位。在一级分项指标评价方面,本期金融产业绩效得分小幅减少,相应排名下降 4 位,金融机构实力和金融生态环境分项排名均上升 1 位,如表 8.6.1 所示。

表 8.6.1　南昌在 CFCI9 中评价结果

	CFCI9 得分	同比上期	CFCI9 排名	同比上期
综合竞争力	25.31	1.01	29	-3
金融产业绩效	40.17	-0.19	25	-4
金融机构实力	14.91	1.10	28	1
金融生态环境	49.42	0.79	27	1
金融人才环境	65.48	1.94	23	-2
金融商业环境	33.24	-0.37	29	-1

在金融产业绩效方面,南昌在金融深度方面具有比较优势,但在金融增加值方面比较劣势明显,如图 8.6.1 所示:

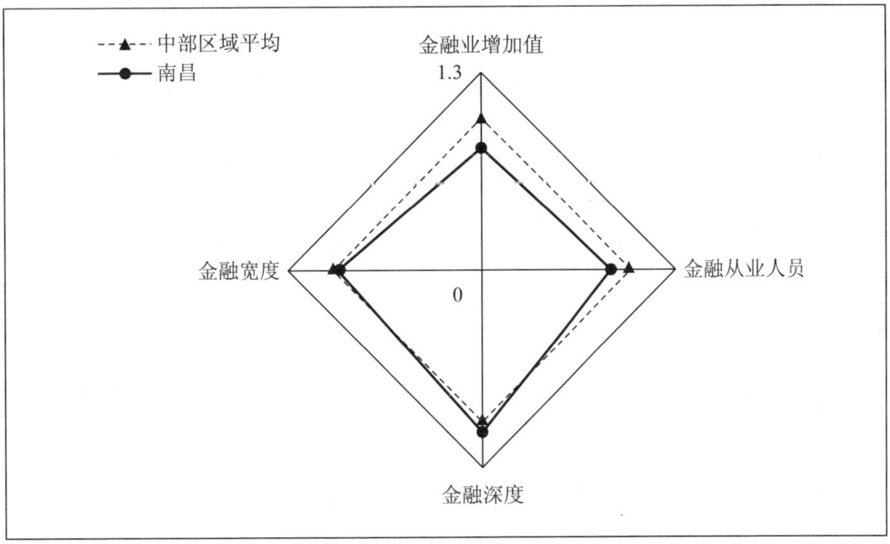

图 8.6.1　南昌金融产业绩效同中部地区平均水平的比较

• 2016 年南昌本地证券交易量与 GDP 之比达到了 352.43%,在中部地区仅次于郑州,在全国排名第 10。

• 2015 年南昌金融业增加值 300 亿元,在中部地区规模最小,同期中部地区平均水平为 503 亿元。

• 2015 金融从业人员只有 2.98 万人,在中部地区人数最少。

在金融机构实力方面,南昌整体偏弱,各分项均低于中部区域平均水平,特别是在保险类机构实力和机构国际化程度方面。

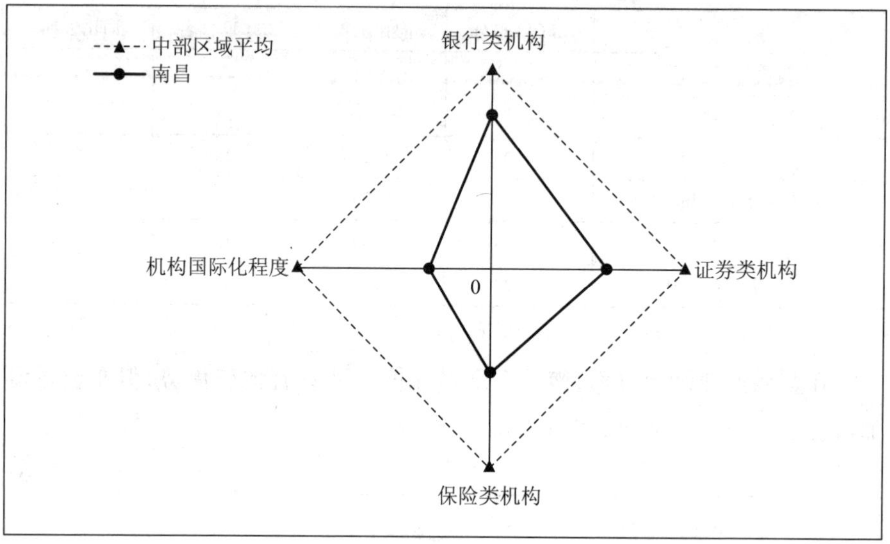

图 8.6.2　南昌金融机构实力与中部区域平均水平的比较

• 南昌在银行类法人机构数量上具备一定优势,2016 年共有 7 家法人商业银行,数量排名全国第 11 位。

• 但是,南昌法人商业银行资产规模仅为 2875 亿元,在中部地区规模最小。

• 在机构国际化程度方面,南昌只有 3 家外资银行分行,整体机构国际化程度较低。

在金融生态环境方面,南昌全国排名第 28 位,在中部地区排名末位,金融人才环境和金融商业环境的比较优势十分有限:

• 南昌在普通高等教育资源方面具备一定优势,2015 年普通高等院校数量 53 所、在校学生数 58.7 万人,两者均排名全国第 10 位。

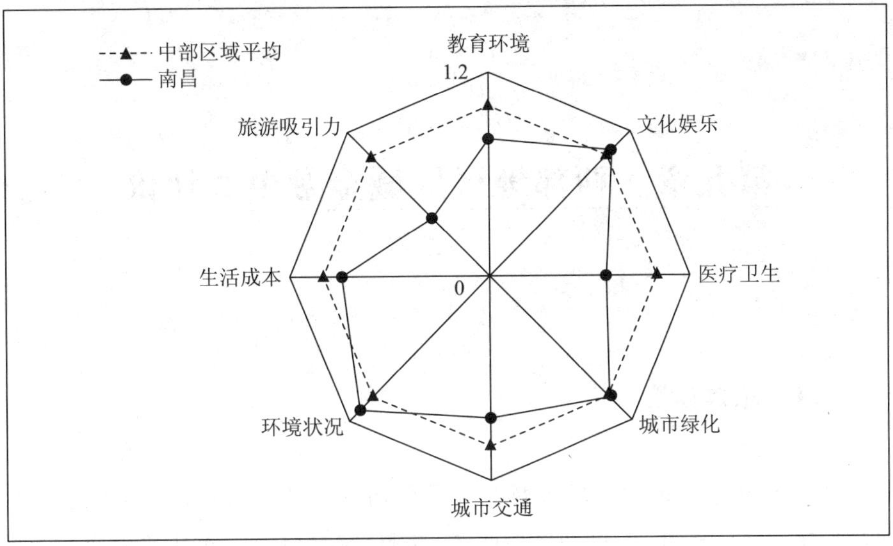

图 8.6.3　南昌金融人才环境与中部区域平均水平的比较

• 南昌人均基础教育资源相对不足，2015 年每位普通中学专任教师负担学生数达 23.18 人，教师负担水平位列中部乃至全国最高。

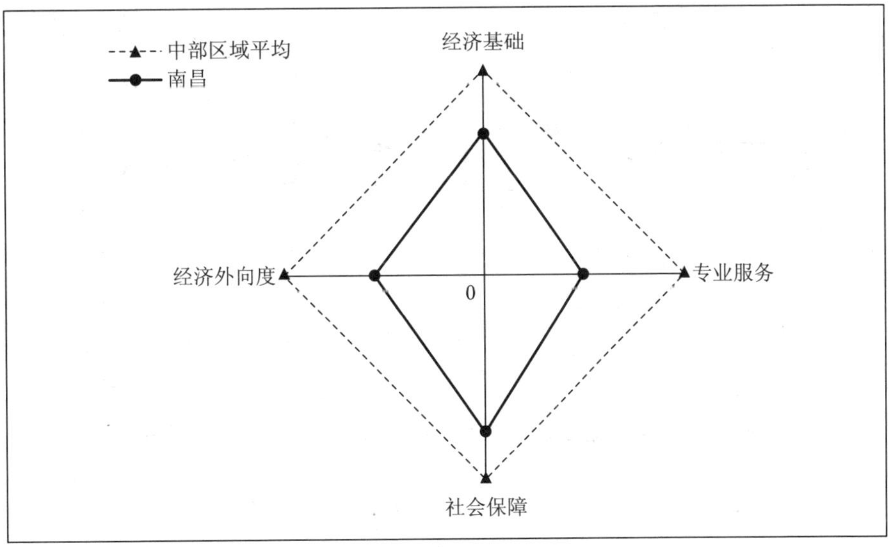

图 8.6.4　南昌金融商业环境与中部区域平均水平的比较

• 南昌境内上市公司数量 20 家，不足武汉和长沙的一半，在中部排名末位。

• 南昌当年国际旅游收入 0.89 亿美元，排名全国最低。

第九章　西部地区区域金融中心评价

9.1　总体评价

西部地区主要包括我国大西北以及西南地区的广大区域，具体包括甘肃、青海、陕西、云南、贵州、四川、西藏、新疆、宁夏、广西、重庆等六个省、四个自治区和一个直辖市，总面积达 553 万平方公里。目前，该地区共有六个城市明确提出打造区域金融中心的设想，分别是成都、重庆、西安、昆明、乌鲁木齐和南宁。

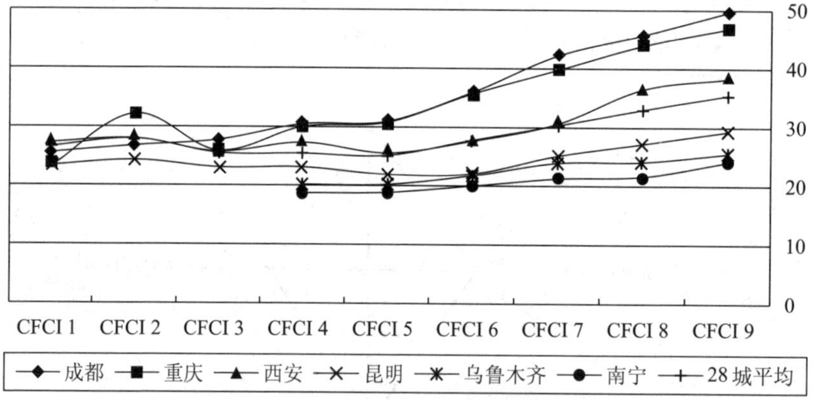

图 9.1.1　西部地区各区域金融中心综合竞争力得分历期变化

• 西部地区 6 个区域金融中心已经形成明显的梯度，成都和重庆综合实力接近，基本巩固西部地区领先地位；西安位于中段，近年来与全国 28 个区域金融中心的平均水平基本保持一致；相对来说，昆明、乌鲁木齐和南宁综合实力整体偏弱，已经被区域其他中心拉开较大差距，如图 9.1.1 所示。

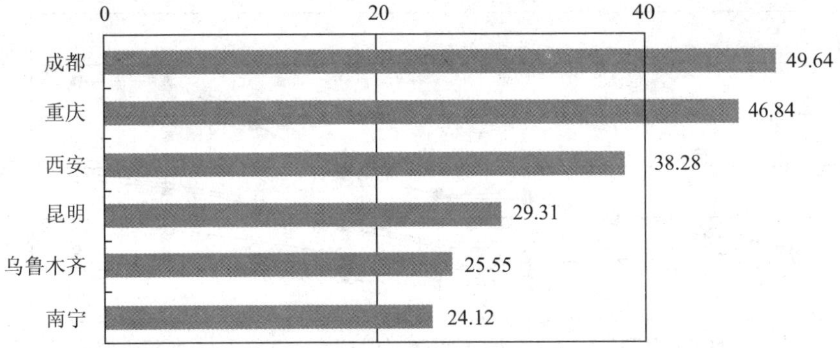

图 9.1.2　西部地区区域金融中心综合竞争力得分比较

• 本期西部地区参与评价的六个城市综合竞争力排名分别为第 6、8、14、23、27 和 30 位,如图 9.1.2 所示。

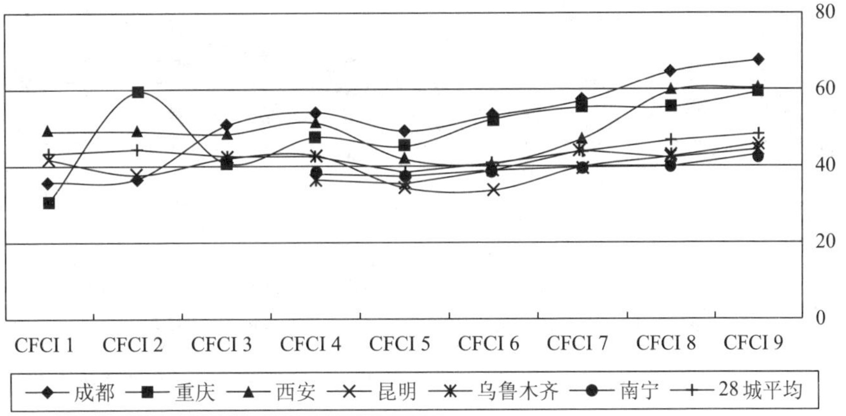

图 9.1.3　西部地区各区域金融中心金融产业绩效分项得分历期变化

• 从往期金融产业绩效的纵向变化趋势来看,成都、重庆和西安的金融业发展水平要高于全国区域金融中心平均水平,其中成都和重庆继续在近年来保持增长势头,西安在经过前两年增速放缓后,在本期 CFCI 中再次呈现快速上升趋势,如图 9.1.3 所示。

• 在金融机构实力方面,如图 9.1.4 所示,成都和重庆以远高于全国区域中心平均水平的速度实现增长,在西部地区明显拉开领先优势。乌鲁木齐和南宁缺乏增长动力,近期金融机构实力得分基本未实现增长。不过,本期重庆该分项表现有点疲软。

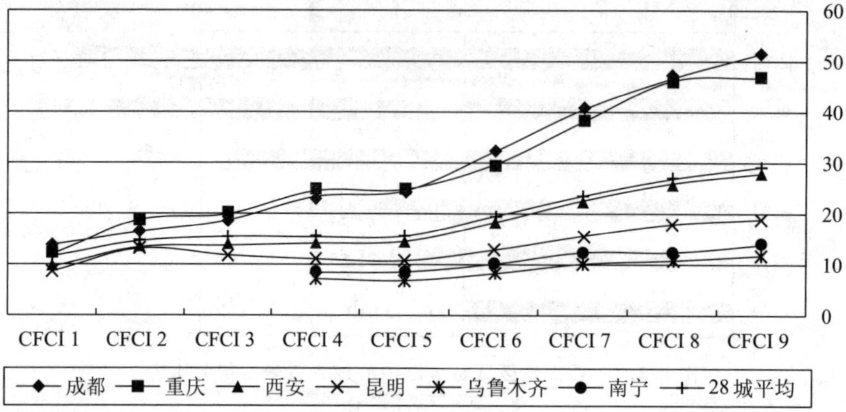

图 9.1.4　西部地区各区域金融中心金融机构实力分项得分历期变化

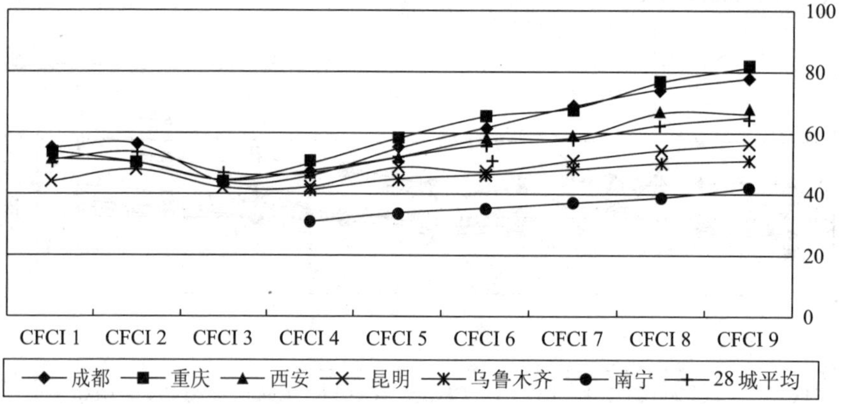

图 9.1.5　西部地区各区域金融中心金融生态环境分项得分历期变化

• 在金融生态环境方面,西部地区金融中心近几年来在金融生态环境方面均做出了积极的改善,持续保持增长态势。其中,成都、重庆和西安表现较为突出。

9.2　成都金融中心评价

在第 9 期 CFCI 评价体系中,成都金融中心综合竞争力得分为 49.65,排名全国第 6 位、西部地区第 1 位。在一级分项指标评价方面,各分项指标均实现增长,其中金融产业绩效排名上升 1 位,金融机构实力排名下降 1 位,金融生态环境保持不变,如表 9.2.1 所示。

表 9.2.1　成都在 CFCI9 中评价结果

	CFCI9 得分	同比上期	CFCI9 排名	同比上期
综合竞争力	49.65	3.93	6	-1
金融产业绩效	67.66	3.08	4	1
金融机构实力	51.50	4.81	6	-1
金融生态环境	77.86	3.45	10	0
金融人才环境	80.08	7.18	10	2
金融商业环境	75.61	-0.30	8	0

在金融产业绩效方面，如图 9.2.1 所示：

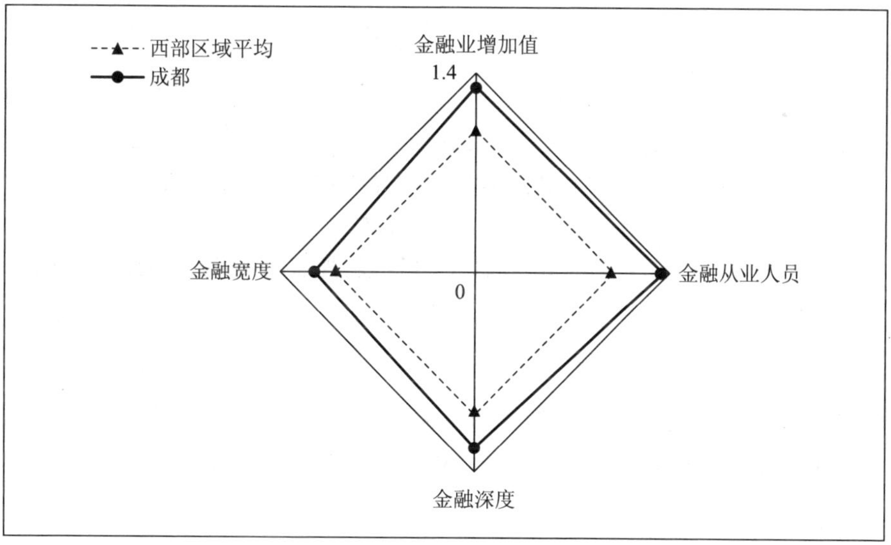

图 9.2.1　成都金融产业绩效同西部地区平均水平的比较

• 2015 年成都金融业增加值达到 1254 亿元，规模排名全国第 7 位；金融业增加值占 GDP 比重达到 11.61%，排名全国第 4 位。

• 2015 年成都金融从业人员达到 8.89 万，人数排名全国第 7。

• 2016 年成都保险深度和保险密度分别为 7.1% 和 5895.63 元，分别排名全国第 2 位和第 5 位，明显高于区域其他中心，均为西部地区最高水平。

• 相对来说，成都在境内股票市场累计融资占 GDP 比重指标上，表现不够理想，2016 年该项指标为 9.51%，仅排名全国第 20 位。

在金融机构实力方面,如图 9. 2. 2 所示:

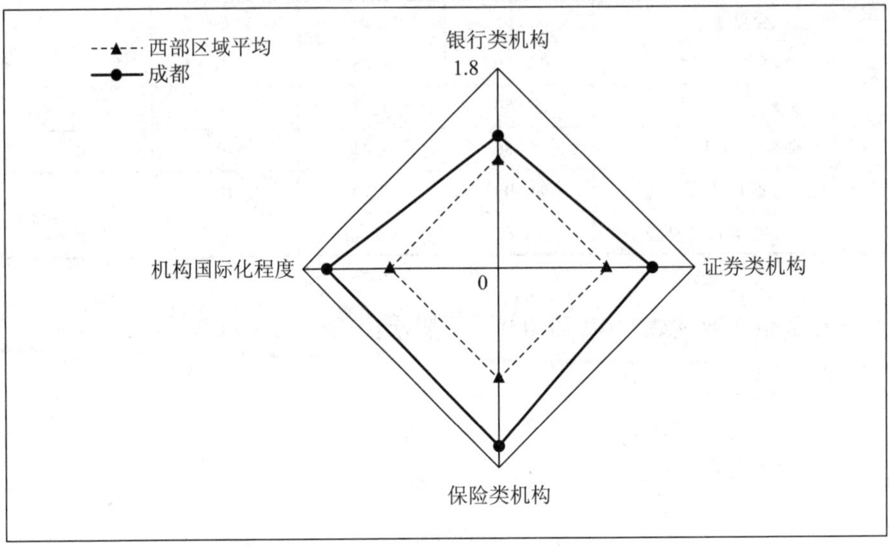

图 9. 2. 2　成都金融机构实力与西部区域平均水平的比较

• 成都金融机构资源丰富,综合实力较强,拥有一批实力强劲的本地法人金融机构。

• 成都拥有 3 家法人商业银行,2016 年资产总规模达到 9660 亿元,在西部区域中仅次于重庆,远超区域内其他中心。

• 成都拥有 4 家法人证券公司,2016 年总资产规模达到 1145 亿元,排名西部地区首位、全国第 10 位。

• 成都拥有 3 家本地法人保险公司,2016 年总资产规模达到 940 亿元,数量和规模均为西部地区最高,均排名全国第 5 位。

在金融生态环境方面,成都在 31 个城市中排名第 10 位,西部地区排名首位,在金融人才环境和金融商业环境两个方面均有明显优势,如图 9. 2. 3 和图 9. 2. 4 所示:

• 成都在教育环境和旅游吸引力方面优势明显,拥有 56 所普通高校、75. 6 万在校大学生、游客接待 1. 89 亿人次,分别排名全国第 7 位、第 7 位和第 5 位。

• 相对来说,成都城市绿化、环境状况成为短板。2015 年城市建成区绿化覆盖率为38.7%、空气质量优良率仅为58.3%，在全国分别排在第27位和25位，在很大程度上影响其金融人才宜居环境。

• 除此之外，房价成为制约因素之一，2015年成都住宅房价收入比达到4.84，排名西部地区第1位、全国第21位。

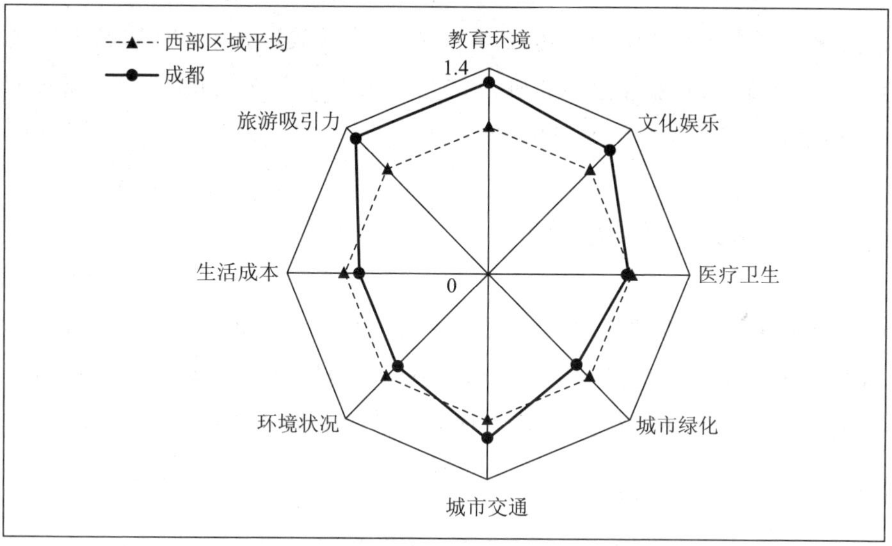

图9.2.3　成都金融人才环境与西部区域平均水平的比较

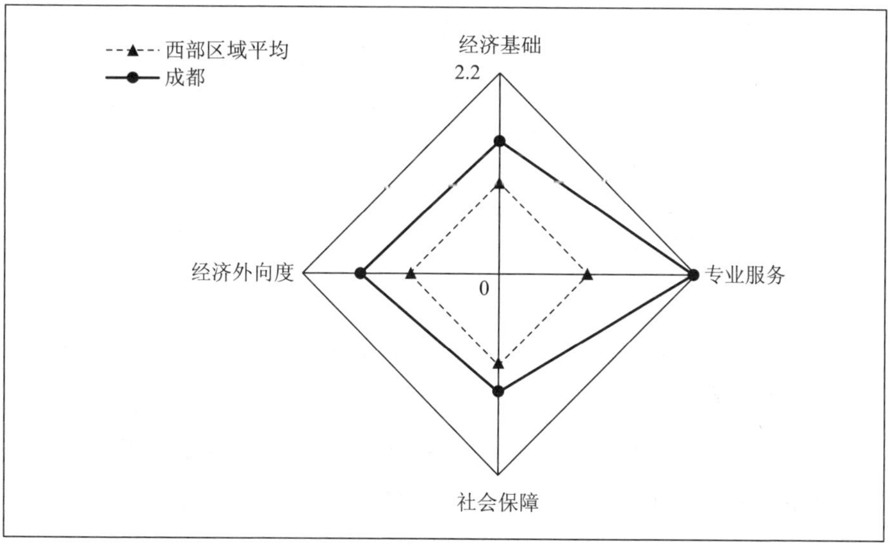

图9.2.4　成都金融商业环境与西部区域平均水平的比较

• 在金融商业环境方面,成都在经济基础、专业服务、社会保障和经济外向度四个方面均具有明显优势。

• 2016 年成都 GDP 达到 12170 亿元,排名全国第 8 位;不过人均 GDP 不算高,只有 83017 元,仅排名全国第 17 位。

• 截至 2016 年底,成都本地上市公司数量达到 66 家,排名全国第 7 位。

• 成都专业服务十分发达,2015 年执业律师数达到了 8040 人,注册会计师数 5016 人,专业保险中介机构 367 家,数量上仅次于北、上、广、深四个一线城市,远超其他区域金融中心。

9.3 重庆金融中心评价

在第 9 期 CFCI 评价体系中,重庆金融中心综合竞争力得分为 46.84,排名全国第 8 位、西部地区第 2 位。在一级分项指标评价方面,金融产业绩效和金融生态环境分项得分有较大增长,两个分项排名均上升 1 位,如表 9.3.1 所示。

表 9.3.1 重庆在 CFCI9 中评价结果

	CFCI9 得分	同比上期	CFCI9 排名	同比上期
综合竞争力	46.84	2.94	8	0
金融产业绩效	59.21	3.84	10	1
金融机构实力	46.74	0.58	7	-1
金融生态环境	81.38	4.72	8	1
金融人才环境	92.29	6.48	5	1
金融商业环境	70.38	2.94	10	1

在金融产业绩效方面,如图 9.3.1 所示:

• 在体现规模效应的金融业增加值和金融从业人员两方面,重庆均具有绝对优势,2015 年金融业增加值和金融从业人员数分别达到 1642.6 亿元和 15.2 万人,在西部地区均位列第 1 位,分别排名全国第 4 位和第 3 位。

• 在人均指标上,重庆的表现并不理想,其中 2015 年金融从业人员占常住人口比重只有 0.5%,全国排名第 28 位。

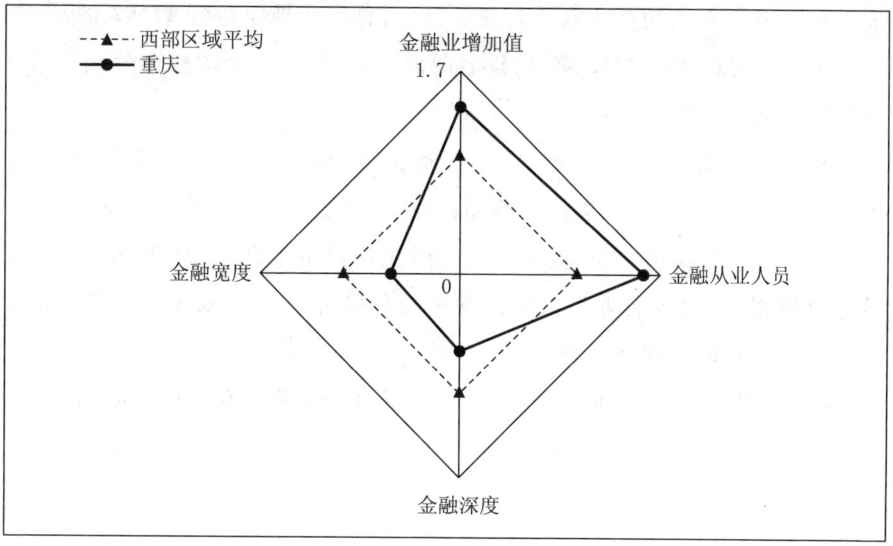

图 9.3.1　重庆金融产业绩效同西部地区平均水平的比较

• 此外，在存款余额和贷款余额占 GDP 比重、本地证券交易量占 GDP 比重以及境内股票市场累计融资量与 GDP 之比等四项指标上，均是西部区域最低，反映出重庆金融业发达水平和金融服务的便利性还有很大的提升空间。

在金融机构实力方面，如图 9.3.2 所示：

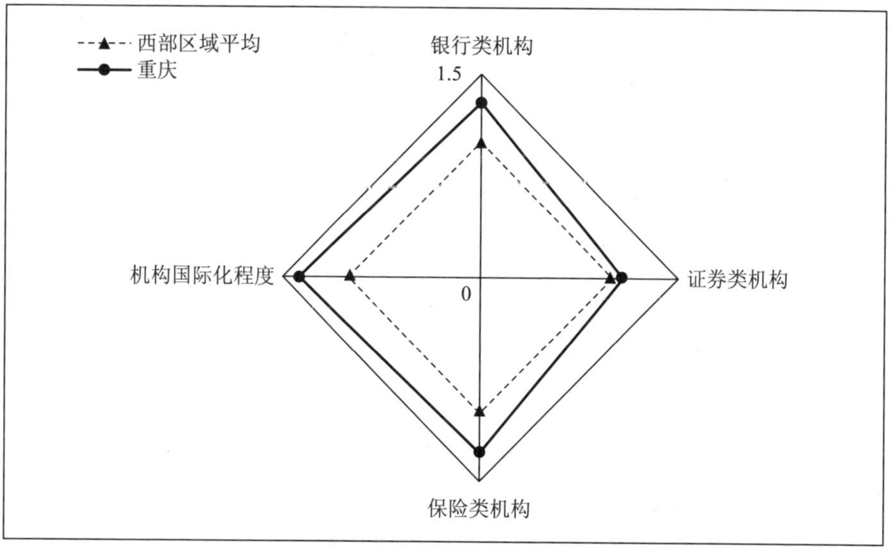

图 9.3.2　重庆金融机构实力与西部区域平均水平的比较

•2016 年重庆拥有 4 家法人商业银行，总资产规模达到 11692 亿元，本地商业银行网点达到 2253 家，均排名西部地区首位，在全国排名分别为第 9 位和第 5 位。

•2016 年重庆拥有 2 家法人基金管理公司，管理资产总规模达到 466.24 亿元，数量和规模均排名西部首位，在全国排名第 5 位和第 6 位。

•在机构国际化方面，重庆外资金融机构数量丰富，截至 2016 年，共有 18 家外资银行、68 家营业性机构，7 家外资保险分公司、1 家法人合资保险公司、1 家外国保险公司代表处。

在金融生态环境方面，重庆在 31 个城市中排名第 8 位，西部地区排名第 2 位，在金融人才环境和金融商业环境方面均具明显优势，如图 9.3.3 和图 9.3.4 所示：

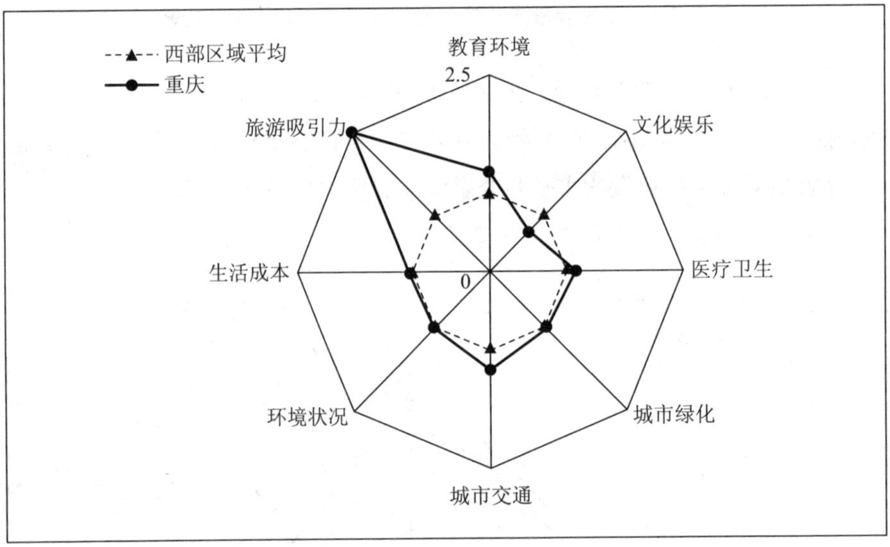

图 9.3.3　重庆金融人才环境与西部区域平均水平的比较

•在旅游吸引力方面，重庆 2015 年共接待国内旅游者 3.89 亿人次，在 31 个金融中心中排名第 1。

•在教育环境方面，重庆高等教育资源十分丰富。2015 年重庆拥有普通高等院校 64 所，全国排名第 5 位，在校大学生 76.7 万人，全国排名第 6。

•值得一提的是，2015 年重庆的住宅房价收入比仅为 2.69，在全国 31

个城市中排名第 2 位，仅高于长沙，生活成本优势突出。

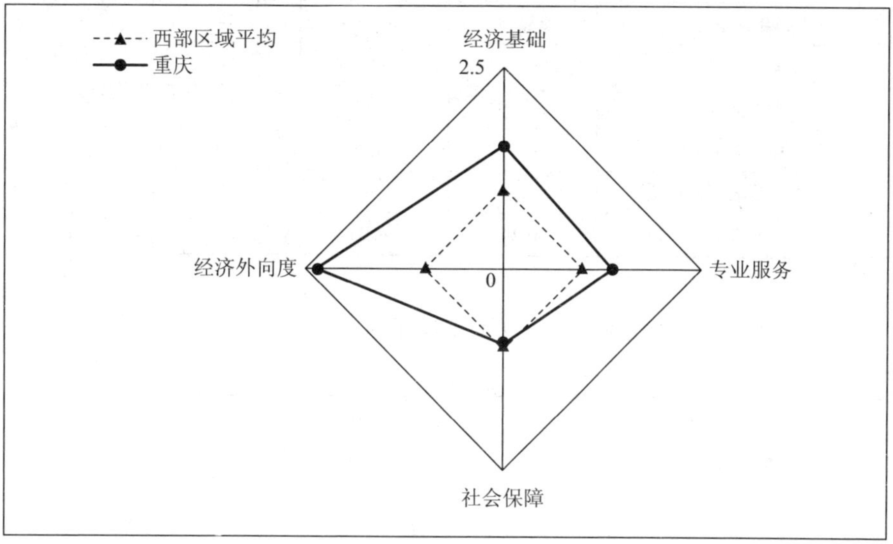

图 9.3.4　重庆金融商业环境与西部区域平均水平的比较

• 作为直辖市之一，重庆的经济规模优势明显，GDP 总量和经济外向度的指标均排名西部地区首位，仅在社会保障方面略显不足。

• 2016 年重庆 GDP 达到 17559 亿元，规模排名全国第 6 位，但人均 GDP 只有 5.76 万元，排名全国第 27。

• 在经济外向度方面，2015 年重庆实际利用 FDI 总额 107.65 亿美元，进出口总额 744.77 亿美元，国际旅游（外汇）收入 14.69 亿美元，三项指标均排名西部地区首位，在全国分列第 4 为、第 9 位和第 10 位。

9.4　西安金融中心评价

在第 9 期 CFCI 评价体系中，西安金融中心综合竞争力得分为 38.28，排名全国第 14 位、西部地区第 3 位。在一级分项指标评价方面，金融产业绩效和金融生态环境分项排名维持不变，金融机构实力分项排名上升 1 位，如表 9.4.1 所示。

表 9.4.1 西安在 CFCI9 中评价结果

	CFCI9 得分	同比上期	CFCI9 排名	同比上期
综合竞争力	38.28	1.81	14	-2
金融产业绩效	60.37	0.93	8	0
金融机构实力	27.89	1.94	13	1
金融生态环境	66.27	-0.33	13	0
金融人才环境	82.33	3.62	7	0
金融商业环境	50.08	-4.31	20	-2

在金融产业绩效方面,如图 9.4.1 所示:

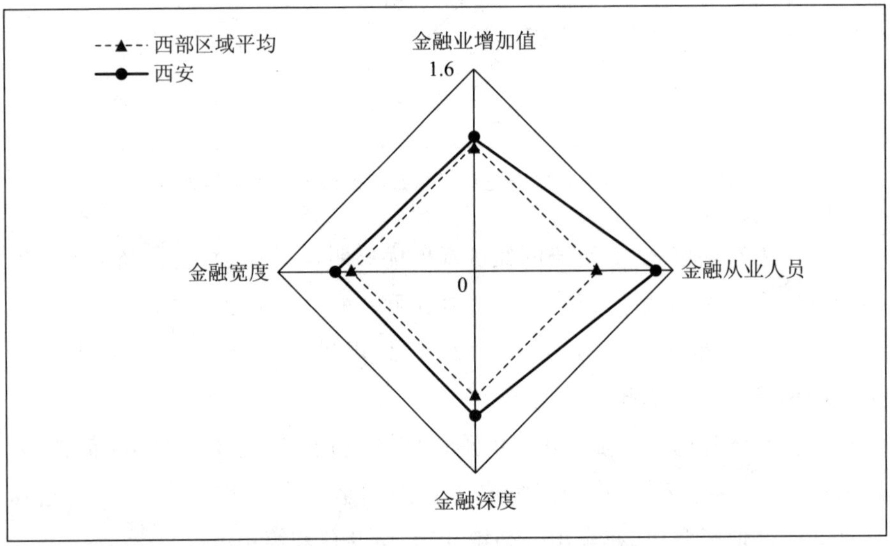

图 9.4.1 西安金融产业绩效同西部地区平均水平的比较

• 与重庆和成都相比,西安金融业整体规模还有较大差距,2015 年金融业增加值为 658.9 亿元,全国排名第 14 为。但是,近年来西安金融业发展势头迅猛,金融业增加值三年平均增速达到 21.85%,在西部地区乃至全国实现最快增长。

• 西安金融从业人员也持续保持高速增长,三年平均增速达到 9.1%,在西部地区增速第 1。

• 在金融深度方面,2016 年西安存款余额占 GDP 比重达到 311.46%,

排名西部区域最高；本地证券交易量与 GDP 之比为 279.19%，仅次于成都。

在金融机构实力方面，如图 9.4.2 所示：

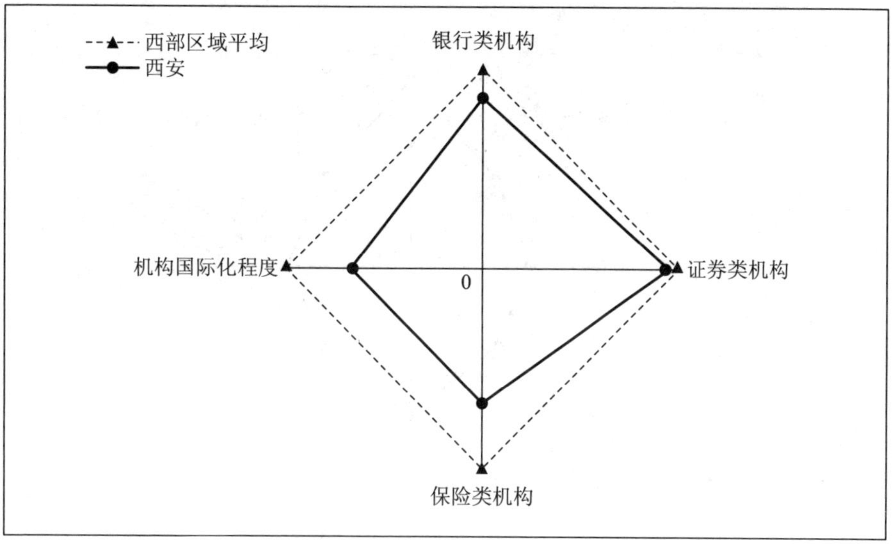

图 9.4.2　西安金融机构实力与西部区域平均水平的比较

• 西安在金融机构实力方面的四项指标均低于西部地区平均水平，排名区域第 3 位。

• 截至 2016 年，西安共有 3 家本地法人商业银行、3 家本地法人证券公司、3 家法人期货公司、1 家法人保险公司、6 家外资银行分行、8 家外资保险分公司，在机构数量和种类上，已经具备较好的发展基础，但较成都和重庆还存在一定差距。

在金融生态环境方面，西安在 31 个城市中排名第 13 位、西部地区第 3 位，在金融人才环境和金融商业环境方面的部分指标上，与区域平均水平相比具有一定优势，如图 9.4.3 和图 9.4.4 所示：

• 在金融人才环境方面，西安的区域相对优势主要体现在教育环境和城市交通上，医疗卫生得分略高于区域平均水平，环境状况和旅游吸引力则略低于区域平均水平。

• 在教育环境方面，西安拥有普通高等院校 63 所、普通高校在校生 84.83 万人，分别排名全国第 6 位和第 4 位，远高于区域平均水平。

• 值得注意的是,西安环境状况并不理想,全年空气质量优良率仅为69.1%,与昆明等环境优秀城市相比差距较大。

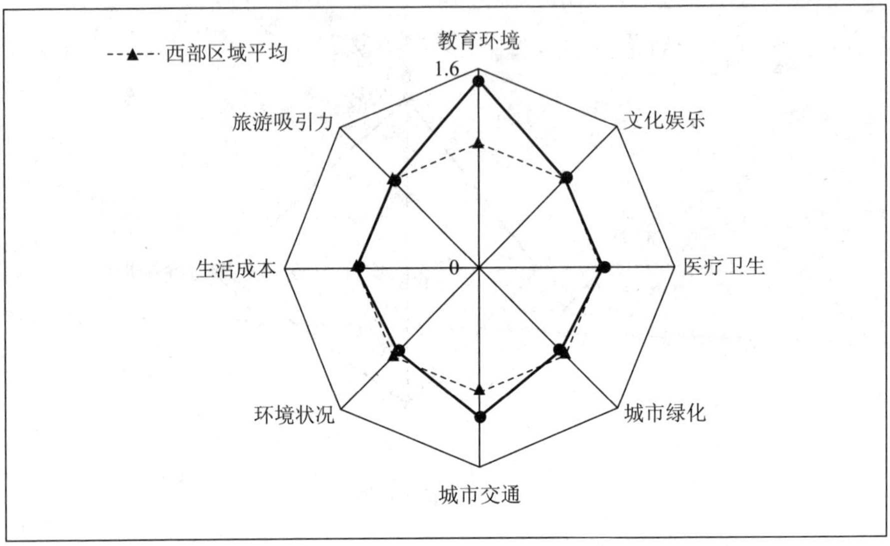

图 9.4.3 西安金融人才环境与西部区域平均水平的比较

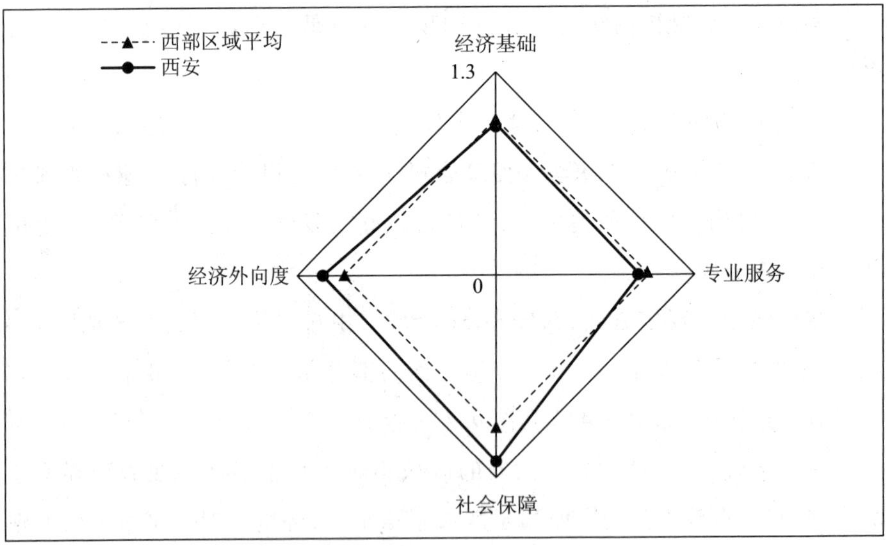

图 9.4.4 西安金融商业环境与西部区域平均水平的比较

• 在金融商业环境方面，西安在社会保障方面大幅优于区域平均水平，在经济基础和专业服务方面基本与区域平均水平保持一致，经济外向度方面略低于区域平均水平。

• 2015 年西安国际旅游外汇收入 15.72 亿美元，排名西部第 1 位、全国第 9 位。

• 截至 2016 年，西安本地上市公司数量达到 35 家，与成都的 66 家和重庆的 46 家相比还有较大差距。

9.5　昆明金融中心评价

在第 9 期 CFCI 评价体系中，昆明金融中心综合竞争力得分为 29.31，排名全国第 23 位、西部地区第 4 位。在一级分项指标评价方面，本期各项得分均有提升，金融机构实力和金融生态环境排名上升 1 位，但金融产业绩效分项排名下降 1 位，如表 9.5.1 所示。

表 9.5.1　昆明在 CFCI9 中评价结果

	CFCI9 得分	同比上期	CFCI9 排名	同比上期
综合竞争力	29.31	2.09	23	0
金融产业绩效	45.81	3.36	19	-1
金融机构实力	18.89	0.96	24	1
金融生态环境	56.27	2.04	22	1
金融人才环境	76.45	2.82	14	-3
金融商业环境	35.93	1.26	25	1

在金融产业绩效方面，如图 9.5.1 所示：

• 昆明在金融深度和金融宽度方面具有一定优势，2016 年存款余额占 GDP 比重达到 294.29%，排名全国第 7 位；贷款余额占 GDP 比重达到 314.39%，排名全国第 1 位。

• 昆明金融产业规模相对偏小，在金融增加值和金融从业人方面存在明显劣势。2015 年金融业增加值仅为 350.6 亿元，金融从业人员只有 3.5 万人，分别排名全国第 26 位和第 25 位。

• 不过,昆明金融业增加值三年平均增速达到 17.11%,排名全国第 8 位。

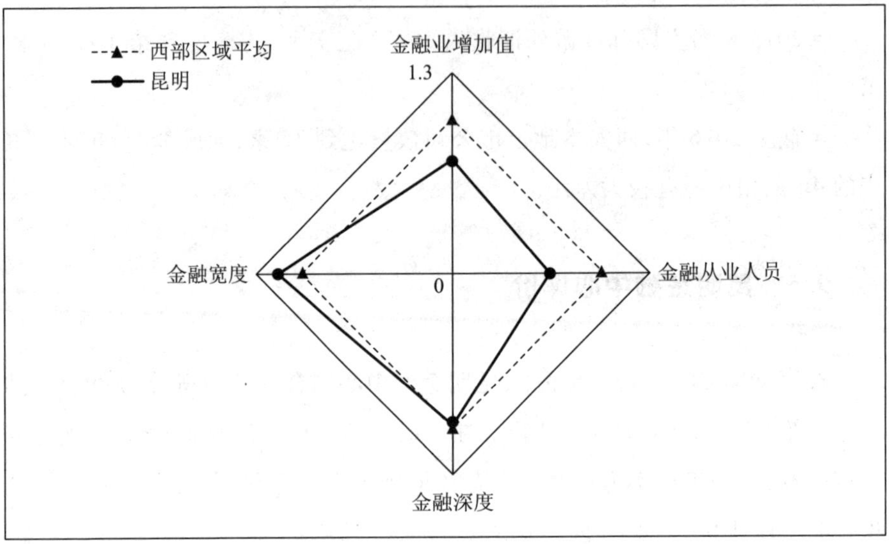

图 9.5.1　昆明金融产业绩效同西部地区平均水平的比较

在金融机构实力方面,如图 9.5.2 所示:

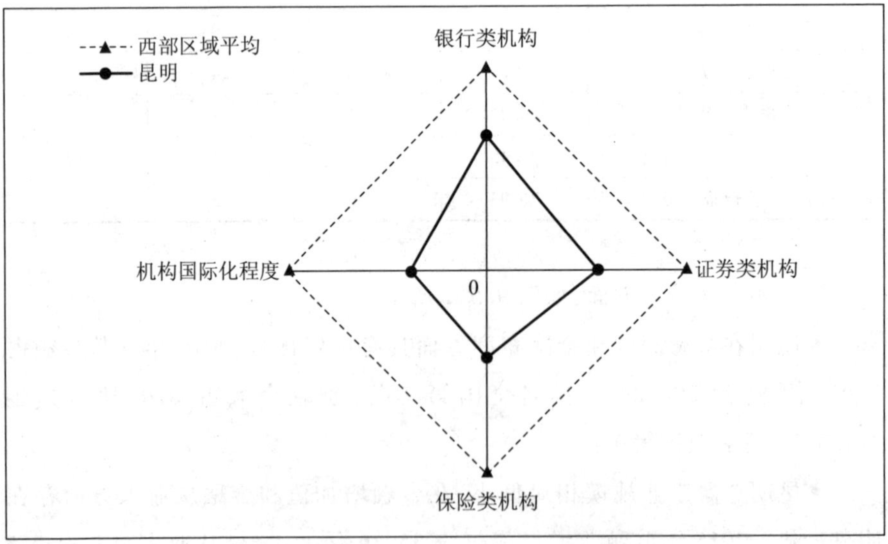

图 9.5.2　昆明金融机构实力与西部区域平均水平的比较

• 昆明在金融机构实力方面与西部地区平均水平相比整体偏弱，特别是在保险类机构实力和机构国际化程度方面劣势明显。

• 截至 2016 年，昆明拥有 3 家法人商业银行、2 家法人证券公司和 1 家法人保险公司，但在资产规模和业务量方面，分别排名全国第 29 位、第 18 位和第 15 位，与成都、重庆以及西安相比还有相当大的差距。

在金融生态环境方面，昆明在 31 个城市中排名第 22 位、在西部地区第 4 位。其中，昆明在金融人才环境具备一定的比较优势，在金融商业环境方面则处于比较劣势，如图 9.5.3 和图 9.5.4 所示：

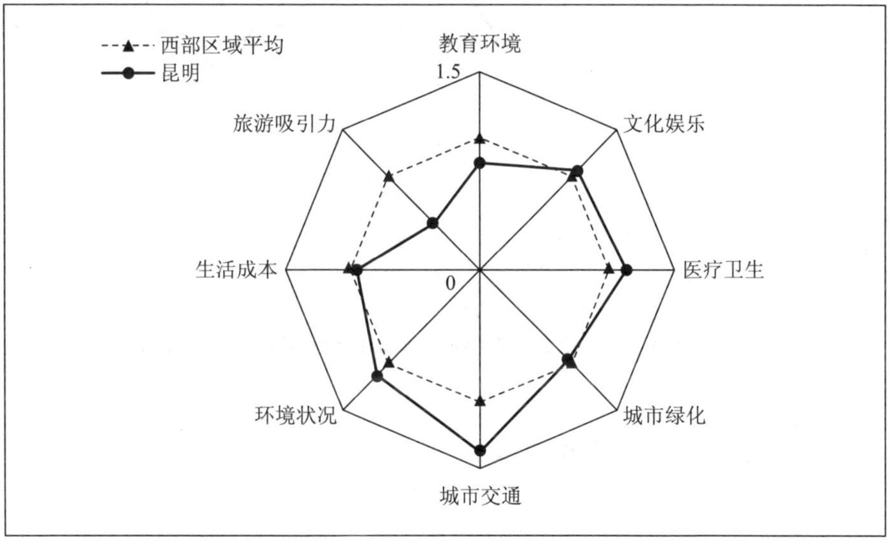

图 9.5.3　昆明金融人才环境与西部区域平均水平的比较

• 从环境宜居度的角度来看，昆明优势十分明显。

• 2015 年全年昆明空气质量优良率达到 97.8%，全国排名第 2 位。

• 每万人医院病床数和执业医师数分别达到 67.89 张和 36.39 人，分别排名全国第 6 位和第 4 位。

• 同时，每百万人城市轨道交通里程高达 8.93 公里，日航班数为 823 班次，排名区域第 1。

• 在金融商业环境方面，昆明经济基础和公共服务水平相对薄弱，较西部区域平均水平还有一定差距。

• 2016 年昆明地区生产总值 4300 亿元、人均 GDP 为 63918 元，分别排名全国第28位和第26位。

• 昆明在经济外向度方面的短板较为显著,实际利用外资总额、进出口总额均大幅落后成都和重庆。

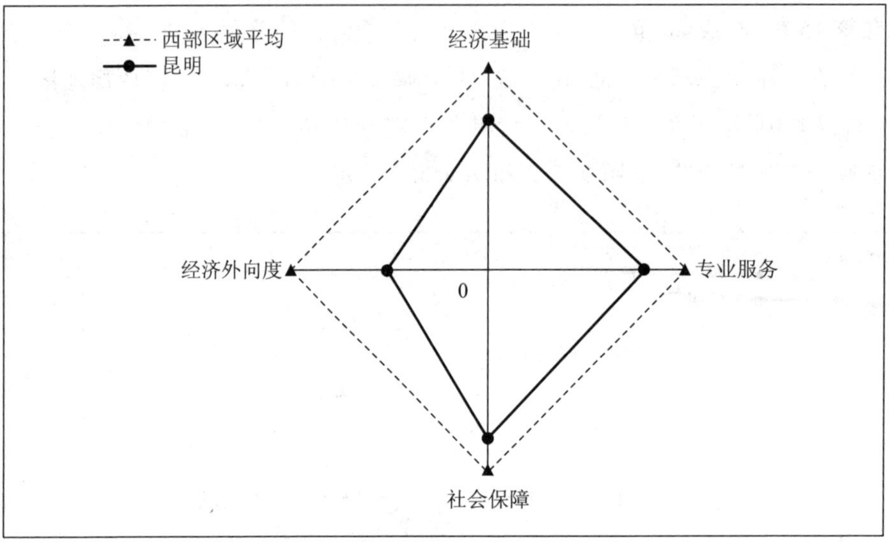

图9.5.4 昆明金融商业环境与西部区域平均水平的比较

9.6 乌鲁木齐金融中心评价

在第9期CFCI评价体系中,乌鲁木齐金融中心综合竞争力得分为25.6,排名全国第27位、西部地区第5位。在一级分项指标评价方面,本期各分项得分均有所增长,但金融产业绩效排名下降1位,如表9.6.1所示。

表9.6.1 乌鲁木齐在CFCI9中评价结果

	CFCI9得分	同比上期	CFCI9排名	同比上期
综合竞争力	25.60	1.45	27	0
金融产业绩效	44.30	2.08	20	-1
金融机构实力	11.73	0.95	31	0
金融生态环境	51.09	1.03	26	0
金融人才环境	68.21	2.56	20	-1
金融商业环境	33.84	-0.52	27	0

在金融产业绩效方面，如图 9. 6. 1 所示：

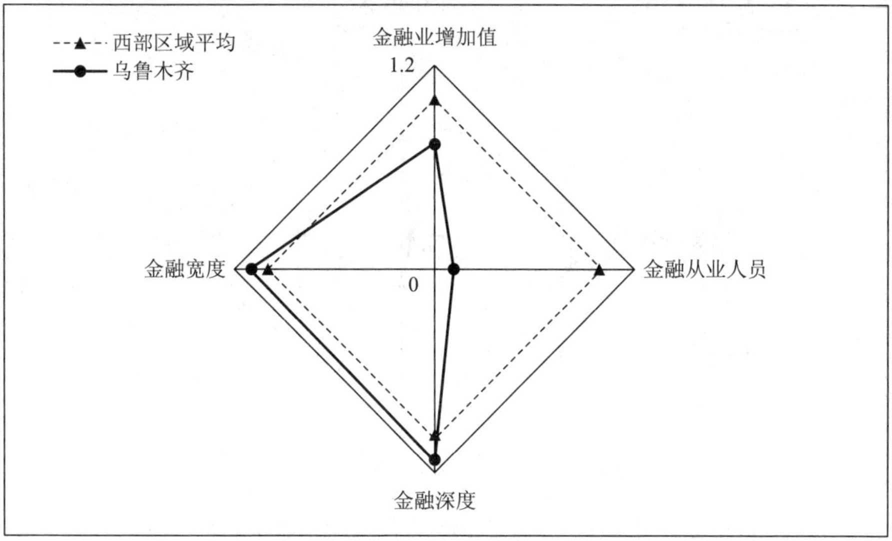

图 9. 6. 1　乌鲁木齐金融产业绩效同西部地区平均水平的比较

• 乌鲁木齐主要在金融宽度方面高于区域平均水平，在金融增加值和金融从业人方面则略低于区域平均水平。

• 相对来说，乌鲁木齐金融产业规模是西部区域最小的，2015 年金融业增加值 232. 9 亿元，全国排名第 30 位。同时，乌鲁木齐金融业增加值保持较快增长，三年平均增速 19. 38%，增速排名全国第 4。

• 昆明金融从业人员只有 2. 13 万人，近三年人数反而处于减少状态，从业人数三年平均增速为-5. 07%。

• 在金融宽度方面，截至 2016 年，昆明境内股票市场累计融资量与 GDP 之比达到 25. 93%，大幅领先同区域其他金融中心，排名西部第 1 位。

• 2016 年昆明保险深度为 6. 11%，保险密度为 4271. 22 元每人，在西部区域仅次于成都。

在金融机构实力方面，如图 9. 6. 2 所示：

• 在金融机构实力方面，乌鲁木齐同西部区域其他城市仍存在较大差距，目前只有 4 家法人商业银行、2 家法人证券公司、2 家法人期货公司，没有法人保险公司，法人金融机构整体规模偏小。

• 在外资金融机构方面，乌鲁木齐只有 1 家外资银行分行，其他行业机构均为零。

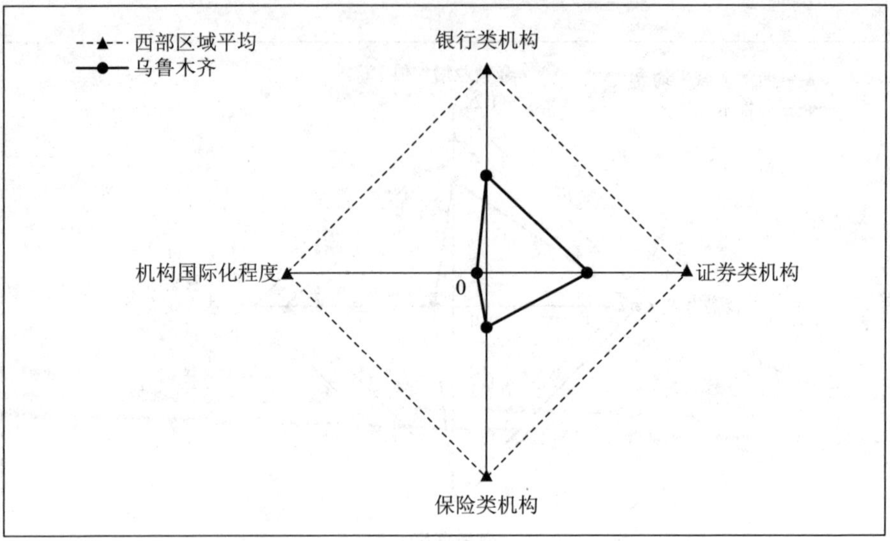

图 9.6.2　乌鲁木齐金融机构实力与西部区域平均水平的比较

在金融生态环境方面,乌鲁木齐在 31 个城市中排名第 26 位、西部地区第 5 位,在金融人才环境具备一定的优势,在金融商业环境方面则存在明显的劣势,如图 9.6.3 和图 9.6.4 所示:

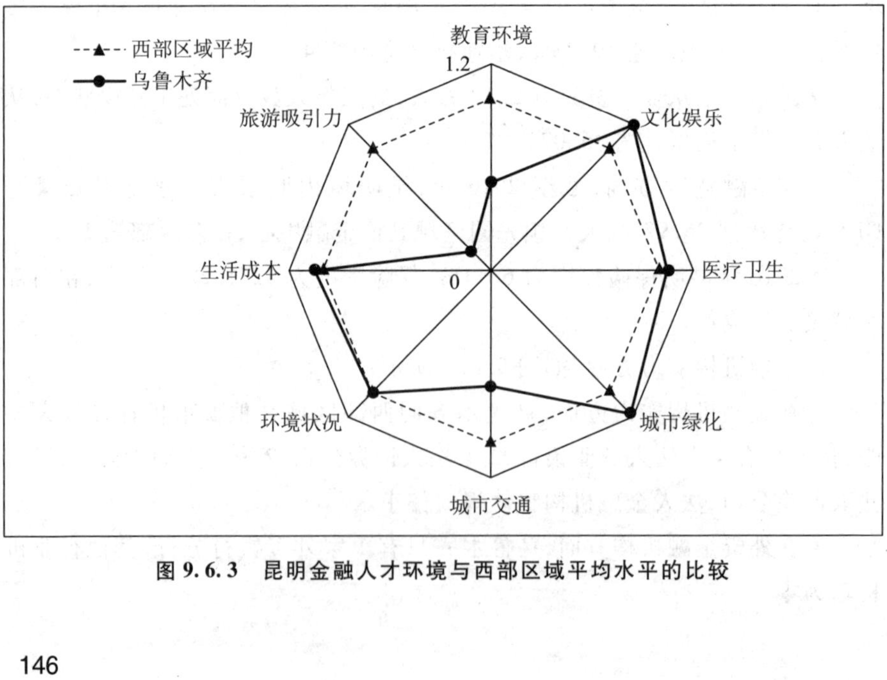

图 9.6.3　昆明金融人才环境与西部区域平均水平的比较

• 在金融人才环境方面，乌鲁木齐在文化娱乐、医疗卫生、城市绿化和生活成本方面明显优于西部区域平均水平，而在教育、交通和旅游吸引力方面与区域平均水平存在不小差距。

• 在医疗卫生方面，2015 年乌鲁木齐每万人拥有病床数和每万人拥有执业医师数分别达到 71.36 张和 37.89 人，均为区域最高，均排名全国第 3 位。

• 在城市绿化方面，乌鲁木齐的人均公园绿地面积高达 9.63 平方米，排名西部地区第 1 位。

• 高等教育资源缺乏是乌鲁木齐最大的短板，2015 年只有 25 所普通高等院校，在校大学生数仅 18 万人。

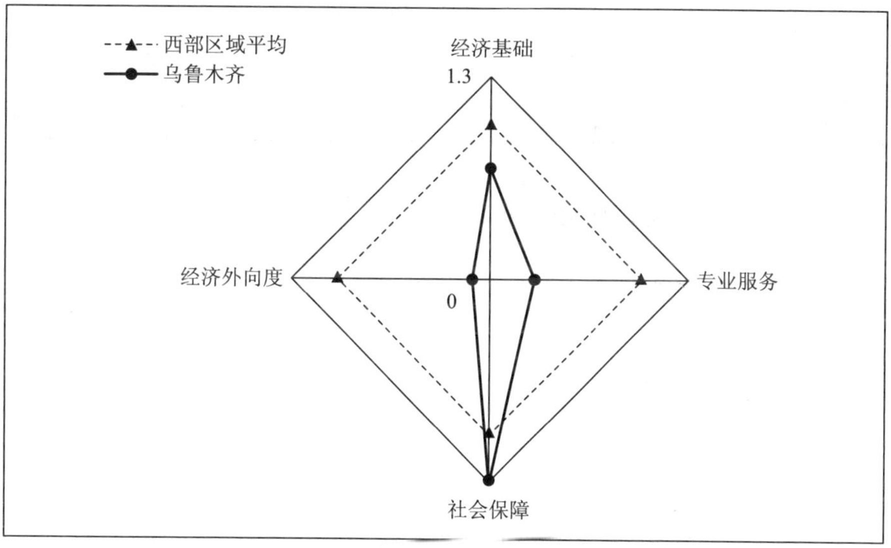

图 9.6.4　乌鲁木齐金融商业环境与西部区域平均水平的比较

• 在金融商业环境方面，乌鲁木齐在社会保障方面具有明显优势，但在经济外向度和专业服务方面远低于区域平均水平。

• 乌鲁木齐经济基础十分薄弱，2016 年地区生产总值仅为 2459 亿元，是 31 个金融中心中规模最小的城市。

• 乌鲁木齐在当年实际利用 FDI 总额、进出口总额以及国际旅游（外汇）收入方面，基本处于西部区域垫底位置。

9.7 南宁金融中心评价

在第9期CFCI评价体系中,南宁金融中心综合竞争力得分为24.12,排名全国第30位、西部地区第6位。在一级分项指标评价方面,各分项指标均小幅上升,如表9.7.1所示。

表9.7.1 南宁在CFCI9中评价结果

	CFCI9得分	同比上期	CFCI9排名	同比上期
综合竞争力	24.12	2.46	30	0
金融产业绩效	43.03	3.18	21	2
金融机构实力	13.84	1.45	30	0
金融生态环境	41.97	3.11	30	0
金融人才环境	60.46	3.98	27	1
金融商业环境	23.33	2.23	31	0

在金融产业绩效方面,如图9.7.1所示:

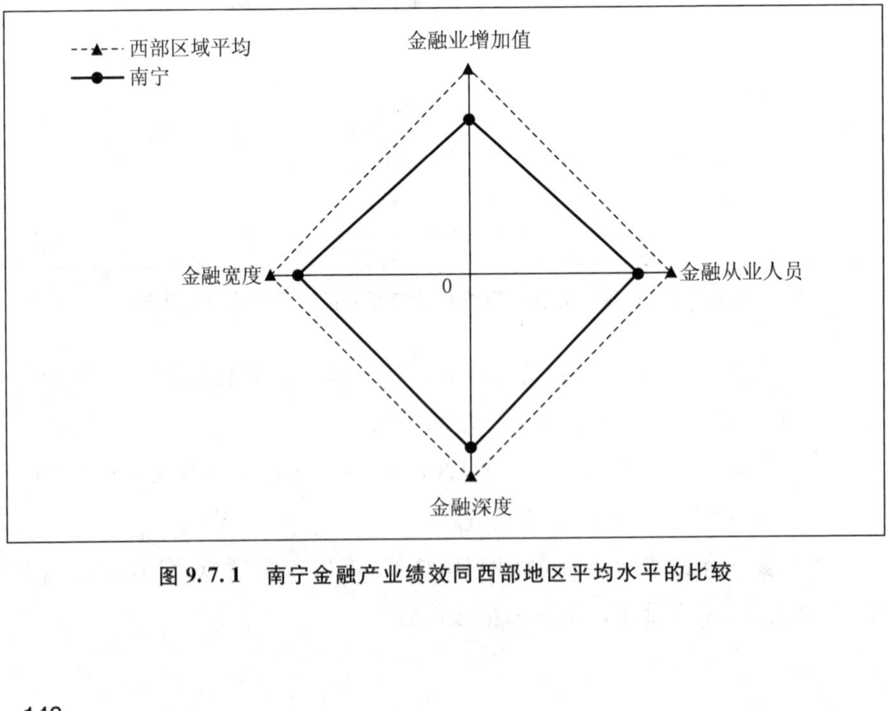

图9.7.1 南宁金融产业绩效同西部地区平均水平的比较

•在金融产业绩效的四个分项指标上，南宁均略低于西部区域平均水平。

•2015 年南宁金融业增加值为 359.8 亿元，规模总量排名全国第 25 位，但金融业增加值占 GDP 的比重达到 11.43%，全国排名第 6 位，在西部区域仅次于成都。

•2016 年，南宁保险深度和保险密度分别为 3.97%和 2081 元/人，分别排名全国第 19 位和第 30 位。

在金融机构实力方面，如图 9.7.2 所示：

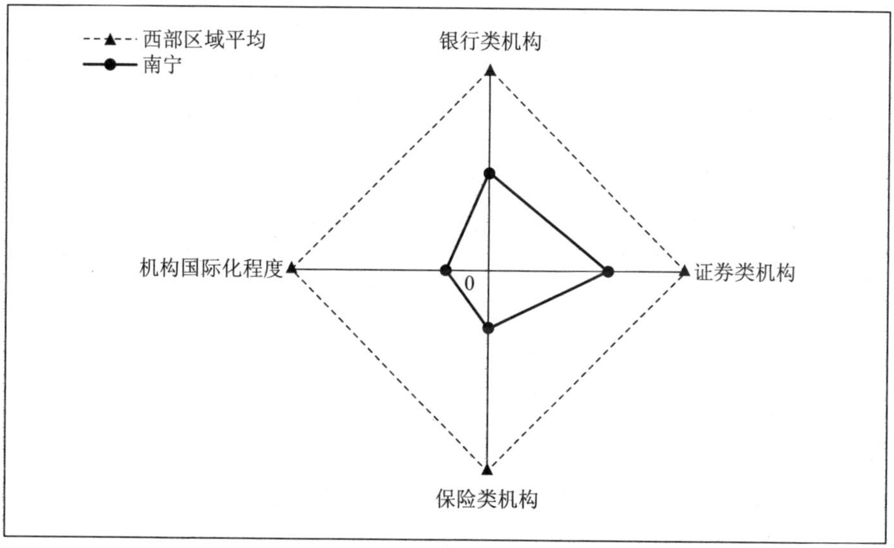

图 9.7.2　南宁金融机构实力与西部区域平均水平的比较

•南宁本地法人金融机构门类齐全，但整体规模实力偏弱，相较区域其他中心均有不小的差距。

•南宁拥有 1 家基金管理公司，2016 年资产管理规模为 208 亿元。在本区域，只有重庆拥有法人基金管理公司。

•截至 2016 年底，南宁只有 1 家法人商业银行，资产规模为 1115 亿元，数量和规模均处于西部地区乃至全国垫底位置。

在金融生态环境方面，南宁在 31 个城市中排名第 30 位、西部地区第 6 位，在金融人才环境和金融商业环境方面多项指标低于西部区域平均水平，如图 9.7.3 和图 9.7.4 所示：

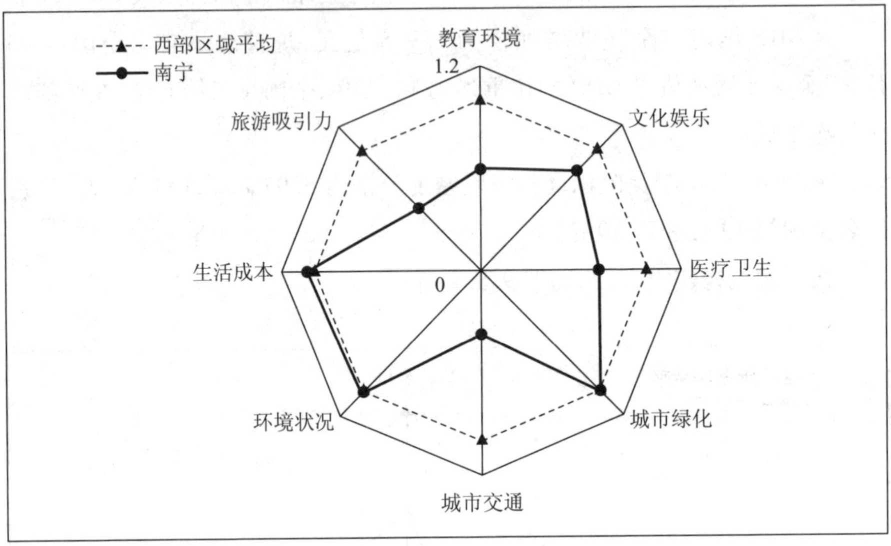

图 9.7.3　南宁金融人才环境与西部区域平均水平的比较

• 在金融人才环境方面,环境良好和生活成本低是南宁的最大优势。

• 截至 2015 年,南宁城市建成区绿化覆盖率达到 50.11%,排名全国第 1 位。

• 南宁住宅房价收入比仅为 3.25,全国排名第 5 位。

• 2015 年全年空气质量优良率达 86%,全国排名第 8 位。

• 南宁在教育环境、医疗卫生、城市交通和旅游吸引力等方面表现不理想,中小学教育资源相对不足,每位专任教师负担学生数均为区域最高。

• 南宁社会保障体系劣势显著,2015 年城镇职工基本养老、医疗和失业保险覆盖率均是全国最低水平。

• 南宁经济外向度方面的劣势颇为明显,2015 年实际利用 FDI 总额、进出口总额以及国际旅游收入基本处于区域最低点。

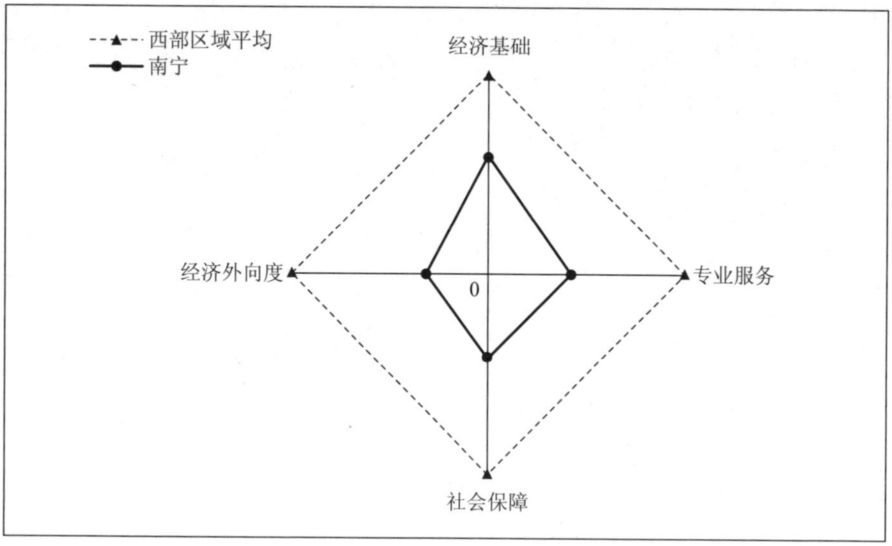

图 9.7.4　南宁金融商业环境与西部区域平均水平的比较

中篇

2016年中国金融中心创新实践报告

第十章　交易平台建设：国际化与多元化

在经历政府管控与市场情绪平复之后，2015 年我国要素交易市场波动所引起的负面影响已经日渐趋于冷静。进入 2016 年，部分地方政府进一步降低建立交易市场门槛，各大要素市场需求再度活跃，国内各类要素交易平台相继成立投入运营，呈现出交易市场国际化和交易要素多元化的特征。依托地方区位优势及其初始要素禀赋，各地区在要素交易平台的完善与建设方面各展所长，形成遍地开花的局面。

10.1　金融中心依托区位优势打造国际交易平台

2016 年各大金融中心城市作为我国金融行业对外连接的重要窗口，利用其在国际金融市场中的地位积极开展各类国际级要素交易平台建设，灵活引进外资参与，取得了显著成效。2016 年 4 月 27 日。港交所正式对外宣布，将在前海设立内地大宗商品现货交易平台。根据港交所的规划，在前海设立的大宗商品现货交易平台将被构建成一个内地现货大宗商品的电子交易、仓储和融资平台。港交所希望能与合适的专业机构合作，打造一个便利化的、能够整合基础金属资源的电子交易平台，并通过仓单管理，使交易、支付、结算交收、融资等各个环节都变得更为方便和高效，为生产商、消费者、贸易商以及金融机构等所有价值链上的参与者创造价值。与此同时，由东浩兰生集团、上海宝玉石产业发展股份有限公司和上海文交宝玉石投资管理有限公司三方共同出资 1 亿元成立的上海宝玉石交易中心也于 5 月 31 日正式上线，目前会员已经超过 10 万户（名）。交易平台将运用“互联网+”技术，构建以宝玉石身份证为载体的追溯体系。在提供 B2B、B2C、C2C 第三方撮合服务的基础上，上海宝玉石交易中心还将站在宝玉石产业第四方公共服务平台的角度,采集中国各地宝玉石市场和外国宝玉石产地和市场的目录、交易和标识信息,从而为产业的整体发展提供权威的统计和监管信息,成为具有公信力的国家级宝玉石交易平台,进而提升我国在国际宝玉石产业的话语权。

10.2 区域中心凭借地方特色建设产业融资平台

与少数国际级金融中心城市不同,区域中心城市并不具备高度的国际化水平,因此,在建设要素交易平台的过程中更注重依托地方现有的产业优势,建立具有区域产业特色的融资交易平台。2016 年 4 月,青岛软交所软件和信息服务交易中心有限公司在崂山金家岭金融聚集区 PE 基金中心举行揭牌仪式。青岛软交所依托在软件交易服务、软件金融服务、软件增值服务等领域的领先优势,组织包括银行、担保公司、小贷公司、征信公司等在内的金融机构集群,为青岛地区中小型科技企业提供融资服务,降低企业融资门槛和融资成本,助力青岛地区科技型中小企业快速成长。在揭牌仪式上,青岛软交所分别与青岛蓝海股权交易中心、青岛银行签订了战略合作协议。此外,为进一步促进文化产业与金融产业融合发展,引导钱币邮票投资与收藏走向精品化,天津文化产权交易所在 2016 年 11 月提出设立“天津文化产权交易所钱币邮票精品商城”。精品商城以精品至上为原则,坚持走精品路线,力争实现价值投资与价格发现的双重功能。同时,精品商城还将与第三方机构达成广泛合作,实现真正意义上的平台功能。除引入第三方仓储机构、第三方鉴评机构外,还将引入第三方清算机构,实现交易资金的三方结算与监管,让投资更加安全便捷。

第十一章　金融监管：协同治理的新型模式

近年来，金融行业的迅猛发展为我国经济腾飞做出了卓越贡献，但金融行业的过度扩张同样也使得领域内良莠不齐，繁芜丛生。在当前分业监管的体系下，监管往往明显滞后于所谓的“创新”，在一定程度上导致监管效率低下，为金融市场的稳定埋下隐患。不论是2013年年中发生的资金流动性紧张，还是2015年7月发生的“股灾”，都在一定程度上反映出仅倚重微观审慎的监管体系会导致不利于分散系统性风险的负面激励。因此，在近两年的金融改革中，在基于宏观审慎调节的要求下，中央与地方的金融体系监管开始注重引入社会与市场力量协同政府监管金融市场，提升监管体系的宽度与深度。

11.1　社会监督促进区域金融市场标准化建设

为进一步规范地区金融市场，建立具有地方特色的金融行业标准，各地政府在加强市场监管力度的同时，积极协调社会力量参与本地金融市场的标准化建设。2016年12月，经深圳市市场监管局批准，全国首个地方金融标准化委员会——深圳市金融标准化技术委员会在深圳成立，委员会以推动深圳金融业高质量、可持续发展为宗旨，以搭建具深圳特色的金融标准体系为目标，主要开展以下工作：根据金融业发展需求，提出深圳市金融标准化工作方针、目标、任务和技术措施；结合金融创新发展需要，组织深圳市金融业技术标准文件的制修订、实施、复审和解释工作；推动要素交易平台、小额贷款、互联网金融等新金融规范发展，开展新金融标准研究，逐步建立深圳市新金融标准体系；推动互联网、区块链等新技术在金融领域的推广及应用；推动Fintech（金融科技创新）产业发展等。

针对行业内的某些专业性领域,行业协会同样能够在标准化建设方面发挥积极作用,2016 年 4 月全国保险业首个区域性行业标准联盟——大连保险行业标准联盟(ISAD)在连成立。ISAD 是由大连市保险行业协会及行业各主要公司发起的,致力于行业各项标准的研究、制定、应用和服务的实体性合作组织。ISAD 的成立,明确了保险业柜面及理赔服务标准并向社会公开,构建了“监管引导、市场驱动、社会参与、协同推进”的保险标准化工作新格局,为推动行业技术进步、提高产品和服务质量、规范市场秩序提供了有力保障。ISAD 将建立信息、培训、交流、合作的共享机制,利用联盟内外资源,加强与国内外标准化组织、产业联盟等相关机构的联系,通过整合行业资源和社会资源,努力建设先进的大连地区保险企业标准化体系。

11.2 市场力量规范金融市场秩序

独立于政府监管的市场力量不仅能够在金融市场标准化建设方面起到第三方监督的效果,同时也能配合政府金融监管机构在维护市场秩序、保障市场稳定上发挥重要作用。2016 年 3 月,由黑龙江省金融办、市金融办、道外区发展改革局联合审批并监管,公证、评估、担保、资产管理、基金管理、保险国家认证的六大权威机构共同进驻的哈尔滨是财富民间资金借贷登记中心正式运营,旨在全面规避百姓资金借贷对接的各种风险,真正把老百姓的资金安全放在第一位。财富民间资金借贷登记中心具有政府监督管理、借贷保障体系、自由借贷期限、安全保密机制等特色,搭建了哈市民间资金权威性、公正性、保障性的合法平台,并将遵循“制度化、规范化、合法化”的原则,有效整合和正确引导百姓的闲置资金运转,让民众得到更加实惠可观的回报。

在市场中某些特定领域的监管方面,广州更是将监管权限最大限度的赋予了市场力量。为更好地规范互联网小贷公司的发展,越秀区金融局在《广州民间金融街互联网小额贷款公司监管办法》中,将互联网小额贷款公司财务报表(资产负债表、利润表和现金流量表)、银行对账单和相关业务统计报表的检查权赋予了民间金融街运营方。在监督系统上,金融街管理部门将实时互联网小额贷款公司,同时研发相关计算机系统,互联网小额贷款公司每一笔贷款对象、利率等实时监控风险。

第十二章　跨境金融：助力“一带一路”

“一带一路”贯穿亚欧非大陆，连接最具活力的东亚经济圈和成熟发达的欧洲经济圈，2016 年“一带一路”沿线 65 个国家（含中国）总人口约 46 亿，经济总量超过 23 万亿美元，对外贸易总额接近 11 万亿美元，分别占全球的 62%、31%和 33%，是世界上最具发展潜力的经济带。中国与“一带一路”沿线地区经贸投资合作日益紧密，2016 年中国与沿线国家贸易总额达到 9536 亿美元，占中国对外贸易总额的 25.7%，较 2015 年的 25.4%上升 0.3 个百分点，中国企业对沿线国家的非金融直接投 145.3 亿美元，新签对外承包合同金额 1260 亿美元，同比增长 51.6%。“一带一路”建设为中国金融业发展创造了新机遇，为跨境金融服务开辟了新空间，也对金融业自身改革创新和国际化提出了新要求。2016 年，作为我国“一带一路”战略桥头堡的深圳、福州、昆明等地在跨境金融领域敢于创新，运用资本力量助力“一带一路”建设。

12.1　跨国信贷促进国际贸易投资发展

随着“一带一路”建设的发展，银行开始主动“拥抱”实体企业，截至 2017 年 3 月底，广东银行业（不含深圳）支持“一带一路”的项目共有 172 个，授信总额超过 2862 亿元，极大促进了国内企业与沿线国家的贸易投资发展，这种促进作用主要体现在以下两个方面：首先，银行贷款为国内企业以及“一带一路”沿线国家在基础设施建设以及物资供应等方面提供了资金支持；同时，国内商业银行与国外相关金融机构在信息支持、风险控制措施等方面的合作也为双方在行业内的深入交流创造了有利条件。

2016 年 7 月，在第三届中俄博览会上，由哈尔滨银行作为牵头行联合多家城商行,与俄罗斯开发与对外经济银行签署总金额100亿元人民币的同业间银团授信协议。该笔银团贷款对于支持中俄两国经贸往来、金融合作及推进本币结算具有重要意义,将为践行国家"一带一路"战略,促进中俄两国经贸及金融领域深度合作产生深远影响。中俄金融联盟于2015年10月15日在哈尔滨市成立,是由中国最早开办对俄金融业务的城市商业银行哈尔滨银行与俄罗斯资产排名第一的俄罗斯联邦储蓄银行牵头发起设立的非盈利性、开放式跨境金融合作组织。

12.2 跨境金融服务体系建设提升国际业务效率

2016年3月,中国建设银行海峡两岸跨境金融中心在福州平潭落户,平潭作为南北"海上丝绸之路"的必经之地,"一带一路"战略的提出,让平潭的战略地位进一步凸显,也让相关各方看到了发展的机遇。为了给企业主带来便捷的金融服务,建行福建省分行与建行台北分行签订了《跨境联动战略合作协议》,双方承诺在原有合作基础上进一步加深合作。建行平潭片区分行为台北分行开立了人民币清算账户,用于其跨境人民币资金的清算工作,已完成首笔清算以及2000万元一年期定存的突破。数据显示,截至2015年年底,建行福建省分行已与建行台北分行累计办理跨境贸易融资业务621笔、金额达144亿元。同年5月,交通银行离岸金融服务中心在重庆正式运营,离岸金融服务中心的成立进一步提高对境外资金的吸引能力和使用效率,更好的满足重庆及中西部企业"走出去"的金融服务需求,为重庆市进一步发挥开放优势,切实践行国家中新(重庆)项目,对接"一带一路"、西部大开发和长江经济带战略发挥"桥头堡"作用,形成带动内陆地区经济发展的新引擎。

第十三章　互联网金融：标准化与专业化

在过去的2016年之中，随着政府管控力度的进一步加大，虽然部分P2P网贷平台仍被爆出“裸贷”风波，但互联网金融领域中的骗局、造假的乱象得到明显遏制的趋势，移动支付、线上理财等互联网金融业务也得到了进一步的推广。在互联网金融行业整体重归理性之后，各地开始陆续出台相应的法律法规，推进互联网金融市场的标准化建设，并成立相关机构对市场中的企业行为进行规范。与此同时，诸如汽车、登记结算等行业企业抓住互联网在专业领域内所体现出的便利优势积极创新业务，使得互联网技术在各专业领域内发挥显著的推动作用。

13.1　管控结合推动互联网金融标准化建设

为弥补目前金融监管体系在互联网金融领域的监管漏洞，进一步提升行业监管效率，央行主动引入社会组织作为第三方协调监管力量。2016年3月，中国互联网金融协会在上海成立，央行前副行长李东荣出任中国互联网金融协会首任会长，首批会员有四百多家，包括银行、证券、基金等金融机构以及其他互联网金融从业机构。协会旨在制定行业规则，强化互联网金融监管，同时积极促进行业自律，引导和支持互联网金融从业机构守法经营。中国互联网金融协会的成立，对推动互联网金融行业自律规范，维持互联网金融行业的正当竞争秩序，促进行业健康有序发展起到非常积极的作用。

针对目前互联网金融行业存在的种种问题，地方政府也陆续出台相应指导意见对市场进行规范。2016年2月，陕西省西安市人民政府公开发布《西安市促进互联网金融产业健康发展的意见》以下简称“《意见》”，《意见》指出要健全互联网金融的风险防控和安全保障机制，如引导互联网金融企业合规经营,引导互联网金融企业明确中介定位,坚守经营“底线”和政策“红线”,健全风险管理、信息披露、纠纷处理等方面的内控机制,推动互联网金融企业提升信息技术水平和信息安全防护能力,强化对企业金融数据和客户信息的安全保护等。

13.2 业务创新促进互联网金融专业化升级

继P2P、第三方支付之后,互联网资产担保、登记结算等金融业务上所体现出来的技术优势逐渐显现,并在2016年得到充分发展,产生了一系列基于互联网金融的新兴业务板块。2016年6月,北京登记结算有限公司获批成立,该公司主要为北京市各类交易场所提供交易信息登记注册、交易资金统一结算、客户资金存管、交易数据监控服务以及为各类合法合规的金融活动提供登记结算、资金清算结算、金融信息服务、财务咨询等综合服务。公司依托技术优势开发的“交易数据联网直报系统”,目前已连通全市所有交易场所,其开发的结算系统也已连通北京产权交易所有关交易系统。未来,首都要素交易市场,将不再是分散凌乱的个体,而是由一个“后台中枢”统一接入的互联体系。

此外,融资担保行业利用互联网丰富的资源与技术,在汽车担保等领域的业务创新也取得了显著成果。2016年中,大连融鑫融资担保有限公司获批成立,这是东北地区首家互联网汽车担保公司。该公司的设立是大连优化担保公司结构,推动担保机构专业化运作,提高担保行业品质的有效举措,对进一步增强大连担保行业的核心竞争力、更好地满足中小企业和个人的贷款需求、有效拓展普惠金融的广度和深度有着积极意义。该担保公司以我国最大的汽车类门户网站易车网为依托,利用丰富的网络资讯和先进的互联网金融技术,专注为全国汽车用户提供专业的担保服务,预计每年将有十余万车辆的购买者收益。

13.3 多方投入支撑互联网金融规模化发展

进入2016年,各地政府在对之前过热的互联网金融行业进行规范的同时,也加大了对于互联网金融行业发展的支持力度。其中,吉林省在其出台的《吉林省人民政府关于积极推进吉林省“互联网+”行动的实施意见》中明确指出,将整合利用现有财政专项资金,加大对“互联网+”相关平台建设、应用示范等支持力度。此外,吉林还将加快推进政府与社会资本合作,探索运用 PPP 模式,推动“互联网+”公共服务项目建设。

同时,也有部分地区通过引入社会资本拓宽互联网金融行业的融资渠道,促进互联网金融行业规模化发展。2016 年 7 月,由百度发起设立的西安百金互联网金融资产交易中心成立,力图打造一个西部乃至全国重要的互联网金融资产交易平台。百金交作为资产与资金的‘连接器’,未来与百度金融布局中消费金融、银行、保险等板块的协作空间巨大,百金交连接了资产与资金,既可以为百度资管提供资产,也可以为百度消费信贷资产的证券化操作提供可交易场所。更重要的是,百金交还广泛连接多元投资客户,汇聚了全社会的优质资产。

第十四章　金融科技：大数据时代来临

“Fintech”在2016年中国金融行业的异军突起，代表了新型技术手段对于传统金融行业的冲击。相较于传统金融行业，金融科技企业利用其强大的技术优势，获得更为广泛的受众平台，并能够为客户提供更为精准的服务。这一类优势在大数据以及云计算技术方面的应用尤为明显。在过去的2016年中，金融科技的广泛运用不仅为银行、保险等传统金融业务提供了极大的便利，同时也为政府政策的推动提供了诸多有效支持。

14.1　金融科技提升传统金融业务效率

金融科技在市场中的广泛应用，对于传统金融行业不仅是一种冲击，也同样能够带来一定的促进作用。将当代高水平的科学技术融入传统金融业务之中，不仅能够有效提升业务效率水平，也在一定程度上为业务提供了技术保障，用以应对可能存在的金融风险。2016年3月，广发银行和招商银行签署框架合作协议，首次使用大额支付系统进行电子化签约开展同业存款业务。此次双方的开创性合作改变了传统业务模式签署合同繁琐、交易成本高昂和潜藏操作风险的缺点。以人民银行的大额支付系统为渠道进行电子化操作，既能提高效率、降低成本和控制风险，也能满足监管机构对于同业业务专营的合规要求，凸显了商业银行在利率市场化和经营成本不断提升的大环境下，利用合作创新应对各类挑战的新思路。

14.2　金融科技促进行业信息共享

2016年4月，大连保险业率先采用车辆信息核定库实现车船税精准核算,大连保险业与大连市地方税务局联网计征车船税。联网计税以车辆信息核定库为依据,核定库150万条车辆信息全部由交警部门提供,使得数据来源更加权威,计税结果更加准确。保险公司在交强险保单录入时,车辆信息只作为数据匹配的依据,在与核定库完成匹配后,税源系统将完全依据核定库数据进行计税,解决了车船税计税依据与主体不明晰的操作弊端。自计税系统上线以来,大连各保险公司共计代收车船税7.8万笔,税金近5000万元,核定库车辆数据匹配率高达94%。

14.3　金融科技支持民生工程建设

金融科技不仅能够在金融领域内发挥重要作用,同样也能为国家民生工程建设提供技术支持。为了实现金融机构与扶贫对象之间的精准对接,有效解决“扶持谁”的问题,2016初人民银行南宁中心支行按照自治区“建立全区统一的扶贫大数据管理系统”的布局,开发了广西金融扶贫大数据管理平台,实现了金融扶贫信息“精准采集、精准对接、动态监测、科学评估和量化考核”五大核心功能。在自治区扶贫办等部门的支持下,该平台目前已收录广西扶贫生态移民工程项目、贫困户、扶贫农民专业合作社、扶贫龙头企业等各类扶贫对象的全部贷款信息,并通过广西金融业信息交互管理平台,将扶贫对象信息与全区各级人民银行、各家金融机构共享。

第十五章　民间金融：弥补普惠金融短板

相较于传统金融行业，民间金融行业差异化与特色化的经营方式，能够在一定程度上满足特定行业、特定客户的金融需求，因此，民间金融的稳步健康发展，可以有效弥补目前普惠金融的短板。随着国家对于资本进入金融行业的限制的进一步放宽，2016 年掀起了一股民间资本涉足金融行业的浪潮，各路民间资本根据自身优势选择符合自身需求的领域布局。与此同时，各地政府也在积极为民间资本创造更好的投资环境和发展空间。

15.1　民营银行布局区域中心城市

自微众银行等首批 5 家民营银行试点之后，2016 年银监会先后批复重庆富民银行、吉林亿联银行、辽宁振兴银行、武汉众邦银行等多家民营银行的申请许可。至此，全国各大区域中心城市乃至各省会城市都已有民营银行开始筹建或获得批复。与传统商业银行有所区别的是，这些民营银行在发展重点定位在“三农”、小微和社区等传统银行影响力相对较小的区域，试图通过精细化的管理和创新性的信贷文化在普惠金融领域发挥主导作用。这些民营银行的出现，将有利于转变目前银行与经济发展不均衡的状况，增加金融供给主体，填补我国大型商业银行无法或无力顾及的市场，从而优化金融体系、改进和提升金融服务质量。

15.2　基金小镇促进地方产业聚集

2016 年 6 月，成都天府基金小镇正式开镇运行，与近年来相继出现的基金小镇不同，天府基金小镇完全由民间资本负责运作，最小限度的行政干预为基金小镇创造了宽松的发展环境,并在最大限度减小了对资本聚集所造成的阻碍,帮助民间资本在区域内实现自由流动。小镇通过对新兴金融产业发展政策的深入研究,按照科技与金融、资本与项目、创新创业与金融深度融合的发展思路,创新汇聚市区和营运主体三方力量,立足于聚集资本力量,聚集人才优势,聚集市场资源,着力为把天府国际基金小镇打造成为股权投资基金产业的政策洼地、宜居天堂、宜业福地,并提供系统性的政策支持。与此同时,基金小镇具备优越的地理位置、私密的办公环境以及完善的配套设施,在为入驻企业解决后顾之忧的同时,其宜商宜居的特点也在逐步显现。目前,已入驻及意向入驻基金小镇的金融机构、中介服务机构、行业协会、服务与研究机构超过 50 家。

15.3　各地政府鼓励民间资本普惠金融体系

为鼓励民间资本积极参与普惠金融体系建设,各地政府相继出台法律法规放宽对于民间资本进入金融行业的相关限制,同时建立起专业金融服务机构,为民间资本提供相应便利。2016 年 2 月,广东省在其发布的《关于进一步促进服务业投资发展的若干意见》中明确表示,鼓励民营资本参与金融机构重组,探索设立民营资本发起的自担风险的民营银行和金融租赁公司等,将进一步放开社会发展领域准入限制,清理各种歧视性规定,在投资核准、股权比例、融资服务等方面同等对待各类投资主体。

同年 4 月,济南首家县域民间融资登记服务机构在济阳县正式成立。该机构遵循政府引导、市场运作的要求,采取以“实体+网络”方式,为辖区民间借贷双方提供资金供需信息发布、推介、登记、撮合成交等综合性金融服务,并以“登记服务大厅”的模式,吸收银行、小贷公司、信用评级公司、资产管理公司等机构以及公证处、仲裁委等职能部门入驻,为借贷双方提供全方位的“一站式”综合配套服务,力促投融资双方安全、快速地对接交易,满足小微企业“短、频、快”的融资需求。这类登记机构对规范当地民间借贷行为,促进民间借贷朝着阳光化、规范化的方向发展具有重要推动作用,同时对引导民间资本投向实体经济,破解小微企业融资难、融资贵问题,促进小微企业健康发展也具有十分重要的意义。

第十六章　农业金融：对接精准扶贫

受限于环境物质条件，我国农村金融一直以来的发展都相对缓慢，成为制约我国农村社会经济发展的重要因素之一。2016 年，人民银行等七部委联合印发的《关于金融助推脱贫攻坚的实施意见》，为金融精准扶贫指明了方向。在我国扶贫开发的冲刺期，金融机构以责任和担当肩负起精准扶贫使命，准确把握脱贫攻坚的总体要求、精准对接多元化融资需求、发挥金融服务在精准扶贫中不可替代的作用，为全面建成小康社会奠定坚实的基础。

16.1　政策性担保体系促进农业发展

2016 年 6 月，大连首家农业担保公司——大连市农业融资担保有限公司获批成立，这是大连继互联网汽车担保公司之后推动设立的政策性专业性担保公司，标志着大连在建立健全政策性担保体系方面迈出重要一步，对支持“三农”、县域经济发展起到积极的示范效应。大连市农业融资担保有限公司由市财政局联合大连市农商行共同出资设立，注册资本 1 亿元。该公司作为政策性担保公司，不以盈利为目的，在坚持可持续发展的基础上，切实落实农村金融倍增计划和中小微企业融资促进行动，充分发挥担保的经济助推器功能和财政资金的“四两拨千斤”作用，将更多金融活水引入农业农村发展领域。

16.2　社会效应债券对接地方扶贫项目

社会效应债券（Social Impact Bonds，简称 SIBs）作为一种公共服务或社会事务领域基于绩效标准付费的跨部门公私合作融资机制，2010 年起源于英国剑桥郡，目前在全球已完成发行40余单。自上市以来，社会效应债券凭借减轻政府财政支出压力，有效平衡各方利益、以较低成本推动社会总体福利增进以及带动社会服务组织发展等优势，受到各国的普遍欢迎。

2016年，我国首单社会效应债券通过中国银行间市场交易商协会注册，并在银行间债券市场成功发行。此单社会效应债券发行主体为沂南县城乡建设发展有限公司，发行规模为5亿元，募集资金全部用于山东省沂南县的扶贫项目，由青岛银行股份有限公司担任牵头主承销商，中国农业银行股份有限公司担任联席主承销商，是我国将社会效应债券与精准扶贫紧密结合的成功案例，开创了我国社会效应债券的新纪元。

16.3　土地金融支持农业资金需求

2016年，经国务院批准同意，惠山区成为"国家级农村承包土地经营权、农民住房财产权抵押贷款试点县（市、区）"，是江苏省首批、无锡唯一获得农地抵押贷款试点地区。

目前，参与惠山区农村土地经营权抵押贷款试点的有农业银行无锡分行、无锡农商行、惠山民泰村镇银行，3家试点银行已累计发放抵押贷款金额5870万元，支持农业经营主体9户，并已形成单纯经营权抵押、经营权抵押附加回购协议、"农业公司（专业合作社）+农户"等灵活多样的放贷方式，而且借款对象均不需提供其他担保措施，较好地支持了农业经营资金需求。

第十七章　消费金融：机遇与挑战并存

近年来，民间消费是推动我国经济发展的重要力量，消费需求正在成为我国未来经济增长的新引擎和内在动力。消费需求的提升必然催生消费金融的快速发展，银行业金融机构作为我国金融体系的核心，仍是推动消费金融发展的主导力量。《中国消费金融创新报告》显示，我国当前消费金融市场规模近6万亿元，如果按照20%的增速预测，我国消费信贷规模到2020年可超过12万亿元。在十万亿级蛋糕的诱惑下，各路资本竞相布局。在当前激烈的消费金融市场竞争中，低成本、稳定性的资金来源成为各家机构领先行业的重要命门，而ABS（资产支持证券）在其中发挥着重要作用，同时也成为造成消费金融行业高风险的关键因素之一。

17.1　ABS推动消费金融迅速增长

毫无疑问，我国消费金融市场潜力巨大，给消费金融类ABS带来无限机遇。近几年来，得益于传统消费观念升级，我国居民的短期消费贷款余额一直保持20%以上的高速增长。

截止2016年底，市场上已发行消费金融类ABS（资产支持证券）累计金额超过1000亿元。分析人士称，消费金融ABS之所以获得50%的成长，与消费金融市场的快速发展不无关系。国家金融与发展实验室银行研究中心发布的《中国消费金融创新报告》显示，2014年以前，我国消费金融领域从未发行过ABS相关产品。从2014年平安银行发行首只产品开始，2015年全国共计发行7只产品，总额度为138.44亿元。到2016年，ABS产品发行数量已攀升至51只，总额度达936.32亿元，是2015年的6.76倍，已成为我国资产证券化市场的第三大资产类型。消费金融俨然成为ABS市场最为火热的

“新贵”。

17.2 信用风险影响消费金融健康发展

诚然,ABS 对于消费金融的带动作用有目共睹,但高增长的背后同样有高风险的存在。在此过程中,信息不对称是制约消费金融 ABS 市场发展最重要的瓶颈,这个问题在资产方主体信用较低时尤为突出。原始权益人风控标准不一,资产服务商资产管理能力和存续能力尚待验证,尽职调查有效性存疑,投后管理操作风险过高,信息披露不彻底,使得消费金融 ABS 市场在投资人眼中就如同阿克洛夫描述的“柠檬市场”(信息不对称市场)。另一方面,许多拥有优质资产的公司苦于主体信用不足,只得依赖高成本的资金渠道,这又迫使它们不得不在继续成长和获取高风险资产中做出抉择。

为了进一步规范我国消费金融市场,探索一种能够持续健康发展的消费金融模式,2016 年 12 月亚洲财经消费经济创新论坛暨中国消费金融示范基地启动仪式在成都举行。会上,中国消费金融示范基地、亚洲财经互联网金融商学院产学研孵化基地正式落户成都。中国消费金融示范基地的主要功能是深度融合理论创新、模式创新、应用创新,围绕消费场景进行产融生态链布局,对消费金融的实践和发展起示范性作用,为企业、投资者、消费者提供专业的引导和帮助,为消费金融奠定良好的发展基础和市场环境。

第十八章　绿色金融：下一个“风口”

在2016年闭幕的G20杭州峰会上，由中国倡议的绿色金融首次被纳入会议议程，最终形成了G20绿色金融综合报告。此前，中央全面深化改革领导小组审议通过了《关于构建绿色金融体系的指导意见》，备受社会各界关注。绿色金融作为一项创新的市场化制度安排，目前企业和金融机构对其社会效益与经济效益普遍持积极态度，全国各地不少企业与政府已经在为绿色金融提前布局。甚至有不少学者认为，绿色金融已经上升为国家级的战略目标和发展规划，将成为金融业发展的下一个“风口”。

18.1　广州碳交所打造绿色金融服务平台

2016年4月，广州碳排放交易所绿色金融服务平台上线，该平台是全国首个也是唯一一个为绿色低碳领域的企业和投资机构提供全方位金融服务的平台。平台将整合与绿色金融相关的信贷、债券、股权交易、基金、融资租赁和资产证券化等产品，打造多层次绿色金融产品体系。具有不同需求的企业通过与平台的对接可以高效率地找到合适的绿色金融产品，再通过平台与相关的金融机构对接，大大加快绿色金融政策落地的速度，更有效地服务实体经济，助力绿色产业发展。目前，该平台已经推出包括碳排放配额抵押融资、回购融资在内的多个绿色金融产品。

18.2　政企合作推动绿色金融战略实施

蚂蚁金服在2016年9月5日宣布，与联合国环境署达成战略合作，共同发起成立全球首个金融科技企业的绿色金融联盟。联合国副秘书长、联合国环境署执行主任埃里克·索尔海姆与蚂蚁金服总裁井贤栋分别代表双方签署合作协议,希望通过成立联盟的方式,号召全球互联网金融行业一起支持可持续发展。

蚂蚁金服的绿色金融战略包含三个层次:第一,用绿色方式发展新金融,让蚂蚁金服成为绿色金融企业典范;第二,通过发展金融工具推动绿色金融发展,支持绿色生产和消费,加快绿色意识普及;第三,调动普通民众参与低碳生活,普及绿色教育,鼓励公众绿色行动。为此,蚂蚁金服率先在其旗下应用支付宝中开通“蚂蚁森林”模块,在互联网行业的绿色金融实践中先行一步。

18.3　我国发行本币计价绿色金融债券

作为一种金融机构法人依法在银行间债券市场发行的、募集资金用于支持绿色产业项目并按约定还本付息的有价证券,绿色金融债券在西方国家绿色金融实践中已经得到广泛应用。2016 年 7 月,金砖国家新开发银行在银行间市场发行人民币计价的绿色金融债券,总值 30 亿元人民币,中国银行作为牵头主承销商及簿记管理人。这是国际开发机构首次在中国银行间债券市场发行人民币绿色金融债券,也是由金砖国家发起建立的新开发银行首次亮相资本市场。债券的成功发行,展现了中行在境内外人民币债券领域的业务实力,也为银行间市场金融机构发行绿色金融债树立了新标杆。

下篇

郑州金融中心发展报告

第十九章　郑州金融中心发展历程

郑州发展金融业和建设金融中心有悠久的历史。作为中国历史上重要的“商都”，金融业在郑州曾经盛极一时。进入新的发展时期，国家赋予郑州建设“国家中心城市”重要使命，郑州区域性金融中心建设进入了新的征程。

19.1　历史上的郑州金融业

郑州，地处中华民族文明的发祥地区，是我国最古老的城市之一。郑州地理位置重要，素有“雄峙中枢，控御险要”之称，为历代兵家必争之地。地处中原、通衢天下的优越条件，使商都郑州自古便为全国重要的商品集散中心之一。据考，中国商业、商人就起源于郑州。殷商、春秋、汉唐、北宋乃至近当代等各个时期，郑州商业都曾呈现过繁盛局面。

郑州的商业贸易历史久远。早在3500年以前的商代早期，郑州就有了较为发达的冶炼、纺织、制陶、酿酒等多种手工业及其产品的商业贸易活动。春秋战国时期，郑州因其地处“天下之中心”，成为各诸侯国官民往来、商贾贸易的通道。齐国的鱼、盐、文彩布帛，晋国的矿产品、畜产品，楚国的杞、梓、皮革、鸟羽、象牙等物品，多由此中转，销往各地。隋、唐两代，是郑州商业史上又一繁荣时期。郑州位于通济渠东西之交，为水运中转码头，是民间物资交流中心。为商业贸易服务的客栈、钱庄、车辆租赁等行业亦得到发展。当时，位于郑州的管城驿，就是唐都通往东南各地的一大驿站，来往车马、商旅昼夜不断。“夹路都有店肆待客，酒食丰足”“每店备驴供客租用”(引自《通典》)，街市到处车水马龙，热闹非凡。北宋定都汴京，郑州地近京师，成为繁荣的“汴京商业贸易圈”的重要组成部分。20世纪初，纵贯南北的京广铁路和横穿东西的陇海铁路在郑州交汇，使郑州成为全国重要的铁路枢纽,郑州的商业贸易又渐趋繁荣。两大铁路开通后,郑州很快成为我国农副土特产品及轻工产品的重要集散地,并吸引大量国际上重要"洋行"(近代外商在中国从事贸易的代理行号)纷纷入驻,成为国内外知名的商贸中心,交易量在全国占据领先位置的主要有棉花、粮食、油料、中药材、皮毛等农副土特产品,以及京、津、沪、汉等地国内外商人运销内地的各类轻工产品和各种"洋"货。

商业贸易的繁荣,也促进了郑州金融业的快速发展。20世纪初,一些民间借贷机构典当、钱庄、银号、银楼等非金融机构开始出现。从20世纪20年代起,郑州的各类现代金融机构日趋增多,金融业也进入兴盛时期。当时,郑州既为内地商埠,又是通往西北的门户,因此,全国各大银行纷纷在郑设立分行。20世纪20年代至30年代,全市计有中国交通、中央、中国农工、中国农民、中国、金城、北洋、大陆、河南农工、浙江兴业、西北等10多家银行分行,面向河南全省以周边地区开展业务,经营方式随着资金融通和金融活动的渗透领域日益扩大,从办理存款、贷款、汇兑,进而注意吸收社会游资,办理出口押汇,开展抵押放款。抗日战争前夕,郑州金融业一度繁盛,集聚了各类金融组织50余家,是当时我国中原地区的一个重要的金融中心。

19.2 改革开放中的郑州金融业

十一届三中全会以后,郑州市金融事业在"对外开放,对内搞活"方针指引下,步人改革、发展的新阶段。

80年代,郑州市先后恢复建立中国农业银行郑州市支行、郑州市城市信用社、中国人民保险公司郑州市支公司、中国人民银行郑州市分行、中国工商银行郑州市分行、郑州市信托投资公司、郑州市证券公司、交通银行郑州支行等银行或非银行金融机构,并对农村信用合作社管理体制进行改革,郑州市的专业银行、证券公司、保险机构、信用合作机构、信托投资机构等相继建立。1985年1月1日,中国人民银行与中国工商银行分设,中国人民银行郑州市支行改为中国人民银行郑州分行,它专门行使中央银行职能,成为领导郑州市金融事业的国家机关,原有的工商信贷、储蓄等项业务,由工商银行郑州市支行办理。1985年,中国人民银行实行"实贷实存"信贷资金办法后,同业资金拆借市场形成。1986年,商业票据贴现市场、外汇调剂市场初步形成。1986年成立了郑州市同城票据清算所,从而缩短了同城和异地结算周期,加速了资金周转,提高了利用效率,活跃了金融市场。1986年10月,郑州市建立了证券公司,随后又相继建立了证券市场、拆借市场、贴现市场、外汇调剂市场,促进了信贷资金的横向融通。到1990年底,郑州市已经有12家大的金融机构,机构网点遍布城乡,初步形成了以中央银行为领导,以专业银行为主体,保险、信托投资、证券、信用合作、房地产开发等多种金融机构并存的较为完善的金融体系。全市拥有各种金融机构1320个,其中市级金融机构10个,市属独立金融机构276个,储蓄所606个,证券经营机构15家,拆借市场6处。办理各种证券发行11.3亿元,交易证券5783万元(股票7.4万元),拆借资金6.7亿元,调剂外汇2360万元。1990年末,郑州市各项存款余额114.5亿元,各项贷款余额109.5亿元,城乡储蓄存款余额57.3亿元。

90年代,我国金融体制改革步伐加快,郑州市作为全国金融改革试点城市,金融创新和现代化运作能力进一步加强。1990年2月,经国务院批准中国内地第一家期货市场试点单位——中国郑州商品交易所成立。中国郑州商品交易所为期货合约集中竞价交易提供场所、设施及相关服务,交易所由远期现货起步,"郑州价格"不但是全国粮油交易的指导价,也是世界粮油交易价格的重要参考价。1993年,中国内地最早的大型专业期货经纪公司——河南格林商务咨询服务有限公司在郑开业,专门从事国际商务、国际期货等代理业务。1993年12月,郑州市第一家上市公司的"豫白鸽A"股票在深圳证券交易所上市交易,至2000年底,郑州市共有"豫白鸽A""郑州百文""思达高科""宇通客车""郑州煤电""豫能控股""众生制药"等7家公司的股票先后在深圳证券交易所和上海证券交易所上市。1996年农村信用合作社与农业银行脱离行政隶属关系,银行系统与所办信托投资公司脱钩,郑州市城市合作银行(1998年后改称郑州市商业银行)在城市信用合作社的基础上组建开业。1998年,中国人民银行管理体制进行重大改革,省、市人民银行合并组建中国人民银行郑州中心支行,归属中国人民银行济南分行领导,各家国有独资商业银行和保险公司相应进行机构调整。到2000年底,全市各种银行的分支机构发展到1245个,保险公司的分支机构发展到85个,农村信用合作社、信托投资公司等非银行金融机构发展到66个,金融从业人员3.5万人;拥有各种证券公司及证券公司营业部、期货公司及期货经营公司25家左右,郑州市形成多种金融机构协作互补,多层次、全方位的金融组织体系。截至2000年底,郑州地区银行各项存款余额1215亿元,是1978年末余额15.87亿元的76.6倍;各项贷款余额881.9亿元,是1978年末余额14.45亿元的61倍。

19.3 进入新世纪的郑州金融业

进入新的世纪,随着区域经济竞争的加剧,各地都更加重视金融中心在区域经济发展中的地位和作用。上海、北京、深圳、广州、成都、大连、济南、武汉、西安、合肥等大中城市都在加快金融中心的建设步伐,构筑区域竞争的战略高地,以赢得经济发展的主动权。随着"中部崛起"重要战略决策的提出与实施,以郑州为中心的"一极三圈八轴带"中原城市群建设的推进,以及郑州围绕国家中心城市核心目标加快建设"一枢纽一门户一基地四中心"(即国际性现代化综合立体交通枢纽、中西部对外开放门户、全国重要的先进制造业基地、国际物流中心、国家区域性现代金融中心、具有国际竞争力的中原创新创业中心、华夏历史文明传承创新中心),郑州建设区域性金融中心的重要性和紧迫性毋庸置疑。

河南省、郑州市两级政府把郑州区域性金融中心建设纳入经济社会发展总体规划,上升到战略层面,先后出台《郑州区域性金融中心建设规划纲要》《中共河南省委河南省人民政府关于促进金融业持续健康发展的若干意见》《河南省人民政府办公厅关于加强我省金融生态环境建设的意见》《河南省金融人才发展中长期规划(2011—2020年)》《加快郑东新区金融集聚核心功能区建设实施方案》《关于鼓励金融机构入驻郑州的意见》等政策文件,系统地提出了郑州建设区域金融中心的目标和举措,郑州国家区域性现代金融中心建设进入了新的征程。

国务院出台的《关于支持河南省加快建设中原经济区的指导意见》明确提出"加快推进郑东新区金融集聚核心功能区建设",在《关于大力实施促进中部地区崛起战略的若干意见》中又明确支持郑州"加快金融改革和金融创新”,这标志着郑州区域金融中心建设进一步上升到了国家战略层面。

郑州全市金融工作紧紧围绕加快推进国家区域性现代金融中心这一战略目标,推进落实各项优惠政策,引进新设各类金融机构,着力发展金融新业态,重点打造郑东新区金融集聚核心功能区,深化地方金融改革创新,金融产业发展和金融中心建设取得丰硕成果。

- 金融中心地位凸显。郑州金融业总量规模快速扩张,国民经济支柱产业地位持续巩固提升,金融中心在全国的竞争力和影响力稳步提升。2016 年郑州金融业增加值达 817 亿元,同比增长 15.8%,占 GDP 比重为 10.2%;全市金融机构人民币存款余额 1.90 万亿元、比上年增长 12.2%,金融机构人民币贷款余额 1.54 万亿元,比上年增长 21.8%。在 2017 年第九期《中国金融中心指数报告》中,郑州在全国 31 个金融中心城市中的排名 13 位,进入区域金融中心“十强”行列。

- 金融“豫军”发展壮大。郑州把推动金融机构聚集发展作为区域性金融中心建设的重要抓手,不断壮大金融组织体系。截至 2016 年,郑州全市拥有各类金融机构 338 家,形成了一个以银行业为龙头,证券、期货、保险业为支撑,基金、信托、融资租赁以及相关金融中介服务机构为辅助的多层次、广覆盖、差异化的金融机构体系。郑州现有全国性金融总部 18 家。其中:本地法人银行总部 8 家,法人证券总部 1 家,法人保险总部 1 家,法人信托总部 2 家,法人期货总部 2 家,法人融资租赁、消费金融总部机构各 1 家,法人账务公司总部 3 家。以郑州银行、中原证券、中原保险、百瑞信托、中原期货等为代表的金融总部机构不断发展壮大,金融机构实力得到大幅提升。

- 金融集聚区建设成效明显。郑州着力打造郑东新区金融集聚核心功能区,使之成为全省金融机构的集聚区、金融创新的示范区、金融服务的优质区和金融运行的安全区,打造特色鲜明的金融中心标志性工程。龙湖金融岛规划面积约 1.1 平方公里,共规划 36 栋金融楼宇,其中外环 16 栋已引进项目 11 个,内环 20 栋金融楼宇已全部开工建设,金融后台服务园区有 7 个金融项目正在有序推进。入驻各类金融机构(含各类分支机构)288 家,涵盖银行、保险、证券、期货、信托等 10 余种业态,初步形成金融集聚效应。中原银行、中原证券等 7 家“金融豫军”全部入驻金融集聚核心功能区,初步完成了主要金融业态的集聚,为郑州建设国家区域性金融中心提供了有力支撑,在2016年第12届北京国际金融博览会”上,郑东新区荣获唯一一个“最具投资价值地区奖”。

- 金融市场优势显著。依托全国三大商品期货交易之一的郑州商品交易所,郑州期货业实现跨速发展,郑州商品交易所期货品种达到16个,PTA和甲醇两大期货品种在国际市场上尚属独一无二,被国内外相关市场作为重要的价格风向标,棉花、白糖期货价格成为国际市场重要的关注数据,新品种的陆续挂牌上市使郑商所期货体系实现以农产品期货为主向综合性品种体系的转变,根据美国期货业协会(FIA)排名,郑商所2016年成交量位列全球衍生品交易所第11位。

- 小微金融特色突出。郑州紧密围绕实体经济的金融需求加快推动金融改革,创新打造小微金融服务体系,相继出台《关于金融支持小微企业发展的实施意见》等政策,从产业指向、融资方式、税收政策、简政放权等多个层面促进小微企业发展,为贯彻落实国务院金融支持小微企业发展一揽子政策,在国内率先出台了《郑州市金融支持小微企业发展(暂行)办法》和4个相配套的实施细则,全国率先实施了“银行+共保体”融资新模式,设立了小微企业创业投资引导基金,走出了一条符合国家宏观政策、贴近小微企业需求、具有郑州特色的新路子。2015年全市小微金融专属产品达到293个,较改革前增加117个,小微企业贷款余额达到2455亿元,较2013年改革前增长2倍,年均增长35%以上,位居全省首位、中部6省会前列。

第二十章　郑州金融中心发展评价

CDI 中国金融中心指数(CDI CFCI)将全国 31 个金融城市划分为两大类(参见本书第二章),其中,上海、北京和深圳为“全国性金融中心”,包含郑州在内的 28 个城市为“区域金融中心”。金融中心综合竞争力由金融产业绩效、金融机构实力、金融市场规模和金融生态环境四个方面要素所构成,每一方面要素又由若干指标构成。我们将郑州与全国性金融中心和区域金融中心在第 9 期 CDI CFCI 中的综合得分和分项得分进行比对分析,以客观反映郑州金融中心在全国和区域的地位。

20.1　郑州金融中心竞争力的全国比较

郑州与全国性金融中心及 28 个区域金融中心在第 9 期 CDI CFCI 中的综合得分和分项得分进行比对分析,如表 20.1.1 所示。

表 20.1.1 郑州金融中心在全国的地位

指标	三大全国性金融中心平均	28 个区域金融中心平均	郑州	郑州全国排名	综合评价
综合竞争力	168.29	35.46	39.11	13	强于平均
(一)金融产业绩效	120.61	48.35	54.54	12	强于平均
金融产业增加值	177.72	60.22	68.39	11	强于平均
金融从业人员	97.39	30.71	23.15	22	弱于平均
金融深度	89.68	48.07	65.11	5	领先优势
金融宽度	71.95	43.54	47.33	13	强于平均
(二)金融机构实力	234.92	29.17	27.35	15	趋于平均

续表

指标	三大全国性金融中心平均	28个区域金融中心平均	郑州	郑州全国排名	综合评价
银行类机构	244.07	42.70	46.07	14	趋于平均
证券类机构	152.79	9.78	5.74	22	弱于平均
保险类机构	369.88	38.60	43.27	11	强于平均
机构国际化程度	190.65	26.47	15.70	19	弱于平均
（三）金融市场规模	163.97	4.60	14.61	5	领先优势
货币市场	142.32	—	—	—	—
股票市场	148.59	—	—	—	—
债券市场	238.55	—	—	—	—
黄金市场	116.07	—	—	—	—
外汇市场	277.33	—	—	—	—
衍生品市场	113.30	14.22	124.12	3	领先优势
产权交易市场	57.75	29.55	16.65	25	弱于平均
（四）金融生态环境	134.46	65.13	66.21	14	趋于平均
教育环境	69.12	45.65	58.42	11	强于平均
文化娱乐	78.66	52.67	51.38	16	趋于平均
医疗卫生	111.67	106.22	142.18	3	领先优势
城市绿化	142.86	99.65	87.12	24	弱于平均
城市交通	107.17	39.42	42.75	15	强于平均
环境状况	102.50	105.10	93.58	28	弱于平均
生活成本	113.58	110.29	105.59	20	弱于平均
旅游吸引力	155.90	59.67	46.20	17	弱于平均
经济基础	205.91	78.22	67.23	17	趋于平均
专业服务	141.66	38.35	58.89	8	领先优势
社会保障	154.26	67.26	61.45	18	弱于平均
经济外向度	138.45	33.63	25.46	18	弱于平均

通过对比分析可以得出结论：

（1）郑州已经发展成为在全国具备一定领先实力的区域金融中心。在第9期CDI CFCI中，郑州金融中心综合竞争力的得分39.11分，排在全国第

13位，在28个区域金融中心中排名第10。相比上一期指数，郑州金融中心的竞争优势进一步巩固提升，综合竞争力得分和在全国的排名均有所提高。

（2）郑州期货市场成为区域金融中心的核心竞争优势之一。目前全国性的金融市场几乎只集中在三大全国性金融中心，主要的金融市场均布局在上海，其中货币市场、外汇市场和银行间债券市场等只有上海才有。除上海外，深圳在股票市场、债券市场和黄金市场上拥有一定的份额，北京依托"新三板"的发展也在股票市场上占一杯羹。而郑州市除三大全国性金融中心外，是跟大连并列国内唯二的具有全国性金融市场的区域金融中心。郑州凭借在商品期货市场的发展基础，在区域金融中心建设方面具备独特条件和优势，本期金融市场规模分项排名全国第5。相对来说，郑州在地方产权市场建设方面并不甚理想，本期产权交易市场得分16.7分，低于28个区域中心29.55的平均水平。受限于国家政策和宏观环境等因素影响，郑州目前共有地方产权交易市场14家，年成交额120亿元左右。

（3）郑州金融产业绩效具备一定的竞争优势。本期郑州的金融产业绩效得分54.54，高于区域金融中心平均水平的48.35，在全国排名第12，在28个区域金融中心中则排名第8。在金融产业绩效方面，郑州在金融深度方面具备突出的优势，其2016年的保险深度达到5.8%、排名全国第6，本地证券交易量占GDP比重达到453.14%、排名全国第7，两项指标达到国内领先水平。在金融业增加值和金融宽度上则强于区域金融中心平均水平，近年来郑州金融业保持了高速增长，金融业增加值三年平均增速达到20.8%，增速排名全国第2，这使得郑州金融业整体取得了十足进步。郑州在金融宽度和金融深度方面的良好表现，说明自身金融发展与本地经济发展的相互支撑促进关系十分显著，金融中心建设与实体经济发展已经形成了良性互动局面。相对来说，郑州金融从业人员数量稍显不足，2015年单位金融从业人员数量为5万人，较国内领先的区域金融中心之间还有较大差距。

（4）郑州金融机构实力不强成为金融中心建设的短板因素。在金融机构实力方面，本期该分项排名全国第15、排名区域中心中第12，整体实力趋于28个区域金融中心平均水平。其中，保险机构实力方面比较优势显著，分项实力要高于区域金融中心平均水平，不过主要体现在本地市场业务量上，

2016年保费收入463.35亿元,排名全国第11,但本地法人保险机构的实力和规模相对还处于弱势。银行类机构实力与区域平均水平相近,优势特征并不突出。相对来说,证券类机构和机构国际化程度均落后于区域金融中心平均水平,特别是在本地法人机构实力和外资金融机构实力方面,还需要加强补足。

(5)郑州金融生态环境仍存有巨大优化空间。郑州金融中心金融生态环境得分66.21,仅略微高于28个区域金融中心65.13的平均得分,在全国排名第14,在区域金融中心排名第11。具体来看:郑州在医疗卫生和专业服务方面,两者分别排名全国第3和第8,较同期区域中心平均水平有较大领先优势。在教育环境、文化娱乐、城市交通、经济基础等方面则略微强于区域金融中心平均水平或相近,表现比较中规中矩。相对来说,在城市绿化、环境状况、生活成本、社会保障、旅游吸引力、经济外向度等方面则要弱于区域金融中心平均水平,从长期来看将对金融中心竞争力提升造成不利影响。

(6)郑州金融中心竞争力与全国性金融中心之间差距悬殊。尽管郑州在区域金融中心中部分领域趋于领先,但是与上海、北京、深圳三大全国性金融中心相比,竞争力差距十分显著。从综合竞争力得分来看,郑州得分只相当于全国性金融中心平均水平的四分之一;从金融产业绩效得分来看,郑州分项得分只相当于全国性金融中心平均水平的二分之一;从金融机构实力得分来看,郑州分项得分只相当于全国性金融中心平均水平的八分之一;从金融市场规模得分来看,郑州得分只相当于全国性金融中心平均的十一分之一;从金融生态环境得分来看,郑州分项得分只相当于全国性金融中心平均水平的二分之一。

20.2 郑州金融中心竞争力的区域比较

在本期中国金融中心指数评价中,除了郑州之外,中部地区还有武汉、长沙、合肥和南昌参与评价。本期中部地区参与评价的五个城市,武汉、郑州、长沙、合肥、南昌的综合竞争力排名分别为第11、第13、第19、第24和第29位。郑州在中部地区排名第2,仅次于武汉。

表 20.2.1　郑州综合竞争力在中部地区的地位

城市	武汉	郑州	长沙	合肥	南昌
综合竞争力	40.03	39.11	32.20	27.16	25.31
全国排名	11	13	19	24	29
中部排名	1	2	3	4	5

(1)在金融产业绩效方面,郑州在全国 31 个金融中心中排名第 12,在中部地区排名第 1,具有区域比较优势。

表 20.2.2　郑州金融产业绩效在中部地区的地位

城市	武汉	郑州	长沙	合肥	南昌
金融产业绩效	50.46	54.54	40.90	36.08	40.17
全国排名	15	12	23	29	25
中部排名	2	1	3	5	4

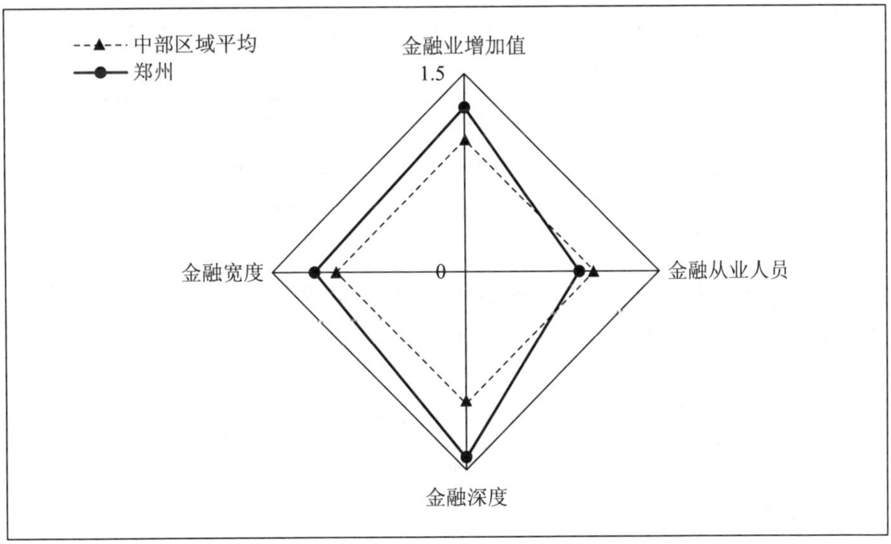

图 20.2.1　郑州金融产业绩效与中部区域平均水平的比较

- 如图 20.2.1 所示,除金融从业人员外,郑州在金融业增加值、金融深度和金融宽度方面均要大幅高于区域平均水平。

• 郑州2015年金融业增加值为666.8亿元,中部区域仅次于武汉,金融业增加值三年平均增速20.8%,增速居中部第1、全国第2。

• 保险深度和保险密度具有很强的优势,2016年分别达到5.8%和4765元/人,在中部五个中心中均是最高,分别排名全国第6和第11。

• 相对来说,金融从业人员数量还显不足,2015年单位金融从业人员数量为5万人,较武汉还有较大差距。

表20.2.3 中部地区区域金融中心金融产业绩效比较

金融产业绩效评价指标		武汉	郑州	长沙	合肥	南昌
金融业增加值	金融业增加值数额(亿元)	837.49	666.80	401.18	309.87	300.00
	三年平均增长(%)	16.49	20.80	19.94	18.15	14.75
	占GDP的比例(%)	8.32	9.12	4.71	5.47	7.50
金融从业人员	从业人员总数(万人)	7.29	5.02	6.44	3.38	2.98
	三年平均增长(%)	8.17	3.64	7.17	-0.28	6.17
	金融从业人员占人口比重(%)	0.71	0.52	0.87	0.43	0.56
金融深度	存款余额占GDP比重(%)	186.33	248.07	166.12	214.84	221.07
	证券交易量占GDP(%)	250.90	453.14	227.84	196.73	352.43
	保险深度(%)	3.57	5.80	2.74	3.40	3.51
金融宽度	贷款余额占GDP比重(%)	174.23	200.08	148.73	192.28	199.94
	股票市场融资量占GDP(%)	8.95	5.08	10.99	10.74	9.77
	保险密度(元/每人)	3954.97	4765.01	3346.81	2710.00	2843.02

(2)在金融机构实力方面,郑州在全国31个城市中排名第15,中部地区排名第2,与武汉相比还有一定的差距。

表20.2.4 郑州金融机构实力在中部地区的地位

城市	武汉	郑州	长沙	合肥	南昌
金融机构实力	32.13	27.35	24.49	20.27	14.91
全国排名	12	15	18	22	28
中部排名	1	2	3	4	5

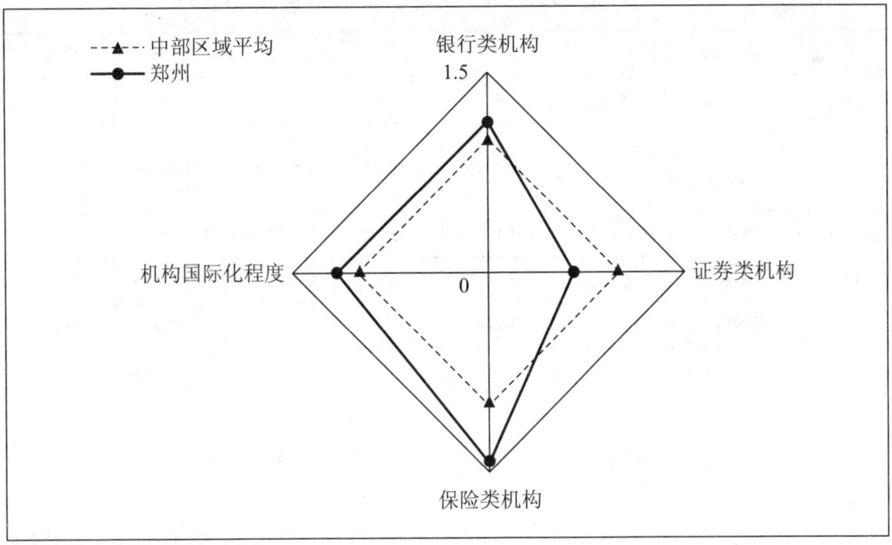

图 20.2.2　郑州金融机构实力与中部区域平均水平的比较

- 除证券类机构实力外，郑州在银行类机构实力、保险类机构实力和机构国际化程度方面均要优于中部区域平均水平。
- 法人商业银行具备较强实力，2016 年共有 8 家本地法人商业银行，资产规模合计 5800 亿元左右，数量和规模均排名中部地区第 2。
- 在法人期货公司方面，2016 年共有 2 家法人机构，总资产 81.48 亿元，资产规模排名全国第 7、中部第 1。
- 保险机构实力方面比较优势显著，不过主要体现在本地市场业务量上，2016 年保费收入 463.35 亿元，在中部区域排名第 1。
- 郑州证券类机构实力整体偏弱，目前仅有 1 家本地法人证券公司，2016 年资产规模为 403.85 亿元，同期中部地区平均水平为公司实力和业务规模在中部地区也基本处于末位。

表 20.2.5 中部地区区域金融中心金融机构实力比较

金融机构实力评价指标		武汉	郑州	长沙	合肥	南昌
银行类机构	法人商业银行数	3	8	9	6	7
	法人商业银行资产总规模(亿元)	4896.62	5769.62	4528.67	7345.63	2875.20
	存款余额(亿元)	22196.21	19831.00	15488.77	13479.68	9627.56
	贷款余额(亿元)	20754.87	15995.00	13866.96	12064.18	8707.23
	商业银行支行数量	1488	1173	1256	829	960
	主要商业银行不良贷款比率(%)	1.58	1.16	1.67	1.86	2.08
证券类机构	法人证券公司数量	2	1	3	2	2
	法人证券公司资产总规模(亿元)	1637.06	403.85	2090.48	1062.77	328.16
	法人证券公司承销金额(亿元)	873.52	162.02	621.15	377.01	198.16
	法人证券公司经纪规模(亿元)	56324.17	15253.91	90509.39	42958.12	20276.75
	证券营业部家数	151	130	114	87	93
	基金管理公司法人机构数	0	0	0	0	0
	法人基金公司资产管理规模(亿元)	0.00	0.00	0.00	0.00	0.00
	法人期货公司数	2.00	2.00	3.00	3.00	1.00
	法人期货公司资产规模(亿元)	50.22	81.48	28.64	51.18	3.97
保险类机构	法人保险公司数量	3	1	1	1	1
	法人保险公司资产规模(亿元)	788.89	13.82	80.23	61.09	8.05
	保费收入(亿元)	425.80	463.35	255.87	213.25	152.71
	赔付支出(含满期给付)(亿元)	99.50	126.00	82.64	72.61	49.47

续表

金融机构实力评价指标		武汉	郑州	长沙	合肥	南昌
机构国际化程度	外资银行分行数	6	4	16	18	7
	外资银行营业性机构数	27	4	39	68	20
	法人合资证券公司数	0	0	0	0	0
	国外证券公司代表处数	0	0	0	0	0
	法人合资基金管理公司数	0	1	0	0	0
	外资保险公司分公司数	8	1	20	7	0
	法人合资保险公司数	0	0	1	1	0
	外资保险公司代表处数	0	0	4	1	0

(3)在金融市场规模方面,郑州在全国31个城市中排名第5,中部地区排名第1,区域优势十分显著,是郑州金融中心建设的核心竞争力。

在金融市场规模方面,由于全国性金融交易市场基本集中于上海和深圳,全国其他城市基本不具有全国性金融市场,因此郑州凭借郑州期货交易所在该分项具有较强竞争实力,本期郑州该分项排名全国第5,在中部地区排名首位。2016年,郑商所全年交易额31.03万亿元。不过,与其他交易所相比,郑商所在成交量和成交额方面均低于上海期货交易所和大连商品交易所,成交量和成交额全国占比也低于上海期货父易所和大连商品交易所,位列第三位。

表20.2.6　郑州金融市场规模在中部地区的地位

城市	武汉	郑州	长沙	合肥	南昌
金融市场规模	4.92	14.61	4.39	2.62	2.31
全国排名	10	5	13	21	23
中部排名	2	1	3	4	5

相对,郑州在地方产权市场建设方面并不甚理想。截至2016年底,郑州共有14家要素交易平台,全年交易额不足10亿元。

(4)在金融生态环境(包括金融人才环境和金融商业环境)方面,郑州在全国31个城市中排名第14,中部地区排名第2,较武汉还有较大差距,金融生态环境还存在巨大优化空间。

表 20.2.7　郑州金融生态环境在中部地区的地位

城市	武汉	郑州	长沙	合肥	南昌
金融生态环境	79.69	66.21	65.16	54.91	49.42
全国排名	9	14	15	24	27
中部排名	1	2	3	4	5

其中,在金融人才环境方面,郑州具备一定的比较优势,分项排名中部第 2,在教育环境、医疗卫生、城市交通方面具备比较优势。

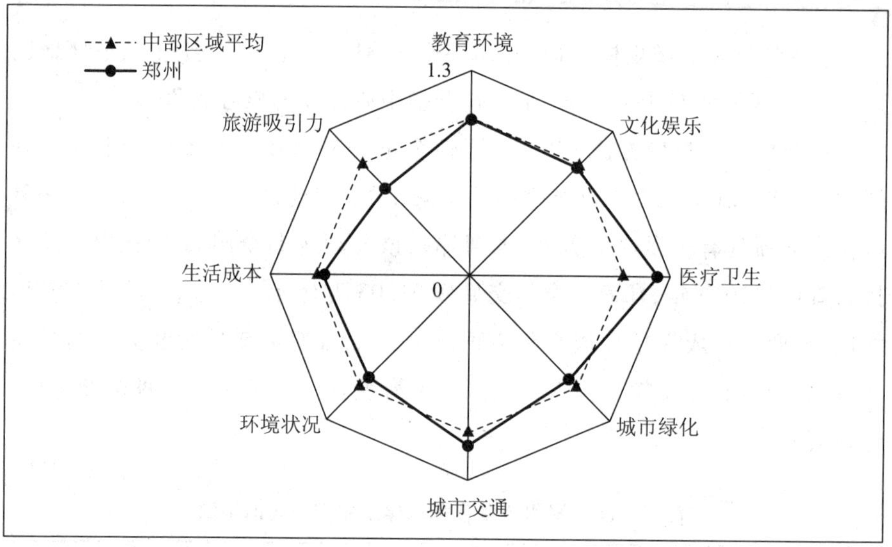

图 20.2.3　郑州金融人才环境与中部区域平均水平的比较

• 郑州高等教育资源丰富,2015 年 56 所普通高等院校共有在校大学生 88.9 万人,学校数量和学生人数分别排名全国第 7 和第 3,在中部地区仅次于武汉。

• 在医疗卫生方面,2015 年每万人拥有的医院病床数和执业医师数分别达到为 89.87 和 34.49,分别排名全国第 1 和第 6。

• 环境状况不佳成为制约因素,2015 年全年空气质量优良率仅 48.28%,在全国排名倒数第 2。

表 20.2.8 中部地区区域金融中心金融商业环境比较

项目		武汉	郑州	长沙	合肥	南昌
教育环境	普通高等学校在校学生数	956789	889329	569400	527104	587417
	普通高等学校数	82	56	51	50	53
	“211 工程”高校数	7	1	4	3	1
	每一普通中学专任教师负担学生数(人)	9.70	13.31	13.93	12.47	12.12
	每一小学专任教师负担学生数(人)	17.54	21.89	22.09	18.83	23.18
文化娱乐	每百万人电影院数(座)	8.71	8.88	7.67	7.83	7.54
	每百万人群众艺术文化馆数(座)	1.45	1.46	1.35	1.41	1.89
	每万人公共图书总藏量	13981.43	6646.46	10728.22	6302.53	9858.76
医疗卫生	医院数(个)	303	213	177	255	99
	每万人拥有医院病床数	65.34	89.87	81.34	47.90	47.71
	每万人拥有的执业医师数	31.81	34.49	34.45	22.76	24.28
城市绿化	城市建成区绿化覆盖率(%)	39.65	40.40	39.31	46.00	41.11
	人均绿地面积(平方米)	6.88	4.93	4.76	6.36	6.02
城市交通	车均道路面积(平方米)	44.52	14.95	21.80	54.31	42.21
	每百万人城市轨道交通里程(公里)	17.24	9.77	3.53	0.00	5.34
	日航班次数(个)	451	488	420	157	184
环境状况	城市生活污水处理率(%)	95.00	98.00	97.72	92.12	94.94
	空气质量优良率(%)	52.60	48.28	48.00	92.50	86.30
生活成本	在岗职工平均工资(元)	65720.00	61149.00	67260.00	65806.00	57324.00
	住宅房价收入比	4.26	4.41	2.59	3.81	4.88
旅游吸引力	接待入境旅游者人数(万人次)	202.27	48.10	120.30	41.30	29.38
	国内旅游者人数(万人次)	21032.98	8885.00	11601.01	7784.24	5504.89

在金融商业环境方面,郑州在专业服务和社会保障方面的区域优势比较显著,如图 20.2.4 所示。

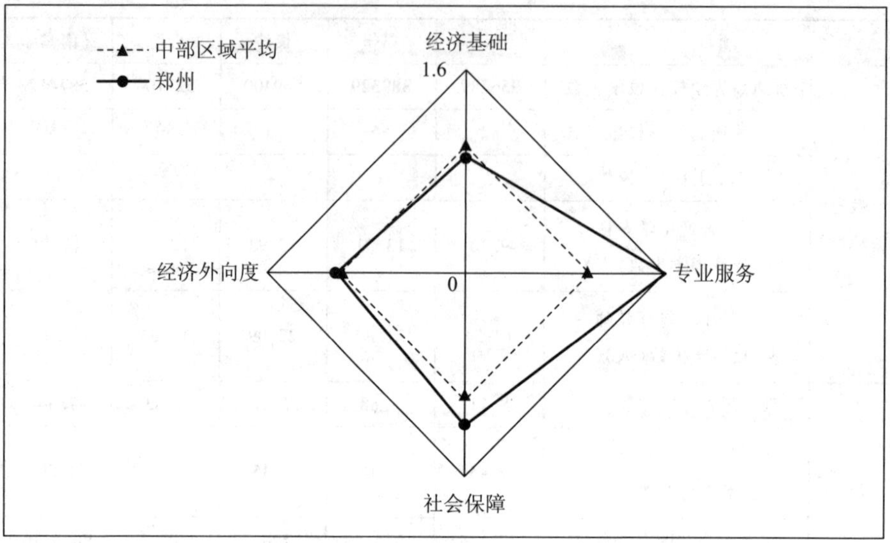

图 20.2.4 郑州金融商业环境与中部区域平均水平的比较

- 郑州在专业服务方面具有很强的优势,2015 年执业律师数达到 4995 人、注册会计师数 2644 人、专业保险中介机构 238 家,分别排名全国第 9、第 8 和第 7。
- 经济基础方面,GDP 总量和人均指标相较武汉还有一定差距。2016 年郑 GDP 为 7994 亿元,人均 GDP 为 82211 元。
- 2015 年,郑州国际旅游外汇收入 1.88 亿美元,排名中部地区末位,全国排名第 26。

表 20.2.9 中部地区区域金融中心金融商业环境比较

项目		武汉	郑州	长沙	合肥	南昌
经济基础	地区生产总值(亿元)	10069.48	7315.20	8510.13	5660.27	4000.01
	人均地区生产总值(元)	110648.23	82211.02	121954.95	79733.89	81077.37
	第三产业增加值(亿元)	6294.94	4057.10	4439.52	2814.80	1865.98
	上市公司数量	50	24	44	36	20
专业服务	执业律师数(人)	3352	4995	2621	1933	1429
	注册会计师(CPA)数	2920	2644	2115	1495	842
	保险中介机构数量(家)	153	238	136	126	74

续表

项目		武汉	郑州	长沙	合肥	南昌
社会保障	养老保险覆盖率(%)	25.73	38.76	27.61	19.03	21.92
	医疗保险覆盖率(%)	37.75	20.71	22.46	20.56	18.52
	失业保险覆盖率(%)	17.80	19.01	15.91	15.59	11.48
经济外向度	FDI总额(亿美元)	73.43	40.30	44.06	25.26	27.06
	进出口总额(亿美元)	280.72	570.30	129.53	203.38	114.64
	国际旅游收入(亿美元)	12.00	1.88	7.93	3.31	0.89

第二十一章　郑州期货与商品交易

郑州期货市场发展起源于1990年郑州商品交易所(以下简称郑商所)的试运行,经过二十多年的发展,郑州期货业已成为郑州乃至中部地区极具影响力和竞争力的金融产业之一。郑州期货市场是中西部地区唯一的全国性金融市场,已成为郑州建设金融中心的排头兵,是郑州独有的金融资源和金融发展比较优势。

21.1　郑州期货市场发展概况

截止2016年底,郑州共有1家期货交易所和6家期货公司、66家营业部。郑商所是全国4家期货交易所之一。2016年,郑商所成交量为9亿手,比上年下降19.8%;成交金额31万亿元,与上年持平;日均持仓量290.3万手,比上年增长6.5%。根据美国期货业协会(FIA)排名,郑商所2016年成交量位列全球衍生品交易所第11位。

目前,郑商所农产品期货价格已成为中原乃至全国市场的权威价格,并为国家农业宏观调控提供了有效的价格参考。同时,郑商所期货体系积极从农产品为主向综合性品种体系转变,PTA和甲醇两大期货品种在国际市场上尚属独一无二,被国内外相关市场作为重要的价格风向标,棉花、白糖期货价格成为国际市场重要的关注数据,新品种的陆续挂牌上市使郑商所期货体系实现以农产品期货为主向综合性品种体系的转变。

2015年河南省政府发布《河南省推进中原经济区农村金融改革试验区建设总体方案》,提出大力发展期货市场,推动增加涉农期货品种和上市农产品期权、农产品价格指数期货,争夺国际市场价格“话语权”和“定价权”。郑州市《“十三五”金融业发展规划》也提出“加快区域金融中心建设,打造全球重要的商品期货交易与定价中心”。目前,郑州期货市场发展面临良好的历史机遇,郑商所将发挥龙头带动作用,引导期货公司总部、分支机构、专业子公司、直投类机构、期货私募基金等集聚发展,逐步打造期货产业集群。

21.2　郑州商品交易所

郑州商品交易所是1990年经国务院批准成立的我国首家期货市场试点单位,隶属中国证券监督管理委员会管理,是国内唯一处于内陆地区的期货交易所。1995年6月加入国际期权市场协会,2012年10月加入世界交易所联合会。先后与美国芝加哥期权交易所、芝加哥商业交易所、纽约-泛欧交易所集团、印度多商品交易所、尼日利亚证券与商品交易所、香港交易及结算所有限公司、墨西哥衍生品交易所、泰国农产品期货交易所、加拿大多伦多蒙特利尔交易所集团等多家期货交易所签订了友好合作协议,定期交换市场信息,进一步扩大了郑商所在国际上的影响力。

21.2.1　交易品种及规模

2016年,郑商所牢牢把握服务实体经济根本要求,积极适应经济发展新常态,持续推进市场监管转型,权利深化市场服务,积极推进品种和工具创新,市场运行质量良好。全年成交期货合约9亿手,比上年下降19.8%;成交金额31万亿元,与上年持平;日均持仓量290.3万手,比上年增长6.5%。2017年1—2月,郑商所累计成交0.8亿手,同比下降17.7%;成交金额3万亿元,下降0.1%;日均持仓313.4万手,同比增加15.8%。郑商所目前上市交易期货品种共16种,包括小麦(优质强筋小麦和普通小麦)、早籼稻、粳稻、晚籼稻、棉花、油菜籽、菜籽油、菜籽粕、白糖、动力煤、甲醇、精对苯二甲酸(PTA)、玻璃、锰硅、硅铁。基本形成的综合性品种体系覆盖农业、能源、化工、建材和冶金等国民经济重要领域。

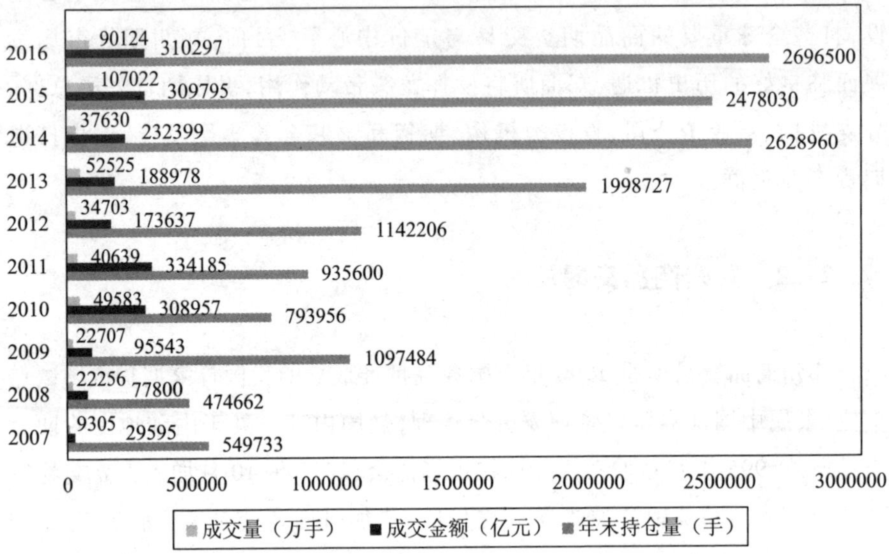

图 21.2.1　近十年郑商所成交量、成交金额、年末持仓量对比图

与其他交易所相比,郑商所在成交量和成交额方面均低于上海期货交易所和大连商品交易所,成交量和成交额全国占比也低于上海期货交易所和大连商品交易所,位列第三位。如表 21.2.1 所示。

表 21.2.1　2016 年全国四大期货交易所交易情况

项目	成交量（亿手）	成交量增长率(%)	成交量全国占比(%)	成交额（万亿）	成交额增长率(%)	成交额全国占比(%)
郑州商品交易所	9.01	-15.79	21.78	31.03	0.16	15.86
上海期货交易所	16.8	59.99	40.62	84.98	33.71	43.44
大连商品交易所	15.37	37.73	37.16	61.41	46.43	31.39
中国金融期货交易所	0.18	-94.62	0.44	18.21	-95.64	9.31

21.2.2　交易所制度

郑商所按照《期货交易管理条例》和《期货交易所管理办法》履行职能。依据《郑州商品交易所章程》《郑州商品交易所交易规则》及其实施细则和办法实行自律性管理。遵循公开、公平、公正和诚实信用的原则,为期货合约集中竞价交易提供场所、设施及相关服务,对期货交易进行市场一线监管,防范市场风险,安全组织交易。

郑商所实行会员制。会员大会是郑商所权力机构,由全体会员组成。理事会是会员大会常设机构,下设战略发展、品种、监察、交易、交割、会员资格审查、调解、财务、技术、结算等10个专门委员会。截至2016年12月底,郑商所共有会员196家,分布在全国26个省(市)、自治区。其中期货公司会员155家,占会员总数的79%;非期货公司会员41家,占会员总数的21%。截至去年底,郑商所共有交割仓库243家,13家期货保证金存管银行。

郑商所实行保证金制、每日涨跌停板制、每日无负债结算制、实物交割制等期货交易制度。积极适应市场创新发展要求,不断优化制度安排。

郑商所拥有功能完善的交易、交割、结算、风险监控、信息发布和会员服务等电子化系统。会员和投资者可以通过远程交易系统进行期货交易。期货交易行情信息通过路透社、彭博资讯、世华信息等多条报价系统向国内外同步发布。

21.2.3 交易所治理机制

郑商所内设办公室、党委办公室(理事会办公室/监事会办公室)、农产品部、非农产品部、期货衍生品部、市场服务部、会员部、交易部、结算部、交割部、市场监察部、系统运行中心、法律合规部、新闻信息部、国际合作部、人力资源部(党委组织部)、财务部、行政部(安全保卫部)、内审部、纪检监察室等20个职能部门,及易盛信息技术有限公司、郑州商品交易所期货及衍生品研究所有限公司、未来大酒店和未来物业管理有限公司等4个下属机构。现有正式员工258人。

为进一步改善内部治理机制,提高管理效率,2016年,郑商所开展了一系列重要举措。一是认真筹备会员大会。召开会员大会,完善交易所治理结构,对于凝聚会员共识及力量,提高规范运作水平,推动期货市场健康发展和功能发挥具有重要意义。制定会员大会筹备工作方案,由理事会决定成立筹备工作领导小组,统筹规则制度修订、理事监事选举、会务服务工作以及综合组织协调,有序推进各项筹备工作。二是改进加强内部管理。修订完善内部管理制度,坚持用制度管权、管事、管人。召开党委会议,专门听取外部审计发现问题整改情况汇报,研究制定整改措施,明确落实责任部门和整改期限,努力提高所本部和下属单位财务管理规范化水平。改进加强信息报送工作,为决策提供科学依据。优化办公平台,规范公文运转,进一步提升工作效率。上线制度统筹管理平台系统,简化制度起草、审批、备案流程,提高制度管理工作的透明度与效率。三是优化人力资源管理。修订《岗职体系管理办法》《劳动人事管理制度》等,完善人力资源管理制度体系。启动人力资源优化项目,对内设机构、职级体系、薪酬体系、绩效管理等进行仔细梳理、认真评估和研究完善。对近 3 年新晋升的总监、助理总监进行管理培训,中层人员管理技能得到提升。

21.2.4 交易所监管机制

根据监管转型要求和市场发展需要,在继续放松市场管制,不断释放市场活力的同时,郑商所探索建立事中事后监管新机制,推动一线监管转型,监管效能有效提升。

一是适应实体企业需求,放松企业参与管制。郑商所将非期货公司会员和客户限仓梯度由四级减少为三级,降低实体企业持仓调整频率,有助于适度增加近月合约的持仓规模及流动性,方便实体企业利用近月合约进行套保交易。同时,调低保证金梯度,整体下调交割月前一个月保证金标准值 10%,降低企业持仓成本。在减少企业参与限制方面,根据实体企业日益增强的风险管理需要,郑商所放宽了菜籽粕、白糖、PTA、甲醇和玻璃 5 个品种一般月份及交割月份限仓标准。在减少审批方面,根据监管转型要求,郑商所将监管备案类事项由 18 向精简至 4 项。

二是加强事中事后监督,探索建立监管新机制。在品种监管上,郑商所对于国家政策影响较大、现货规模小、部分月份可供交割量不足、价格波动较大、持仓相对集中的重点品种及合约,强化定期风险排查机制。在对象监管上,重点加强对实控组的认定与管理,防范利用关联账户操纵市场行为。同时,郑商所建立了风险管控委员会、套期保值审核委员会和纪律处分委员会,制定相关工作委员会工作制度,提升监管工作的规范化、专业化水平,增强决策的科学性。在监管流程方面,郑商所以“涉嫌违规现象全发现、违规线索全调查、调查结果全审理、违规行为全处理”为目标,完善审查分离工作机制,市场监察一部负责违规发行,市场监察二部负责违规调查,法律及审计部门负责违规审理,纪律处分委员会负责违规处理,规范监管工作运行,改进监管工作方式。

21.2.5　产品服务创新

为提升服务质量,拓宽服务覆盖范围,郑商所开展了一系列产品服务创新,在市场上取得了良好反响。

一是积极研发新的期货品种。开展棉纱异纤检验课题研究,制订两套不同异纤检验标准,创新性地解决了棉纱期货规则设计中的重大难点问题,目前棉纱期货上市准备工作基本完成。大力加强储备品种研究,尿素、苯乙烯、短纤、长丝、水泥、液化气及易盛农产品指数期货合约设计已基本完成。根据市场发展形势和产业政策变化,加强前瞻性研究,有序推进牛肉、咖啡、电力、生丝等品种研究。

二是认真做好期权试点准备。在既往工作的基础上,继续优化规则制度与技术系统,不断提高期权试点准备工作的精细化水平。完善期权规则制度。修订期权交易管理办法、做市商管理办法等制度,制定期权投资者适当性管理办法,进一步完善期权规则制度体系。优化期权技术系统。完善期权行权资金测算、结算价功能,并组织期货公司在证联网开展了为期 2 周的期货与期权仿真夜盘测试,进一步做好期权上市技术准备工作。培育合格期权做市商。制定做市商选择方案,开发做市商报价能力评价系统,完成对 16 家做市商申请单位的材料审核及现场检查,为期权做市商后续选择奠定基础。开展期权投资者教育。修订期权培训材料,制定期权上市宣传方案,开展仿真交易,不断提高投资者对期权的认识水平。目前,期权上市前的准备工作已经基本完成。

三是继续推进场外市场建设。为满足企业个性化、精细化的风险管理需求,郑商所明确了场外市场发展路径,先从目前需求最为迫切的仓单业务入手,逐步丰富场外衍生品市场体系。抓紧建设综合业务平台,完成一期开发,支持仓单回购业务。开展市场需求调研,完成场外期权、基差交易、仓单交易等二期业务模式设计,目前正在进行技术系统开发工作。

四是研发推广商品指数产品。借鉴境外商品指数产品运行机制及监管思路,不断优化易盛农期指数编制,建立指数通用服务平台,为机构投资者提供完善的指数产品配套服务。依据《郑州商品交易所期货价格指数暂行管理办法》,建立指数基金申报材料的规范指引,明确指数基金的申请及监管要求,并授权华泰柏瑞基金和招商基金开发郑商所相关指数基金产品。

21.2.6 对外交流合作

为推动与外部机构和市场的交流合作,郑商所开展了多项措施,稳步推进郑商所对外开放。

一是推动品种对外开放。开展甲醇期货保税交割。2017 年 4 月,郑商所在江苏张家港保税区正式开展甲醇期货保税交割试点,为推动海外设置交割仓库积累经验。推动 PTA 期货引入境外交易者进程。举办 PTA 引入境外交易者规则论证会,制定《PTA 期货引入境外交易者方案》,修订相关业务规则 13 项,新增规则 2 项,基本完成各项制度准备工作。

二是加强国际交流与合作。做好外事出访工作。2016 年累计安排出访团组 12 批次 36 人次,参加国际期货行业、相关现货行业和技术前沿会议。加强机构间交流合作。同印度多种商品交易所有限公司续签 MOU 已获证监会国际部批准,将择机签署。组织一批骨干员工赴美国巴鲁克学院交流培训,学习境外成熟市场期权运作、市场推广与监管经验。接待 CME 及 ICE 集团高层来访,就联合开展产品研发、市场研究、场外市场建设等进行座谈交流。

21.3 郑州期货业机构及业务创新

本地期货业法人机构是郑州期货业创新发展的主要动力,近年来,华信期货、中原期货等面对期货业发展新形势,开展了一系列创新活动,并取得了积极效果。

21.3.1　依托子公司开拓新领域

作为郑州期货业最具影响力之一的本地法人机构，华信期货通过设立子公司开启了期货创新业务新篇章。2013 年 4 月，华信期货全资子公司华信物产有限公司成立，标志着公司迈出了“从期货到现货、期现结合”的第一步。

华信物产成立以后，以“仓单服务、合作套保、定价服务、基差交易”为主线，综合运用自身业务模式和股东体系资源优势，实现产品创新与组合，满足客户的个性化需求。2016 年，华信物产围绕股东资源和产业客户资源，全力构建基础资产池，重点开展优势品种的标准仓单和体系内非标仓单业务，积极推进合作套保、临储菜油委托代拍等多项业务，取得了快速发展。此外，华信物产全面与股东方各业务单元体系对接，致力于为产业上下游客户提供一揽子以风险管理为核心的金融服务产品，运用成熟的国际化资本运作模式和专业化的管理理念与方法，打造大宗商品风险管理领域的专业投行。

经过前期业务布局，华信物产与华信期货，各分公司、营业部确立了全面合作模式，协同发展效应初步显现。在新的市场环境下，针对期货资产管理业务特点，华信期货将大力发挥华信物产在大类资产配置中的作用，深化同其他金融机构主体及公司内部的协同发展，推动公司业务创新。

21.3.2　推动期货机构业务模式创新

2016 年年初，“保险+期货”这一创新项目被写入中央一号文件，为落实国家政策，郑州期货机构都在紧锣密鼓地开展工作。其中，华信期货在 2016 年 8 月与辽宁省铁岭市 7 家大型农业合作社成功签订了玉米价格保险的保单，完成了玉米价格“保险+期货”创新项目在辽宁省试点的首单。9 月，华信期货、中华财险和新疆生产建设兵团农八师共同参与的棉花“保险+期货”项目通过郑商所审批并进入实施阶段。

九州期货在郑商所的大力支持下，与人保财险和九州证券等机构联合设计了针对性较强的“保险+期货+互联网”试点方案，结合互联网的行业优势,引入第三方互联网平台,能够实现在线投保出单,在线理赔。在承保项目前,保险公司提供被保险人已投保的种植险信息,包括但不限于种植险投保数量(种植亩数)、被保险人相关身份信息,被保险人银行账户信息等,将上述信息在互联网平台备案。保险期限到期后,如发生理赔,由互联网平台进行理赔数据采集汇总,以邮件形式发送至保险公司理赔部门,进行线下理赔。这种模式使得保户能随时随地查阅保单信息,保险公司大量节约了人力、财力、精力、时间等。期货公司能实时获得承保、理赔数据,更及时对冲,更精准对冲,实时监控风险。

第二十二章　郑州传统金融业

近几年来，我国传统金融业蓬勃发展，同时郑州市加快建设区域性金融中心，这些为郑州传统金融业提供了难得的发展机遇，推动了郑州市传统金融业迅速发展。郑州金融业作为支柱产业地位日益凸显、金融市场交易规模持续扩大、金融改革创新不断推进、金融支持政府融资多元化取得新发展。但是还应认识到，目前郑州传统金融业的发展还存在不少问题，如金融组织体系不完善、直接融资比重不高、金融业对外开放度不高等。因此，郑州应牢牢把握金融服务实体经济和建设区域金融中心两个基本点，解放思想、敢于创新，推动郑州传统金融业跨越式发展，成为带动郑州乃至河南省经济发展的强大引擎，促进金融资源加速集聚，形成经济发展与金融资源集聚的良性循环。

22.1　郑州银行业与资金市场

22.1.1　发展概况

截至2016年底，全市拥有地方法人商业银行8家，外资银行分行3家，各类银行支行达到1173家。全市银行金融机构各项存款余额达19831亿元，同比增长16.2%；各项贷款余额达15995亿元，同比增长13.1%；全市银行业不良贷款率已降低至1.58%。

近年来，郑州地方法人商业银行快速发展，2015年12月，郑州银行在香港联交所主板挂牌上市，是河南省首家、全国第十家上市的城商行，郑州银行资产规模达到4898亿元，资产规模、利润等指标增速均高于全省银行业和全国城商行平均水平。郑州银行还被《大公报》等香港和内地多家知名机构联合评为中国证券“金紫荆”最具投资价值上市公司奖,是唯一获得此荣誉的在港上市银行机构。中原银行整合后的比较优势正逐步显现,资产规模在全国排名由21位上升至18位。

2016年,郑州银行业和资金市场实现了“三个突破”:即浙商银行郑州分行、进出口银行河南省分行获批筹建,成为全国第5个集齐12家全国性股份制银行、3家政策性银行的省会城市;成为全国第6个本外币存款余额突破2万亿的省会城市;较年初新增贷款突破3029亿元,居全国27个省会城市第4位,新增额存贷比突破100%。

22.1.2 发展特点

郑州银行业与资金市场近几年的发展体现出以下几个特点:

(1)资金市场规模快速扩大。2016年全年全市金融机构各项存款余额19000.7亿元,比上年末增加2064.5亿元,增长12.2%;其中住户存款余额6297.6亿元,增加602.1亿元,增长10.6%。金融机构各项贷款余额15422.4亿元,增加2762.9亿元,增长21.8%,存贷款总量在全国36个直辖市、省会城市以及计划单列城市中分别排名第10位和第13位,为郑州市发展建设提供了强有力的资金支撑。

(2)银行业改革创新不断推进。创新打造小微金融服务体系。“十二五”以来,为贯彻落实国务院金融支持小微企业发展一揽子政策,郑州在全国率先实施了“银行+共保体”融资新模式,经过近三年的探索实践,郑州市走出了一条符合国家宏观政策、贴近小微企业需求、具有郑州特色的新路子。二是地方银行战略性培育稳步推进。“十二五”期间,郑州银行实现跨越式发展,存贷款余额分别达到1616.3亿元、903.4亿元,资产规模达到2413.1亿元,开设地市级分行7家,相继取得央行公开市场业务一级交易商、中国外汇交易中心外币拆借会员等资格,跻身全国城商行前30强行列;H股上市工作正式启动并有序推进,力争年底前H股上市,发起设立的九鼎金融租赁公司已报银监会审批。

(3)资金市场监管提升银行业发展环境。“十二五”期间,在着力加快全市银行业发展的同时,郑州始终紧绷维护金融安全稳定这根弦。一是加强对各类银行的规范管理。按照省政府理顺金融办地方监管职能要求,进一步加强对全市小贷公司和担保公司的指导与监管。二是加大打击非法集资力度。持续完善原有的处非工作目标管理责任制，进一步优化提升为以消存量、控增量、防风险为核心的“三年行动计划”和年度实施方案，通过建立协调联动、运转高效的市、县（市、区）、办（乡、镇）“三级管理、两级负责、属地为主”责任体系，调动了各方力量向非法集资的源头监管、风险排查、打击处置、善后维稳等环节汇聚，促成了全社会共同支持、参与处非工作的强大合力。

（4）注重发挥信贷融资的支撑作用。2016 年，郑州积极协调驻郑银行向总、省行争取信贷指标、项目直贷、创新试点等差别化政策支持，确保信贷总量结构与郑州市产业转型发展需求相适应，深挖信贷增长潜力，全年新增银行贷款 3029 亿元，同比多增 1223 亿元，占全省的 57%，重点投向了租赁和商务服务业、城市基础设施建设、房地产等领域。

（5）非信贷融资渠道发展较快。郑州市鼓励银行机构在严控风险的前提下，依法合规有序开展委托贷款、未贴现承兑汇票、信托贷款等表外融资业务，多渠道为企业融通资金，支持企业通过境内外债券市场、股票市场获取低成本的直接融资，全年新增非信贷融资 1088 亿元，有效保障了全市经济社会发展的资金需求。

22.1.3 发展展望

银行业作为郑州金融业的龙头产业，近年来发展迅猛，但是从金融业服务实体经济发展的要求看，从区域性金融中心所具有的集聚功能、辐射功能、促进经济增长功能相比，还存在差距和不足。未来，郑州银行业和资金市场的发展建设应朝着银行组织体系更为健全、服务实体经济更为有力的目标奋进。

一方面，应在具有吸引力的金融发展政策环境下，积极引进境内外知名银行机构的区域性总部、功能性中心及后台服务中心。积极服务对接中原银行等“中原系”金融豫军在更大规模和更高层次上支持郑州市经济社会的发展。推动郑州银行引进战略投资者，完善法人治理结构，2016 年实现 H 股上市融资。推进农信社加快改制组建农商行，实现全市县级联社全部改制组建农商行。积极创造条件，支持民间资本发起设立民营银行。鼓励各类银行继续向县域和社区下沉,支持村镇银行壮大规模,加强基层和社区金融服务。形成以政策性银行和国有银行为主体,全国性股份制银行为骨干,城商行和农商行并存,外资银行有序发展,功能齐备、分工合理、运行高效、信贷投融资功能强大的现代银行业体系。

另一方面,要突出银行业服务实体经济发展的主方向。疏通银行业进入实体经济特别是中小微企业的管道,引导在郑银行机构向总部申请增加信贷额度,优化信贷结构,支持郑州实体经济发展。持续深化规范提升金融支持小微企业"1+4"推进机制,发挥郑州市担保、小贷行业与银行+保险业务融合衔接作用,扩大郑州市小微企业解决融资难、融资贵问题的实际效果和受益面,打造全国金融支持小微企业发展的创新示范区。研究出台促进小贷担保两类机构业务发展的意见,引导两类机构加大对实体经济的支持力度。鼓励各银行业机构通过争取信贷规模、开展资产转让、发展表外业务等手段放大银行信用,持续加大有效信贷投放。探索扩大抵质押物范围,拓宽信贷增长空间。支持银行业机构跨业跨区合作,在严控风险前提下开展新型融资业务,综合运用信托、融资租赁、资产证券化等金融产品吸引各类资金,不断扩大资金投放规模,保障经济社会发展资金需求。发挥好政策性银行在新型城镇化建设、重大基础设施项目建设、棚户区改造等方面的支撑主导作用。

22.2 郑州证券业与资本市场

22.2.1 发展概况

"十二五"以来,郑州证券业及资本市场抓住国家经济发展及郑州建设区域金融中心的重大机遇期,在摸索中改革创新,取得了明显进步,融资渠道更为多元,市场规模不断扩大,服务体系逐步完善、市场主体日趋成熟,服务经济社会的能力明显提高,夯实了进一步发展的良好基础。"十二五"期间郑州挂牌上市企业达到104家,较"十一五"末新增74家,增幅246%。其中上市企业共计39家,增加9家,占全省的33%,新增首发融资82.93亿元,较"十一五"末增长49%;"新三板"挂牌企业65家,占全省的45%,通过协议转让、做市商等方式累计实现融资 10.39 亿元，均位居中部 6 省会第 2 位。

截止“十二五”期末，郑州共有证券公司及营业部 109 家，证券交易额达 55382 亿元，同比增长 158%，占全省的 50%；期货公司及营业部 90 家，全年期货累计成交量 107022 万手，累计成交额为 309794 亿元，同比分别增长 58%和 33%，分别占全国市场的 29.9%和 5.6%；挂牌上市企业达到 122 家，其中境内外上市公司 42 家，居周边 9 省会前列；“新三板”挂牌公司 80 家，较年初新增 50 家，位居周边 9 省会第 2 位，实现了资本市场“郑州上市板块”向多层次资本市场“郑州板块体系”的转型升级。

2016 年，郑州多层次资本市场建设有了新进步。在国内资本市场异常波动的形势下，郑州市仍持续加快推进企业挂牌上市和直接融资工作。一是抓公司债、企业债发行改革机遇，鑫苑置业、宇通客车、雏鹰农牧 3 家上市公司发行公司债 53 亿元，郑州地产集团、兴港投资集团、经开投资公司等 10 余家通过企业债、定向工具、资产支持票据等多种工具实现融资 213 亿元。二是安图生物、中原证券登录上交所主板上市，11 家公司实现再融资 125 亿元。三是 60 家企业“新三板”挂牌，总数达 140 家，占全省挂牌总数的 42%。四是高新区资本市场路演中心和深圳证券交易所、股权投资基金、PE、券商、银行等市场主体，先后举办融资路演活动 20 余场，以构建国际一流的生态、智能化五星级企业总部基地和超级孵化器为目标的新三板产业园开工建设。

22.2.2　发展特点

近年来，郑州市证券业与资本市场建设以推动企业挂牌上市为核心，以融资工具和模式创新为突破，探索走出了以企业债券、中期票据、私募债券、PPP 模式等为主导，以挂牌上市融资为目标的多元化、多渠道、多层次资本市场建设新路子，证券业与资本市场发展呈现以下几个特点：

(1)投融资体制机制创新不断。郑州始终坚持问题、需求、市场三大导向，以政府掌控的资源、资产、资金、资本为撬动，以项目建设为支撑，以市场化运营为导向，构建形成了“三大八强并立、多级串联、自主经营”的投融资平台框架，健全完善了立项、融资、使用、管理、偿还“五位一体”的证券业全产业链发展模式。经过三年来的改革实践，市属 8 家投融资公司资产规模达到2230亿元,是改革前的4.1倍;累计实现融资695亿元,是改革前3年融资总和的6.8倍,有力有效地支撑保障了全市经济社会发展的资金需求。

(2)企业上市培育工作科学有序。即把握企业成长规律、增强挂牌上市后劲,体现持续性、规范性、操作性的培育工作机制。一方面邀请证监会、沪深交易所、全国股权系统等机构的专家,有计划、分批次对后备企业负责人进行挂牌上市业务培训,进一步增强了企业运用资本市场做大做强的意识和信心;另一方面对挂牌上市申报企业进行靠前指导、主动服务,创新开展了以"规范改制、规范程序、规范运作"为核心的"三规范"活动,较好地推动实现了择优培育一批、改制辅导一批、挂牌上市一批的"三个一批"。特别对于小微企业,按照"微变小、小升规、规转股、股挂牌、谋上市"的培育路径,配套出台了以贷款风险补偿、多元化直接融资、金融机构贷款考评为核心的金融支持小微企业"1+4"推进机制,设立了总规模10亿元的小微企业创业投资基金,谋划推进了15亿元的小微企业增信集合债券发行,在有效破解"三难一贵"问题的同时,带动全市小微企业加快向多层次资本市场迈进。2012年以来,全市累计举办300余期挂牌上市业务培训会,3000余家企业、1万余人次参与。

(3)企业上市路径不断拓宽。一方面遵循企业挂牌上市规律,按照"微变小、小升规、规转股、股挂牌、谋上市"的路径,构建形成了储备、培育、改制、辅导、挂牌、融资、转板的"七个一批"梯次推进格局;另一方面以高科技、高成长、高附加值,新商业模式、新能源、新材料、新生物医药、新农业、新服务的"三高六新"型企业为重点,引导企业规范自身经营、健全内部管理,构建挂牌上市后备资源库,推动实现了挂牌上市的可持续、常态化、长效化。以此为带动,2014、2015年全市新增挂牌上市企业31家、53家,挂牌上市后备企业达到150家、260家。

(4)企业服务保障工作不断创新。在政策体系方面,创新出台了投融资体制改革"1+8"、企业挂牌上市"1+5"、PPP模式推广"1+3"、金融支持小微企业发展"1+4"等政策"组合拳",为资本市场开发利用提供强有力的政策支撑;同时,对投融资平台和企业对接利用资本市场中涉及的手续办理、行政审批等事项,开辟绿色通道,简化程序,特事特办,营造了良好的政务服务环境。

22.2.3 发展展望

资本市场作为国民经济的重要优化资源配置平台，对于引导社会储蓄转化为有效投资、促进产业结构调整升级有着不可替代的作用。郑州建设区域性金融中心，应将建设一个层次丰富、功能完善、对外开发的高效资本市场为工作重心之一。为此，应做好金融生态环境营造、多层次资本市场制度建设、企业挂牌上市、股权投资基金行业发展等方面的工作，在促进金融资源集聚的同时，不断增强郑州资本市场服务经济社会发展能力。

(1)加快建设郑州市多层次资本市场。以注册制改革精神为指导，严格依法实施辅导监管，督促中介机构勤勉尽责，提高郑州拟上市公司申报质量。支持涉农、文化、旅游、金融、先进制造业和高成长服务业等行业企业上市融资。抢抓创业板市场改革和战略新兴产业板建设机遇，推动更多郑州高科技企业和战略性新兴产业企业通过发行上市加快发展。积极做好政策宣传，推动更多创新型、创业型、成长型中小微企业到新三板市场挂牌和定向融资。引导企业积极利用公司债和中小企业私募债进行融资，缓解融资难题。会同市相关部门研究推进郑州市资产证券化发展的指导意见，盘活存量资产。加强指导和服务，支持中原股权交易中心做大做强，引导各类交易场所规范发展。

(2)推动郑州市资本市场对内对外双向开放。坚持以自由促竞争，以竞争促创新，以开放促改革，持续推行“三自由一严打”政策，全面开放郑州市场，吸引更多综合实力强的证券期货经营机构进入市场，促进市场竞争，激发市场创新。支持证券期货公司通过设立境外分支机构、开展境外业务等方式参与国际竞争，提升综合实力。鼓励郑州企业“走出去”，利用境内外两个市场、两种资源加快发展。抓住“沪港通”开通和“深港通”即将开通的机遇，积极将国际投资者“引进来”，提升郑州市场品质。发挥境外上市公司联谊会作用，提升郑州金融主体利用境外市场的质量与水平。

(3)增强资本市场服务经济社会发展能力。深入研究全市产业结构、市场结构以及投资者结构和特征，充分认识全市发展区域性不平衡对资本市场运行与监管的差异性需求，积极探索郑州市资本市场发展规律。加大资本市场及股票发行体制注册制改革精神的宣传,掀起全社会认识资本市场、运用资本市场的新高潮。重点研究资本市场服务"三农"、对接郑州航空港综合经济试验区、支持新型城镇化等的方式和路径。支持企业通过股权和债权融资,提高郑州金融市场直接融资比例。鼓励上市公司利用并购重组再融资进行资产重组、产业整合和转型升级,助推郑州产业结构调整和优化升级。督促和支持上市公司持续加大研发投入,不断提升科研实力和水平,培育公司发展新的增长点,提高核心竞争力。以煤炭企业为突破口,探索国有企业参与期货市场的途径,提高其风险管理能力。完善"证企对接"和"期现对接"模式,进一步推动期货交割库建设,为实体经济提供服务和支持。

(4)积极支持企业挂牌上市。完善政策支持体系,充实挂牌上市后备企业资源库,建立多级联动的企业挂牌上市绿色通道。通过"新三板"挂牌、首发上市、增资扩股、并购重组等方式,实现挂牌上市企业做大做强。积极推动符合产业政策、规模大、效益好的企业到主板上市;鼓励自主创新能力强、成长性高的企业到创业板上市;引导创新型、创业型、成长型中小微企业到"新三板"和中原股权交易中心挂牌。鼓励和支持业绩优良的上市公司通过配股、增发新股、发行可转让债券等方式,扩大再融资规模。继续推动目标市场主要在国外的企业到境外市场上市融资。

(5)扩大债券融资规模。支持符合条件的企业利用交易所市场、银行间市场、省区域性股权交易市场、境外债券市场,灵活运用企业债、公司债、可转债、永续债、中小企业集合债、中小企业集合票据、中小企业私募债、中期票据、短期融资券等多元化融资工具实施债券融资,拓展直接融资渠道,提高直接融资比重。推动地方法人金融机构发行小微企业、"三农"金融债,补充信贷资金来源。

(6)引进发展股权投资基金。制定出台促进股权投资业发展的政策,鼓励本土创业投资基金、风险投资基金、产业投资基金和成长型企业股权投资基金的设立、发展,发挥市场对资金配置的基础性作用,促进股权投资管理机构集聚,吸引境内外优质的股权投资企业落户郑州。组建股权投资行业协会,通过政府引导、行业运作,将郑州充裕的民间资本转化为产业资本,实现资本与产业良性互动,打造民间资本转化示范区。管好用活市级产业投资基金,重点引导支持郑州市确定的汽车及高端装备制造、电子信息、电子商务、高成长服务等主导产业以及新能源、新材料等战略性新兴产业。

22.3　郑州保险业与保险市场

22.3.1　发展概况

“十二五”以来，郑州保险业保持了转型升级、提质增速的良好发展态势，保险市场体系得到进一步健全，市场规模进一步扩大，保险机构数量与实力得到增强，郑州保险业已经夯实了进一步发展的良好基础。

到“十二五”期末，郑州市共有保险业机构69家，其中新增本地法人机构1家，即中原农业保险股份有限公司，外资在郑保险分公司10家，“十二五”期间年均新增近5家，保险组织体系发展较快。2015年郑州保险业实现保费收入463亿元，“十二五”期间增加180亿元，是“十一五”末的1.8倍，年均增长12%，2015年保险累计赔付126亿元，经济补偿和保障民生的功能持续增强。同时，郑州市保险深度与保险密度得到显著增强，到“十二五”期末，郑州市保险深度达到5.8%，保险密度达到4765.01元/人，在除一线城市的省会中，排名领先。

22.3.2　发展特点

“十二五”期间，郑州市保险行业市场体系、业务规模、产品服务、经营管理、保鲜功能等方面得到全面发展，并呈现以下几个发展特色：

(1)全面开放创造机遇。“十二五”期间，郑州保险市场实现进一步开放，外资保险机构的进入明显加快，为郑州保险业带来先进的经营理念，促进保险产品和服务的创新，提升经营管理水平。

(2)市场建设促进发展。“十二五”期间，我国保险法律法规体系更加完善，也相继出台了一系列推动保险业发展的政策，整体市场运行更加公开透明，诚信经营、友爱互助的保险文化基本形成，在政府、行业协会和公司的共同推动下保险行业的整体形象将得到提升。全国市场建设的成果有力推动郑州保险业规范经营，健康发展。

(3)机制转换增进效益。“十二五”期间，郑州保险业大力加强公司治理结构建设,推动经营理念向“效益第一”的市场观念转变,建立起行之有效、科学严密的决策机制,健全市场准入和退出机制,这进一步促进郑州市保险业集约化经营,注重自身素质的提高、内含价值的提升和企业的长远发展。

(4)自主创新迸发活力。“十二五”期间,郑州保险业以创新为手段,促进产品结构的调整,提高服务水平,拓宽服务领域,培育新的增长点。通过自主创新迸发活力,推动保险业平稳持续健康快速发展。郑州保险业也将在创新中获得更具竞争力的产品与服务、更为广阔的市场,经营主体核心竞争力将逐渐显现。

22.3.3 发展展望

保险业对于区域金融中心的建设有着不可替代的作用。其一,保险是现代金融业的重要组成,从国际经验来看,保险业资产在金融业资产占有突出地位;其二,由于保险业资金量大、从业人员多的特点,保险业的资金、人员和机构的集聚对于金融中心的建设是不可或缺的要素。因此,进一步发展壮大郑州保险业,充分发挥保险资源集聚的辐射效应,对于郑州建设区域金融中心意义重大。

未来,郑州保险业及保险市场的建设发展,应立足于优化保障功能、促进金融集聚的基本点,形成中资保险、外资保险、中外合资保险公司和保险中介机构共同发展,主体多元化、竞争差异化的开放有序的现代保险市场体系。具体来说,可以从保险产品创新、保险组织体系建设、保险资金利用方式三个方面着手。

(1)大力推动保险产品服务创新。鼓励和支持保险机构围绕郑州市经济结构特点和居民保险需求,积极开展产品研发和创新。支持保险机构积极运用网络、云计算、大数据、移动互联网等新技术促进保险业销售渠道和服务模式创新。积极发展商业性老年护理保险和养老机构综合保险,不断完善老年意外险保障制度。研究探索独生子女家庭保障计划和失独老人养老保障新模式。充分发挥商业保险对医疗保险的补充作用,开展产品创新,实现商业健康保险与基本医疗保险的有效衔接。

(2)加强保险组织体系建设。支持中原农业保险公司创新运营,支持组建省级法人寿险公司,探索设立市级保险公司。支持大型保险集团在郑州市设立地区总部、分支机构和健康保险、养老保险等专业保险机构。支持在郑州设立航运保险、责任保险、健康保险、养老保险等专业保险机构，开展互联网保险业务创新。引导国内社会资本设立再保险机构及为保险业发展提供配套服务的专业机构，吸引国际再保险机构在郑州设立分支机构，促进离岸再保险业务发展。

（3）支持保险资金服务经济结构调整。鼓励保险资金利用债权投资计划、股权投资计划等方式，为郑州市重大基础设施建设提供资金支持。鼓励保险机构针对中小微企业特点创新保险产品和业务，根据不同企业的风险等级设置浮动费率，支持中小企业发展。完善农业保险财政补贴机制和运行模式，扩大农业保险覆盖面和承保品种范围，支持保险机构开展农村小额信贷保险、农机保险、农业基础设施保险等业务。大力发展出口信用保险，鼓励为企业开展对外贸易和“走出去”提供一揽子保险服务。积极发展文化保险、物流保险、租赁保险，探索演艺、会展责任险等新兴保险业务，促进第三产业发展。

第二十三章　郑州新兴金融业

股权投资基金、融资担保、小额贷款、小额租赁等新兴金融业务是银行业、证券业、保险业等传统金融业的重要补充力量。这是因为传统金融机构对于中小微企业融资、产业链延伸、供应链金融、民间资本运作、金融衍生品市场等领域的金融服务能力有限,而这些新兴金融机构正好弥补了这一不足,在完善金融服务体系、增强金融创新能力、提升金融功能、改善融资结构等方面可以发挥积极作用,成为传统金融体系的有益补充,与传统金融业形成错位互补、协同发展的良性格局。随着我国金融改革持续推进、"双创"事业蓬勃发展,郑州新兴金融业获得了良好的外部发展环境,最近几年发展势头迅猛,为建设郑州区域金融中心奠定了坚实的基础,并在区域金融发展中扮演越来越重要的角色。

23.1　股权投资基金

23.1.1　发展概况

"十二五"以来,郑州市创业投资基金、私募股权投资基金的数量和规模明显提速,正逐渐摆脱股权投资基金发展落后的局面。截止 2017 年 5 月,郑州市创业投资和私募股权投资基金企业(不含投资担保类企业)为 83 家,投资领域涉及新能源、新材料、3D 打印、高端装备、节能环保、果业、畜牧业、高技术服务等。其中,在省工商行政管理局注册登记的 64 家,在市工商行政管理局注册登记的 15 家,市工商行政管理局经济技术开发区分局注册登记的 3 家,市工商行政管理局郑东新区分局注册登记的 1 家;注册资本规模在 1000 万元以上的 81 家。

郑州市金融业"十三五"规划中，明确提出将引进发展股权投资基金。制定出台促进股权投资业发展的政策，鼓励本土创业投资基金、风险投资基金、产业投资基金和成长型企业股权投资基金的设立、发展，发挥市场对资金配置的基础性作用，促进股权投资管理机构集聚，吸引境内外优质的股权投资企业落户郑州。组建股权投资行业协会，通过政府引导、行业运作，将郑州充裕的民间资本转化为产业资本，实现资本与产业良性互动，打造民间资本转化示范区。管好用活市级产业投资基金，重点引导支持郑州市确定的汽车及高端装备制造、电子信息、电子商务、高成长服务等主导产业以及新能源、新材料等战略性新兴产业。2017 年 3 月，郑州市时隔多年重新开闸基金注册，这必将推动郑州市股权投资行业加速发展，逆转发展落后的态势。

23.1.2　发展展望

未来，作为郑州建设区域金融中心的主战场，郑东新区应牢牢抓住国家实施"一带一路"战略和推进"双创"等重大机遇，围绕郑州市建设国家中心城市的总目标，全力推进金融集聚核心功能区建设，着力健全金融机构体系建设，深化金融改革创新，优化金融发展环境。

龙湖金融岛作为郑东新区"两个国际化"（国际化中央商务区和国际化区域金融中心）建设的主战场，位于郑东新区龙湖核心区域，总用地面积约 1.1 平方公里。作为郑州建设区域金融中心的核心地带，近年来，郑东新区龙湖金融岛发展建设明显提速，通过引入社会资本整体设计、整体开发、以建促招、以招促投，成绩斐然。目前入驻龙湖金融岛内的众多金融机构中，股权投资基金机构是一只不容忽视的力量，但是相比国内其他基金小镇，郑东新区在股权投资基金机构的的引进上还有待加强，股权投资业态力量还较为薄弱。

未来，郑州应以龙湖金融岛为郑州股权投资业发展的先头部队，通过高层次人才引进、软硬件环境优化、税收财政政策鼓励等方式，加快集聚股权投资基金机构，使之成为郑州乃至河南省股权投资业加快发展的突破口，成为郑州区域金融中心全产业链里不可或缺的重要一环，推动郑州高新汽车及高端装备制造、电子信息、电子商务、高成长服务等主导产业以及新能源、新材料等战略性新兴产业的大跨步发展。

23.2 融资担保

23.2.1 发展概况

截至2016年末,郑州市具有融资性担保机构经营许可证的融资担保法人机构76家(通过行业年审53家),注册资本108.4亿元,净资产84.39亿元,从业人员1011人,本科及以上学历692人。其中政府性担保机构23家,占28%,注册资本38.3亿元;商业担保机构53家,占72%,注册资本70.1亿元。注册资本5亿元以上4家,3亿元以上4家。截至2016年底,全市融资担保机构在保余额191.6亿元,同比减少8.3%;其中,融资性在保余额176.5亿元,同比减少9.3%;行业平均业务放大倍数2.27倍。全年实现业务收入5.48亿元,净利润1.61亿元,上缴税收0.76亿元;提取担保准备金8.7亿元,拨备覆盖率50.3%;年度累计代偿额6.93亿元,年末代偿余额17.33亿元,平均代偿率3.9%,代偿损失额0.33万元,损失率0.19%。

2016年,在担保行业发展形势严峻的情况下,郑州市担保行业仍然积极发挥对中小微企业及三农的融资担保作用。

虽然2016年年末在保余额较年初下降18亿元,但全年仍累计为全市9308户三农和中小微企业新增担保额159.4亿元。其中,新增融资性担保额150亿元,新增在保户数6628户。从融资担保对象看,主要扶持三农和中小微型企业以及个体工商户。对中型企业在保余额45.37亿元、占比23.7%;对小型、微型企业在保余额132.6亿元、占比69.2%,对个体工商户、农户等在保余额23.6亿元、占比12.3%。从融资担保期限看,主要集中在短、中期贷款。从单笔担保数额看,主要集中在1000万元以下的担保。年末,单笔1500万元以上的贷款担保107户,余额25亿元,占比13%;单笔800-1500万元之间475户,余额49.1亿元,占比25.6%;单笔300-800万元之间的1242户,余额63.8亿元,占比33.3%;单笔300万元以下7484户,余额53.67亿元,占比28%。

23.2.2 发展展望

融资担保是破解小微企业和“三农”融资难融资贵问题的重要手段和关

键环节，对于稳增长、调结构、惠民生具有重要作用。同时，加快发展融资担保业务也是郑州建设区域金融中心的必然要求，为促进行业加快发展，更好地服务郑州经济社会发展，推动郑州金融中心建设，郑州应做好以下几个方面的工作：

（1）大力发展政府支持的融资担保机构。科学布局，通过新设、控股、参股等方式，发展一批政府出资为主、主业突出、经营规范、实力较强、信誉较好、影响力较大的政府性融资担保机构，作为服务小微企业和“三农”的主力军，支撑行业发展；支持专注服务小微企业和“三农”、有实力的融资担保机构开展兼并重组，发挥资本、人才、风险管理、业务经验、品牌等方面的优势，做精做强，引领行业发展；以开展小微企业和“三农”融资担保业务为标准，加大扶持力度，支持融资担保机构扩大业务规模。

（2）加强融资担保机构自身能力建设。融资担保机构是行业发展的基础和关键，要加强自身能力建设，按照信用中介的内在要求，经营好信用、管理好风险、承担好责任，提升实力和信誉，做精风险管理；坚守融资担保主业，发展普惠金融，适应互联网金融等新型金融业态发展趋势，大胆创新，积极探索，为小微企业和“三农”提供丰富产品和优质服务，促进大众创业、万众创新；发挥“接地气”优势和“放大器”作用，为客户提供增值服务，提升客户价值，形成独特核心竞争力。

（3）建立政银担三方共同参与的合作模式。各区、县政府要发挥作用，加大投入，积极探索适合本地区实际的政银担合作机制，设立政府性担保基金，实现小微企业和“三农”融资担保风险在政府、银行业金融机构和融资担保机构之间的合理分担。

（4）落实财税支持政策。落实好融资担保机构免征营业税和准备金税前扣除等相关政策。综合运用资本投入、代偿补偿等方式，加大对主要服务小微企业和“三农”的融资担保机构的财政支持力度。

23.3　小额贷款

23.3.1　发展概况

截至 2016 年底，郑州市小额贷款公司贷款余额 54.7 亿元，同比减少

2.3%;当年累计新增贷款余额32.7亿元,同比减少34%;全年实现业务收入2.4亿元,净利润0.22亿元,上缴税收0.34亿元;逾期贷款6.8亿元,不良贷款5.9亿元,不良率10.9%。

目前,郑州市共有54家小额贷款公司,注册资本57.6亿元,净资产84.39亿元,为社会提供了786个工作岗位。2016年,郑州市有1家小额贷款公司申请注销,另有3家公司因违规经营行为,拟取消其试点资格。

郑州市小额贷款公司具有以下基本特点:一是从地域分布来看,金水区11家;郑东新区6家;经开区、管城区各5家;二七区、高新区各4家;上街区、登封市、新郑市、航空港区各3家;新密市、中牟县各2家;中原区、惠济区、荥阳市各1家。二是从资本构成上看,郑州市54家小额贷款公司均为民营企业,通过引入法人股东、行业重组等形式,注册资本均达到1亿元或以上,其中注册资本3亿元以上1家,1.5亿元以上3家。三是从业务开展情况来看,全市54家公司以围绕服务"三农"、支持郑州市经济发展为主要投向,以信用、保证和抵押为主要方式,以利率合理,额小面广、风险分散为原则,以依法合规、稳健经营、持续发展、实现目标为经营理念、面向郑州市广大农户、个体工商户、个体经济户、中小微企业发放贷款,未设立分支机构,未开展网络小贷业务。

郑州市政府一直以来积极引导小额贷款机构坚持服务"三农"、服务小微企业的放贷原则。2016年郑州市小额贷款公司全年贷款余额达54.7亿元,其中涉农7.7亿元,小微企业贷款6.6亿元;从单笔贷款金额看,以小额为主,全年笔均贷款为156.6万元;其中,单笔50万元以下累计投放1342笔,占贷款总笔数的43%。

23.3.2 发展展望

作为传统金融业的有效补充,小额贷款业务虽然在2016年发展出现了逾期增加,业务增长乏力等困难,但也体现了数量、规模和结构进一步优化,规范经营意识逐步提升,行业运行总体平稳的态势。全市小额贷款行业风险总体可控,基本排除区域性系统性风险隐患。

未来,郑州应继续立足于服务"三农"和小微企业的基本点,积极引导郑州市小额贷款行业健康快速发展,争取做到以下几点:

（1）积极吸引外资，鼓励发展外资小额贷款公司。鼓励境外投资者参股或控股小额贷款公司。外汇管理部门应积极指导银行业金融机构为外资小额贷款公司资本金开户等提供便利化服务。

（2）适当放宽经营区域限制，积极扩大业务覆盖面。鼓励、引导小额贷款公司坚持“小额、分散”原则，面向农户、个体工商户和微型企业提供信贷服务。对于经营管理较好、风险控制能力强、资本金达到3亿元人民币及以上的小额贷款公司，经审核同意后可在全市开展跨区县经营活动。

（3）积极支持融资发展，扩大资金规模。积极支持小额贷款公司向银行业金融机构融资，在银行业监管部门的支持下积极实行融资比例弹性化试点，对于经营管理较好、风险控制能力强的小额贷款公司，融资比例上限可提高到资本净额的200%，并在试点的基础上逐步扩大。积极支持经营管理较好的小额贷款公司通过信托贷款、信贷资产转让和股权质押等方式融资。引导各银行业金融机构、融资性担保公司等进一步改善对小额贷款公司的融资服务，降低郑州市小额贷款公司的融资成本。

（4）支持改制发展，积极培育上市。按照中国银监会《小额贷款公司改制设立村镇银行暂行规定》有关要求，鼓励和推荐公司治理、内部控制、经营情况等评价较好的且有意愿的小额贷款公司转制成为村镇银行。加大对小额贷款公司的培育力度，鼓励和支持符合条件的小额贷款公司参与多层次资本市场或境内外上市融资。

（5）积极落实税收优惠政策，加大扶持力度。在郑州市范围内设立的小额贷款公司，可制定相关税收优惠政策，比如对企业所得税执行15%的优惠税率。

23.4　融资租赁

23.4.1　发展概况

由于专业性较强、市场细分程度大，郑州市融资租赁行业的发展目前处于起步阶段。但是随着郑州航空港经济综合试验区的获批，郑州明确提出要大力支持融资租赁等新兴金融业发展以打造全国重要的航空金融服务中心,郑州融资租赁行业的发展前景看好。

目前郑州规模较大的融资租赁公司有4家,包括三家本土法人机构河南九鼎金融租赁公司、广通汽车租赁有限公司、河南国控租赁有限公司等,以及一家外资机构河南佰汇融资租赁有限公司。三家本地法人公司发展情况如下:

(1)河南九鼎金融租赁公司:九鼎金租是郑州第一家金融租赁公司,业务项目投放广泛分布于河南、江苏、四川等13个地区;涉及租赁和商务服务、交通运输、制造业等10大行业,横跨城市基础设施建设、医疗健康、航空物流等12个领域,产业布局、区域布局稳步推进,开始逐步形成九鼎特色。2016年,九鼎金租进入客机租赁市场,将两架ERJ-145客机成功收入囊中;开展了首个直租项目,将九鼎金租的金融服务与蓝德集团强大的技术实力有机结合,助力绿色环保行业发展;通过创新型交易结构实现精准扶贫,全力支持兰考县经济发展。2016年,九鼎金租累计实现租赁投放82.59亿元,年末总资产达84.23亿元,融资租赁资产余额80.19亿元,净资产收益率(ROE)达17.92%,不良资产率0%,资本充足率14%。截至目前,九鼎金租融资租赁业务累计投放额及总资产规模已双双突破百亿元大关。

(2)广通汽车租赁有限公司:河南广通汽车租赁有限公司2013年1月获得国家商务部和税务总局批准的内资融资租赁牌照,是河南省首家也是唯一一家汽车融资租赁企业。2013年9月,河南广通汽车租赁有限公司为河南省商务厅下发《融资租赁业“十二五”发展规划》重点支持的融资租赁企业。经营范围为经营消费性汽车租赁、融资租赁、融资租赁交易咨询、汽车信息及技术咨询服务、汽车用品批发;二手车经销;汽车销售;汽车销售咨询服务;汽车装饰、装潢。

(3)河南国控租赁股份有限公司:国控租赁成立于1994年12月,是河南省首家内资融资租赁试点企业,注册资本4亿元人民币,目前由大型国有企业河南省国有资产控股运营集团有限公司控股。2016年,国控租赁快速发展,公司尝试委托租赁形式等多种业务模式,客户以中型民营企业为主,营业收入完成10733万元,利润总额完成2041万元,净利润1471万元。未来,国控租赁将坚持“服务实体经济,支持中小企业”的宗旨,不断增强可持续发展能力,立志成长为一流融资租赁企业,打造中原融资租赁龙头品牌。

23.4.2　发展展望

随着“一带一路”和中国制造2025、中原经济区、郑州航空港经济综合实验区、中国（河南）自贸区等多重重大国家战略的实施，郑州融资租赁行业迎来重大发展利好。未来，应将金融租赁业纳入郑州市金融领域重点产业加快发展，实现金融租赁业务领域覆盖面不断扩大，市场渗透率显著提高，成为企业设备投资和技术更新的重要手段，成为郑州市投融资体系中的重要组成部分，形成创新引领、错位有序、优势互补、风险可控的发展格局。到2020年力争培育2-3家注册资本超10亿元、年业务量超100亿元、年上缴税收超5000万元，专业特色鲜明的金融租赁龙头企业。围绕郑州市航空物流、轨道交通、高端装备制造等特色领域，实现金融租赁业务总量超500亿元，金融租赁业的市场渗透率达到3%以上。

（1）拓宽金融租赁服务领域。鼓励和引导金融租赁公司服务“一带一路”和中国制造2025、中原经济区、郑州航空港经济综合实验区、中国（河南）自贸区等重大国家战略实施。支持鼓励金融租赁公司围绕郑州市电子信息、汽车及装备制造、新材料等工业七大主导产业积极拓展市场，定期组织郑州市大型设备制造企业与金融租赁公司进行需求对接活动。鼓励金融租赁公司参与城乡公用事业、污水垃圾处理、环境治理、广播通信、农田水利等基础设施建设。鼓励在公交车、出租车、公务用车等领域，通过金融租赁促进新能源汽车更新及配套设施建设。鼓励政府采购、公用事业建设、基础设施建设等各类政府投资项目在同等条件下优先考虑通过郑州市金融租赁公司融资。

（2）支持发展中小微企业金融租赁服务。鼓励金融租赁公司发挥担保门槛低、融资便利、期限灵活等优势，提供贴近中小微企业特点的产品和服务。探索通过风险补偿、奖励、贴息等政策工具，引导金融租赁公司加大对“三农”、中小微企业的融资支持力度。推进金融租赁公司与创业园区、科技企业孵化器、中小企业公共服务平台等合作，加大对科技型、创新型和创业型中小微企业的支持力度，推动大众创业、万众创新。

（3）鼓励发展跨境金融租赁。支持国内金融租赁公司在中国（河南）自贸区郑州片区、综合保税区设立分公司、子公司和特殊项目公司开展金融租赁业务,允许其从境外进口飞机及其他大型设备时试行保税监管。鼓励郑州市工程承包企业及其他大型成套设备制造企业采用金融租赁方式开拓国际市场,通过金融租赁方式引进国外先进设备,出口工程设备,发展跨境金融租赁。支持金融租赁公司探索跨境人民币融资,开展联合租赁等方式加快国际化发展步伐,依托“一带一路”战略,积极进军国际租赁市场。

第二十四章　郑州金融总部

自《2015年河南省政府工作报告》首次正式使用“金融豫军”这一概念至今，郑州市“金融豫军”逐步步入能量大爆发状态。根据第九期CDI CFCI评价结果显示，郑州的金融机构实力在中部区域金融中心排名第二位，仅次于武汉，在全国28个区域金融中心中排名第15，较首期CFCI相比，上升了7个名次，以郑州银行、中原证券、中原保险、百瑞信托、中原期货等为代表的金融总部机构不断发展壮大，金融机构实力得到大幅提升。截至2016年底，郑州现有全国性金融总部15家。其中：本地法人银行总部8家，法人证券总部1家，法人保险总部1家，法人信托总部2家，法人期货总部2家，法人融资租赁、财务、消费金融总部机构各1家。

24.1　郑州银行

24.1.1　机构概况

郑州银行成立于1996年11月，2000年2月更名为郑州市商业银行，2009年12月正式更名为“郑州银行”。2015年12月，郑州银行在香港联交所主板挂牌上市，是河南省首家、全国第十家上市的城商行。

截至2016年末，郑州银行在职员工3773人，分支行142家，其中省内分行10家(安阳分行、洛阳分行、漯河分行、分南阳行、平顶山分行、濮阳分行、商丘分行、新乡分行、信阳分行、许昌分行)，发起成立了河南九鼎金融租赁股份有限公司，中牟、新密、鄢陵、扶沟、新郑5家村镇银行，综合化经营稳步推进，规模和影响力已进入全国城商行第一梯队。

郑州银行经营管理能力的持续提升，得到了社会各界的广泛认可，在

《银行家》杂志社2016年中国商业银行竞争力排名中,被评为"2015年度资产规模2000亿-3000亿元城市商业银行竞争力评价第二名";在麦肯锡"中国TOP40银行价值创造排行"中,2015年RAROC(风险调整资本收益)在国内中资银行排名第3,在国内城商行排名第1。基于良好业绩和市场表现,郑州银行被《大公报》等香港和内地多家知名机构联合评为中国证券"金紫荆"最具投资价值上市公司奖等荣誉。

24.1.2 发展成效

郑州银行围绕"打基础、严管理、打造强力总行、推进转型发展"工作主线,持续推进各项改革创新,进一步稳固巩固竞争优势,实现业务发展大跨越、经营业绩大丰收,稳占"金融豫军"排头兵的位置。

(1)各项业务持续快速发展。2012至2016年,郑州银行资产、存款、贷款、利润等经营指标始终保持30%以上的平均增速。郑州银行2016年表内资产规模、存款、贷款、净利润在全国城商行的排名分列第21位、第20位、第24位、第13位;不良贷款率1.31%,分别低于全国城商行、全省银行业平均水平0.21个百分点、1.58个百分点;拨备覆盖率237.38%,较全国城商行平均水平高24.97个百分点;净利润增速20.53%,分别较全国城商行、全省银行业平均水平高5.44个百分点、21.25个百分点。

(2)行业监管评级保持领先。在中国银监会商业银行监管评级中,郑州银行2012年和2013年为2C级,2014年又跃升为2B级,达到了全国银行业监管评级最高水平。2015年被中国银监会树为全国134家城商行中的12家"领头羊"城商行之一,获得了在市场准入、牌照申请、跨区经营等方面的先行先试政策。

(3)金融服务全面提升。近年来,郑州银行在做强传统业务的同时,着眼未来发展和市场竞争需要,以申请业务资格为突破口,相继取得了信用卡、外汇业务、央行公开市场一级交易商、B类主承销商、信贷资产证券化等10多项新业务资格,成为河南省内金融产品和工具最齐全的地方法人银行。

(4)业务创新走在全省前列。全省率先获批信贷资产证券化、B类主承销商、开放式理财等业务资格,业务全部落地并开创了省内先河。2016年《亚洲商业银行综合竞争力排名》公布,共75家金融机构入围,郑州综合竞争力排第 67 位,是唯一入选的金融豫军。

(5)国际品牌形象大幅提升。2015 年 12 月 23 日,郑州银行在香港联交所主板挂牌上市,成为省内首家、全国第 10 家、香港联交所第 7 家上市城商行,国际品牌形象大幅提升。在“015 年全球银行 1000 强”榜单中,郑州银行一级资本总额、资产规模分别位居第 338 位、第 327 位,分别较上年攀升 102 位、49 位。

表 24.1.1 郑州银行 2012—2016 年度主要经营指标

主要指标	2012 年	2013 年	2014 年	2015 年	2016 年
总资产(亿元)	1037.34	1493.34	2042.89	2656.23	3661.48
同比增长	46.31%	44%	37%	30.02%	37.84%
存款余额(亿元)	746.54	1020.97	1325.61	1691.95	2163.90
同比增长	35.79%	37%	30%	27.64%	27.89%
贷款余额(亿元)	501.61	629.44	779.86	942.94	1110.92
同比增长	34.1%;	26%	24%	20.91%	17.81%
净利润(亿元)	14.60	19.02	24.63	33.56	40.45
同比增长	54.01%	30.24%	30%	36.26%	20.53%
不良贷款率(%)	0.47%	0.53%	0.75%	1.10%	1.31%
拨备覆盖率(%)	425.28	425.15%	301.66%	258.55%	237.38%
资本充足率(%)	15.26%	12.08%,	11.12%	12.20%	11.76%

24.2 中原银行

24.2.1 机构概况

中原银行是河南省唯一一家省级法人银行,成立于 2014 年 12 月 23 日,总部设在省会郑州市,实收资本 166.25 亿元。全行员工 1.2 万余人;在 18 个省辖市设有 17 家分行、1 个总行营业部和 400 多家营业网点;同时作为主发起人,在河南省内设有 9 家村镇银行。截至 2016 年末,全行资产总额 4326.03 亿元,较年初增加 1271.81 亿元,增幅 41.64%;自营存款余额 2453.53 亿元,较上年末增长 19.47%;各项贷款余额 1648.89 亿元,较上年末增长 18.12%;实现净利润 33.60 亿元,较上年增长 11.54%。资本充足率、不良贷款率、逾期率、拨备覆盖率等各项指标符合监管要求。

目前,中原银行的网点覆盖河南省 18 个地级市和 82 个县域,县域覆盖率达 75%。同时,通过网点新建和撤并、迁址、改造提升等措施优化网点布局,不断提高服务效率。经中国银监会批准发起设立的河南中原消费金融股份有限公司正式开业,实现了河南省在消费金融领域"零的突破"。被《金融时报》连续两年评为"年度十佳城市商业银行",并荣获"最佳服务地方经济奖"、"最佳服务实体经济银行奖"。在英国《银行家》公布的 2016 年全球 1000 家银行榜单中,中原银行一级资本总额位列全球第 210 名,较上年提升 15 个位次,在国内上榜的全部 119 家银行和 73 家城商行中分别位居第 31 位和第 9 位。

24.2.2 发展成效

自成立以来,面对错综复杂的经济金融形势和日益激烈的商业银行竞争环境,中原银行始终坚守特色化发展定位,迎难而上、主动作为,实施"三大战略",布局"上网下乡",不断深化服务实体经济、防范金融风险、改善治理结构和加强内部管理等方面改革转型,取得了良好的经营效益和发展成果。

(1)法人治理结构不断健全。一是股权结构进一步优化。以资本为纽带,以市场为导向,形成资本融合、混合所有的产权多元格局,目前,国家股和国有成分法人股合计占比为 34.36%,民营法人和自然人股合计占比为 65.64%,通过 2014 年和 2015 年两次增资扩股,中原银行基础股东、主要股东和大股东的"天坛式"股权结构进一步优化。二是治理结构不断优化。构建了"三会一层"公司治理结构,建立了有效制衡、运转高效的现代企业制度,保证了银行平稳健康高效运行。

(2)市场化激励机制大力推行。一方面,坚持"市场化"导向,贯彻"以人为本,业绩导向"理念,有力地发掘人才、留住人才、激发人才潜能。另一方面，通过上至经营层的市场化选聘竞聘、健全职业经理人制度、优化高管绩效考核、实施员工末位淘汰等措施，不断完善考核激励机制，确保“干部能上能下、收入能高能低、人员能进能出”，有效提升人员队伍活力。

（3）服务地方经济发展的能力不断提升。积极申请业务资质，创新业务模式，提供综合金融服务，全面支持河南省六大国家战略实施和重大工程建设，围绕河南省重点项目和“1816”投资促进计划实施方案，成功对接项目近800个，提供授信支持约400亿元。助力国企改革，向13家省管重点企业授信100多亿元；积极参与设立中原信用增进投资公司，提升区域风险防范化解能力。深化与地方政府的合作，积极参与“百城建设提质工程”，先后与全省各地市、省直管县等签订战略合作协议，累计提供不低于2000亿元的综合融资支持。支持河南融入“一带一路”建设，先后与境内外170余家银行建立了代理行合作关系，促进贸易畅通，助力河南省企业“走出去”。发挥机构事业部、健康医疗事业部、现代农业事业部等专业服务优势，创新推出校园一卡通、银医通、大型医疗设备融资租赁等新产品和新业务，大力支持教育医疗、健康养老、现代农业等新型产业发展。

（4）风险防控水平不断提高。成立之初，我们注重严控风险，加大历史遗留问题化解力度。一是健全风险管理机制，分行风险总监、支行风险主管实行上级行垂直管理，初步搭建起了全面、独立的风险管理体系。二是大力开展“降旧控新”，有效压降化解逾期潜在风险贷款，严控新发贷款质量。三是运用大数据的技术和理念，启动大数据风险管理模型建设，提升风险管理能力。

（5）人员队伍素质不断提升。一是搭建人才引进平台，从美联储、花旗、腾讯、阿里等中外知名金融机构和互联网企业引进高级人才30余人；引进国内领军企业核心专业人才组建投资银行、直销银行、消费金融公司团队；面向全球前200名高校和国内985、211院校开展校园招聘，员工队伍结构整体呈现出高学历、年轻化态势。二是强化人才培训，完善“领航、远航、启航”分层人才培训体系，开通移动学习平台等多种学习途径，建立系统的人才提升机制。三是建立完善内部创新机制，开展创新大赛、创新沙龙等活动鼓励创新，激发全员创新积极性，培养企业内部创客队伍。

（6）科技支撑引领作用有效发挥。一方面，加强科技基础设施建设，早在成立之初,开展科技大集中项目建设,短短18个月时间,整合了全国总数近十分之一城商行的科技系统,创造了城商行同步建设系统最多、整合时间最短的纪录,为实现全行业务的集约化运营管理奠定了基础。数据灾备已实现"两地三中心"布局,科技中心建设正在加快推进。另一方面,加大金融科技的应用,手机银行部分功能已经达到同业先进水平,同国内知名机构"金链网"合作成立了区块链研究机构,初步形成了以科技为支撑,以移动金融为核心,线上渠道辅助的互联网金融新格局。

24.3 中原证券

24.3.1 机构概况

中原证券股份有限公司,简称中原证券,成立于2002年11月8日,是河南省内注册的唯一一家法人证券公司。公司成立以来稳健发展,2014年成功实现了在香港上市(公司简称:中州证券,股票代码:1375),成为国内120多家证券公司中第四家、省域证券公司中首家在港上市的中资券商,也是河南省首家上市的金融企业;2015年圆满完成了在香港增发融资,当年9月还在香港设立了子公司,并成功收购香港本地一家投资银行,拥有了国际业务发展平台;2016年12月底完成A股发行,2017年1月3日成功在上交所上市(公司简称:中原证券,股票代码:601375),是全国120多家证券公司中第八家H+A即香港和内地两地上市公司,也是河南省首家实现两地上市的金融企业。

目前,中原证券注册资本近40亿元,管理资产规模2000多亿元,资金调度能力超过500亿元,现有员工2000多人,在香港、北京、上海等全国大部分省会以上城市、河南省内各省辖市和发达县(市)设有证券、期货经营机构100多家,公司控股有中原股权交易中心和三家投资公司等,获准牵头组建河南法人寿险公司,建设现代化、国际化大型金融控股集团迈出实质性步伐。

24.3.2　发展成效

从历史数据来看，中原证券近5年来实现持续盈利，累计实现净利润总额31.24亿元。截至2016年底，中原证券总资产规模为403.85亿元，净资产104.32亿元，营业收入20.27亿元，净利润7.19亿元，当年经纪业务规模11.21亿元。

表24.3.1　中原证券2012—2016年度主要经营指标

	2012年	2013年	2014年	2015年	2016年
总资产（亿元）	112.03	129.46	282.69	416.51	403.85
净资产（亿元）	38.38	41.75	58.57	82.02	104.32
营业收入（亿元）	10.08	11.71	18.08	40.44	20.27
净利润（亿元）	1.83	2.53	5.63	14.06	7.19
经纪业务（亿元）	6.43	5.9	12.02	26.70	11.21

2016年，面对不利的宏观经济和证券市场形势，公司发展实现重大跨越，圆满完成A股发行，向中国保监会提交中原人寿保险股份有限公司（拟筹）筹建申请材料并获受理，控股子公司中原股权交易中心挂牌企业突破1000家，公司发展迈上了一个新的台阶。

（1）战略方向实现转型。在佣金率持续下滑、市场竞争加剧的复杂环境下，中原证券经纪业务加速两个转型，即经纪业务向财富管理转型、分支机构向“一站式”综合金融服务平台转型。

（2）投行业务加速发展。通过扩充人才队伍，综合实力进一步增强，先后完成中原环保、森源电气、清水源、羚锐制药、科迪乳业和安彩高科等六个增发项目，募集资金占河南省全年增发融资额的23%、增发公司数量的30%，继续保持河南市场领先地位。

（3）风控体系建立健全。中原证券进一步完善风控、合规体系建设，进行了全面的合规、风控检查，切实提高了公司的风险管理能力。成功发行40亿元次级债券，通过内保外贷实现集团层面的融资突破，公司融资成本大幅降低。中原证券再次被中国证监会评为A类券商。

24.4 中原农险

24.4.1 机构概况

中原农业保险股份有限公司,简称“中原农险”,成立于2015年5月8日获批开业,9月8日正式揭牌,12月1日获得财险经营“全牌照”,由河南省内17家国有企业共同发起设立的,是注册地在河南的第一家保险法人机构,注册资本11亿元。中原农险旨在立足河南,服务“三农”,实施专业化经营、集约化管理、差异化发展,以政策性农业保险为基本,防范和化解农业生产风险;以商业保险为补充,促进河南粮食生产核心区建设;以资本投资运用为手段,助推中原经济区发展。中原农险股份有限公司的主要经营农业保险、涉农领域的财产损失保险、责任保险、短期健康保险和意外伤害保险、信用保险和保证保险等保险产品与服务。

中原农险在坚持发展为本、效益为根、质量为基、合规为先的原则下,业务规模、经营效益、创新能力、服务能力等方面取得了跨越式发展。2016年,中原农险实现保费收入5.37亿元,同比增长609%,其中,种植险4.21亿元,养殖险4826万元,商险6842万元。在河南省种植险市场排名第1,农险市场排名第2,在河南省全部财险公司中排名第11位,较去年上升了19个位次,已成为河南省农业风险保障体系的重要建设者。从各险种来看:

(1)种植险共承保16个作物保险品种,实现保费收入4.21亿元,承保农户193万户次,覆盖农作物面积1478万亩,保障金额66.57亿元,赔款金额2.34亿元,综合赔付率70.2%。

(2)养殖险共承保5个养殖保险品种,保费收入4826万元,承保畜禽222万头(只),提供风险保障8.51亿元,赔款金额1596万元,赔付率67.7%。

(3)商业险通过扶贫合作,以意外险、涉农财产险为突破口,迅速打开商险发展局面,实现保费收入6842万元,其中意外险保费收入占商险比例为71.6%,成为商险的“明星”险种。

24.4.2　发展成效

中原农险作为河南省第一家“豫字号”保险公司，以促进国家粮食安全生产为重点，以保障“三农”持续发展为己任，对促进地方金融保险事业发展、加快经济建设做出了积极贡献。

(1)创新金融服务方式，支持农业发展。中原农险响应国家“金融支农惠农”政策，通过开办农业贷款保证保险，增强农业类借款人自身资信，解决农业从业者“贷款难、贷款贵”问题，走出了一条“保险+银行+政府”创新之路。试点至今，中原农险通过与地方政府、金融机构通力合作，为近3000户农户和新型农业经营主体提供了生产性融资贷款，解决了新型农业经营主体缺乏有效抵质押与担保不足的问题，促进了农业产业化的发展，在当地形成了致富带动效应。

(2)创新产品结构，开发推广农业保险新产品。2015年6月，中原农险成立伊始，就率先研发并在全省范围内独家经营小麦种植保险A款、玉米种植保险A款等新型农业经营主体专属高保障产品。高保障A款产品和传统小麦、玉米保险相比，其保障范围更广、保险金额更高，小麦、玉米保险最高每亩补偿分别达800元和700元。2016年7月，公司开发的水稻种植保险A款在信阳和开封两地试点。

(3)响应国家扶贫政策，发挥保险业精准扶贫作用。中原农险首创的“脱贫路上零风险”保险项目，由政府扶贫基金出资，为当地贫困户提供包括生产生活在内的一揽子保险。这种“保险+扶贫”的精准扶贫模式最早于兰考县试点。截止到目前，“兰考保险扶贫模式”已经在周口市、鹤壁市、光山县、洛宁县、栾川县等全省近40个市县区推广，不但可以解决贫困农户因灾致贫、返贫问题，而且通过为贫困农户提供生产、生活一揽子保险，为创业脱贫过程中面临的各类风险提供全面的保险保障，能够使贫困农户摆脱顾虑，激发主动创业脱贫的积极性和主观能动性，形成贫困农户与政府在扶贫开发过程中的互动局面，极大地提升政府扶贫开发工作的效果和政策效能。

24.5 期货公司总部

依托郑州商品交易所地缘优势,郑州期货市场中介机构发展较快,对郑州区域性金融中心发展起到举足轻重的作用。截至 2016 年底,郑州辖区共有 2 家法人期货公司,分别是:中原期货股份有限公司(简称中原期货)和大华信期货股份有限公司(简称华信期货)。

24.5.1 中原期货

中原期货是中原证券股份有限公司的控股子公司,是经中国证券监督管理委员会批准,在河南省工商行政管理局登记注册的一家专业的期货公司,位于郑州市郑东新区中原广发金融大厦,注册资本为 3.3 亿元。公司具有商品期货经纪、金融期货经纪、期货投资咨询和资产管理业务资格,是国内三家商品交易所和中国金融期货交易所的会员单位。目前公司旗下 1 家全资子公司—豫新投资管理(上海)有限公司,5 家营业部,其中省内 3 家,省外大连和西安各 1 家。中原期货共有 3 个股东,分别是控股股东中原证券股份有限公司,持股比例 51.357%,河南铁路投资有限责任公司、持股比例 40.935%,河南省豫粮粮食集团有限公司、持股比例 7.708%。

表 24.5.1 中原期货 2012—2016 年度主要经营指标

	2012	2013	2014	2015	2016
净资本(亿元)	1.21	1.30	1.21	3.69	3.29
净资产(亿元)	1.23	1.32	1.20	3.86	4.06
权益总额(亿元)	4.79	6.21	6.76	7.51	6.58
手续费收入(亿元)	0.39	0.53	0.37	0.40	0.50
净利润(亿元)	0.06	0.09	0.08	0.10	0.19

近几年来,中原期货发展迅速,净资产和净利润保持快速增长。截止 2016 年底,中原累计代理交易量 3261 万手,同比增长 24%;代理成交额 13554 亿元,同比下降 37%;实现净利润 0.19 亿元,同比增长 90%。在行业监管分类评价中从 BB 上升为 BBB 级。

2017 年以来，随着全面从严监管、去杠杆、等政策的实施，期货市场发展放慢，1—4 月份，全国期货市场累计成交量为 18.33 亿手，同比下降 41.12%，累计成交额为 110.6 万亿元，同比下降 18.68%。中原期货累计代理交易量 718 万手，同比下降 15%，代理成交额 3465.5 亿元，同比增长 5%；实现利润总额同比增长 65%。截止 2017 年 4 月末，公司总资产 12.22 亿元（含代理客户资产 7.8 亿元），净资产 3.94 亿元。

24.5.2 华信期货

华信期货股份有限公司，简称华信期货，成立于 1993 年 4 月，是全国最早成立的大型期货公司之一，公司注册资本 18.3 亿元。作为综合型全牌照期货公司，华信期货主营商品期货经纪、金融期货经纪、期货投资咨询、资产管理、基金销售业务，是上海期货交易所、郑州商品交易所、大连商品交易所的全权会员单位，是中国金融期货交易所交易结算会员单位，是上海国际能源交易中心会员单位，也是国内首批获得上海证券交易所期权业务代理资格的十家期货公司之一。

华信多次获得“中国最佳期货公司”“金牌产业服务期货公司”等业内大奖，连续六年获得中国证监会“A”类监管评级。2016 年位列《财富》世界 500 强企业第 229 位。华信期货旗下拥有华信物产有限公司、华信万达资产管理有限公司两家全资子公司，上海、华东、华南、华北、西北 5 家分公司，并在上海、杭州、重庆等城市设有 18 家营业部，营业网点遍布全国 19 个省、自治区、直辖市，客户服务网络覆盖全国。

表 24.5.2 华信期货 2012—2016 年度主要经营指标

	2012	2013	2014	2015	2016
净资本（亿元）	5.93	5.65	5.60	6.06	19.73
净资产（亿元）	6.12	6.76	7.34	8.13	38.96
权益总额（亿元）	35.40	36.93	44.51	40.56	72.88
手续费收入（亿元）	1.39	1.56	1.38	1.51	1.46
净利润（亿元）	0.60	0.64	0.73	0.79	0.63

在中国期货行业创新发展大潮中,华信期货多年来秉持“稳健、务实、高效、规范”的经营理念,获得迅速发展,资本实力位居期货行业前列,2016年净资产达38.96亿元,同比增长379%。截至2017年4月底,华信期货管理资产规模已近300亿元。在未来发展方向上,中原华信在资产管理业务方面将联接各类金融机构主体,进行资源匹配,为金融机构,尤其是资金量较大的银行、保险等机构进行大类资产配置;在境外业务上,着手在香港设立全牌照金融平台,打通境外证券、期货、资管、贸易、投资业务通道,并以香港为依托,逐步在新加坡、美国设立机构,将境外客户引进来。此外,华信期货将深化与兄弟单位的合作,例如在经纪业务、融资融券、投行、固收、新三板、IB等方面与上海华信证券开展全方位合作。

24.6 信托公司总部

截至2016年底,郑州辖区共有2家法人信托公司,分别是:中原期货股份有限公司(简称中原期货)和大华信期货股份有限公司(简称华信期货)。

24.6.1 百瑞信托

百瑞信托有限责任公司,简称百瑞信托,是经中国银行业监督管理委员会批准设立的非银行金融机构,始建于1986年4月15日。2010年以来,历经4次增资扩股,公司注册资本增至40亿元。公司目前的股东包括国家电力投资集团公司、郑州市政府和摩根大通三方。

自2002年完成重新登记以来,百瑞信托累计发行信托项目近1300个,发行信托规模近4500亿元;累计清算信托项目近1000个,清算信托规模超过2800亿元,且所有到期信托计划均实现按时清算,累计向投资者分配信托利益超过3200亿元;截至2016年底,百瑞信托管理信托项目370余个,管理信托规模超过1600亿元。2016年,公司实现收入总额16.46亿元,同比减少0.77亿元,下降4.47%;实现利润总额12.31亿,同比增加0.17亿元,增长1.44%;实现净利润9.23亿元,同比增加0.46亿元,增长5.31%;截至2016年12月底,公司资产总额74.64亿元,比年初增加12.85亿元;净资产60.87亿元,比年初增加6.47亿元;经济利润率9.01%;管理信托规模1,

603.90 亿元，较年初增加 74.34 亿元。总体来说，百瑞业务发展上取得了较好的成效。

（1）在信托业务方面，2016 年，百瑞信托业务新增规模 855 亿元，较 2015 年增加 175 亿元，增长 26%；业务转型创新取得初步成效，2016 年初以来，总额为 10.2 亿元的充银 2016 年第一期信贷资产支持证券、公司第一支教育消费信托、首单现金管理类信托等创新业务项目相继设立，信托受益权资产证券化、慈善信托、家族信托、艺术信托等创新业务的相关研究、筹备和审批工作也正在稳步推进中；集团业务对接进一步加强，公司和集团公司各层级单位主要在企业年金、融通宝、信托替代委贷等 9 大业务领域展开了合作。截至目前，公司与集团各层级单位已累计对接实施项目 40 余个，规模超过 130 亿元。

（2）在自有业务方面，2016 年，百瑞信托大力拓展业务范围和领域，积极布局海外业务，着力推进医疗健康产业领域投资；拓展综合地产并购业务，深挖传统业务领域机会，初步建立了“金融机构+区域地产商+大型房地产商”的创新业务模式，较好的实现了传统贷款业务、实业投行业务与资管业务的有效联动；公司加强与参股金融平台中原金控和中原资产之间的业务协同，不仅实现了与地方政府、大型金融机构及其他参股企业的良性互动，也获得了更多业务资源和低成本资金，为盘活存量、优化资产创造了有利条件。截至 2016 年底，公司与中原金控合作业务规模近 13 亿元，与中原资产合作规模超过 15 亿元，公司实现自有业务收入 4.68 亿元，比 2015 年增加 0.09 亿元，增长 1.96%。

24.6.2 中原信托

中原信托有限公司，简称“中原信托”，成立于 1985 年，原为省属国有独资企业。2002 年，按照国家对信托行业清理整顿的要求和金融业分业经营的政策，退出了银行业务、证券经纪业务和负债业务，2002 年末完成重新登记，成为专门从事信托业务的国有控股地方金融机构，2003 年开始按照《信托法》和相关法规的规定开展信托业务。2016 年 12 月中国银行业监督管理委员会河南监管局《关于同意中原信托有限公司增加注册资本、变更股权比例及核准股东资格的批复》（豫银监复［2016］425 号文）批准公司注册资本金变更为人民币 36.5 亿元。

截至2016年末,公司注册资本为36.5亿元,股权比例及出资额见下表:

表 24.6.1　中原信托出产权结构

股东名称	出资额(万元)	出资比例(%)
河南投资集团有限公司	169,467.55	46.43
河南中原高速公路股份有限公司	116,472.65	31.91
河南盛润控股集团有限公司	45,757.00	12.54
河南省豫粮粮食集团有限公司	33,302.80	9.12
合计	365,000.00	100

(1)业务范围:资金信托;动产信托;不动产信托;有价证券信托;其他财产或财产权信托;作为投资基金或者基金管理公司的发起人从事投资基金业务;经营企业资产的重组、购并及项目融资、公司理财、财务顾问等业务;受托经营国务院有关部门批准的证券承销业务;办理居间、咨询、资信调查等业务;代保管及保管箱业务;以存放同业、拆放同业、贷款、租赁、投资方式运用固有财产;以固有财产为他人提供担保;同业拆借;法律法规规定或中国银行业监督管理委员会批准的其他业务。经有关部门核准,公司获得特定目的信托受托机构资格,即信贷资产证券化受托机构资格;上海证券交易所大宗交易系统合格投资者资格;全国银行间同业拆借业务资格;企业债券主承销商资格;固有资产从事股权投资业务资格。

(2)运营情况:2003年从事信托业务以来,建立了行之有效的法人治理、风控体系、管理机制、操作流程和先进企业文化,充分运用信托制度平台,在满足投资者兼顾安全性和收益性理财需求的同时,为社会提供了有效的投融资服务,并取得了良好的经济效益。截止2016年底,实现营业收入14.99亿元,营业利润10.27亿元,净利润7.49亿元。

24.7　其他金融总部

24.7.1　中牟郑银村镇银行股份有限公司

由郑州银行联合中牟县政府财政局、弘润华夏大酒店和27名个人股东发起设立的,注册资金5000万元,是郑州首家为“三农”量身定做的村镇银行。截止2016年底,全行实现各项存款余额130亿元,较年初增加23亿元,增长21%;实现各项贷款余额79亿元,较年初增加25亿元,增长46%,按照五级分类规定的标准,不良贷款为1.94%;实现各项收入84394万元,其中贷款利息收入69260万元,金融机构往来收入12330万元,手续费及佣金收入129万元;实现税前利润35678万元,税后利润28912万元;资本充足率为12.08%,流动性比率70.41%;资产利润率2.24%,贷款损失准备充足率为100%,存贷款比率为60.73%;案件发生率为0,连续多年监管评级被评为二级。

24.7.2　郑州金水厦农商村镇银行

于2015年12月8日经中国银行业监督管理委员会河南监管局批准成立,2016年1月18日正式开业。是由厦门农村商业银行作为主发起行,联合6家法人股东和2名自然人股东共同发起设立的一家专门为“三农”和小微企业提供服务的新型农村金融机构,注册资本壹亿元整,总部设在郑州市金水区。成立1年来,牢固树立“服务地方、服务三农”的市场定位,既实现了自身发展,也产生了显著的经济效益和社会效益。截至2016年12月末,各项资产总额20.27亿元,各项负债总额19.33亿元,各项存款余额4.01亿元,各项贷款余额2.71亿元,其中农户和小微企业贷款1.68亿元。监管指标符合监管要求,资本充足率15.24%,拨贷比2.60%,流动性比例102.75%,单一客户贷款集中度9.31%,无不良贷款。

24.7.3　河南九鼎金融租赁股份有限公司

简称九鼎金租,是经银行业监管部门批准,由郑州银行(股票代码6196.HK)主发起,联合宇通客车(股票代码600066)、天伦燃气(股票代码1600.HK)共同成立的一家全国性金融租赁公司,也是郑州第一家金融租赁公司,注册资本10亿元。自成立以来,九鼎金租围绕“特色化、差异化、专业化”经营战略,在航空物流、新能源环保、高端制造业、医疗健康、教育文化旅游、基础设施建设、电子信息等领域梯次推进产业布局,2016年累计实现租赁投放82.59亿元,年末总资产达84.23亿元,融资租赁资产余额80.19亿元,净资产收益率(ROE)达17.92%,不良资产率0%,资本充足率14%。截至目前,九鼎金租融资租赁业务累计投放额及总资产规模已双双突破百亿元大关。

24.7.4 天瑞集团财务有限责任公司

简称天瑞财务,于2015年07月22日成立,注册资本金3亿元人民币。组建以来公司主要开展了吸收成员单位存款、向成员单位发放贷款以及为成员单位办理资金结算等业务。截至2016年末,为11家成员单位开立账户14个,其中资金归集户9个;吸收各项存款1.34亿元,发放各类贷款3.7亿元,表外担保3亿元;资产总额4.50亿元,负债总额1.37亿元,所有者权益3.13亿元;2016年实现营业收入1806.74万元,净利润1214.75万元;全年累计办理结算业务3441笔,结算量220.71亿元;资本充足率45.24%(标准值≥10%),资产损失准备充足率、贷款损失准备充足率100%(标准值≥100%),流动性比例50.20%(标准值≥25%)。公司未来将持续完善资金集中管理平台,建设集团金融服务平台,通过稳步推进结算业务、巩固发展信贷业务、积极开拓电票、商票业务,广泛开展同业合作,降低风险资产规模,优化资产负债结构。

24.7.5 河南中原消费金融股份有限公司

简称"中原消费金融公司,于2016年12月30日正式成立,注册资本5亿元人民币,其中中原银行的出资3.25亿元人民币,持股比例65%;上海伊千网络信息技术有限公司出资1.75亿元人民币,持股比例35%。中原消费金融公司的成立标志着消费金融公司这种新型非银行金融机构形式在河南省实现了零的突破,为促进消费升级、拉动经济增长注入了新的活力。开业伊始,中原消费金融公司围绕"夯基础、稳发展、建机制、求长效"的战略方针,在建章立制、合规经营的基础上,不断完善产品体系,积极运用互联网思维拓展业务发展的广度和深度,逐步探索出"一体两翼"的特色发展之路。即以为客户提供线上线下零时差的综合金融服务为中心,大力发展线上+线下(场景与流量)结合的特色消费金融业务。截至2016年5月25日,公司累计放款346857笔,金额8526.55万元,笔均2458元,真正实现了"小额分散、普惠金融",为河南省的消费信贷市场注入了新的活力。

第二十五章　郑州金融对实体经济支持

为加强金融对实体经济的支持，河南省、郑州市各级政府及相关部门近年来出台了一系列专项政策、创新了一系列支持模式，从顶层设计到产品服务支持，至上而下加大金融业对实体经济的服务支持力度，全力保障实体经济有效健康发展。

25.1　出台专项政策保障金融支持实体经济

2013 年 9 月，郑州市人民政府印发《郑州市金融支持小微企业发展（暂行）办法》，旨在充分发挥财政资金的杠杆作用，引导金融机构加大对小微企业的支持力度。《郑州市金融支持小微企业发展（暂行）办法》指出，将按照政府引导、保险托底、市场运作、风险共担、试点先行的原则，建立贷款风险补偿、多元化直接融资、金融机构贷款考评“三位一体”金融支持小微企业机制，有效破解抵押难、担保难、融资难、融资贵的“三难一贵”问题。同时，郑州市人民政府还印发《郑州市小微企业贷款风险补偿基金实施细则》《郑州市小微企业创业投资引导基金实施细则》和《郑州市银行机构小微企业贷款考评奖励实施细则》3 个实施细则文件，贯彻落实《郑州市金融支持小微企业发展（暂行）办法》。

2014 年 9 月，郑州市人民政府印发《郑州市金融支持小微企业贷款保证保险共保体实施细则》，旨在持续深化规范郑州金融支持小微企业工作。细则首次提出贷款保证保险“共保体”，即由两个或两个以上的保险公司本着风险共担、利益共享的原则组成联合体，就同一性质、同一类型风险共同承担风险损失责任，各家保险公司约定共保比例，按照共保比例收取保费和承担相应损失赔偿。按照细则要求，郑州将积极稳妥地开展小微企业贷款保证保险"共保体"试点工作,在"银行+共保体"模式下推行小微企业"批量化"、"集群化"融资,促进银行和共保体之间、共保体内部之间有效分担、缓释小微企业贷款风险,实现银行、保险公司风险控制与规模效益的双赢。

2015年10月,郑州市人民政府印发《郑州市财政支持稳增长调结构促进双创增长动力十六条实施意见》,以充分发挥财政资金在稳增长保态势中"四两拨千斤"的导向作用。郑州将通过盘活存量、用好增量、向上争取、统筹调配的方式,统筹安排82亿元资金,按照市场化、社会化、规范化运作的要求,有效支持和撬动社会资本投入主导产业发展、城市基础设施和新型城镇化建设。市、县两级统筹安排3亿元小微企业贷款风险补偿基金,用于鼓励银行和保险机构采取"共保体"等模式支持小微企业发展。

2016年9月,河南银监局印发《河南银行业支持实体经济发展的二十条措施的通知》(下称"《二十条》"),从加大有效信贷投放、发展普惠金融、推进精准扶贫、降低企业负担等方面提出明确要求和具体措施。《二十条》要求突出对全省重点领域的信贷支持,确保全年新增贷款超过4500亿元,地方法人银行业金融机构确保贷款增量高于上年水平。发展普惠金融方面,小微企业贷款要实现"三个不低于"目标,农行、农发行及农合机构要单列涉农信贷计划,力争全省涉农贷款增速不低于各项贷款增速,县域法人金融机构吸收资金要确保较大比例投放于当地。

在服务涉外经济方面,国家外汇管理局河南省分局于2016年出台《关于深化外汇管理改革 更好服务河南省涉外经济发展的指导意见》,从推进经常项目外汇管理改革,支持全省对外贸易稳步增长;深化资本项目外汇管理改革,提高投资便利化水平;简化对外债权债务管理,便利涉外主体开展跨境投融资;简化境外投融资管理,支持企业"走出去";提高涉外金融服务水平,加大支持涉外经济力度;提升外汇管理水平,营造良好的涉外经济发展环境六个方面提出了23项具体支持措施,大大简化了企业贸易、投资、融资等流程,进一步提高贸易投资便利化水平,为河南省及郑州市涉外经济发展提供了全面的政策支撑。

25.2 加强银行业对实体经济的支持力度

2016年,郑州继续加大银行业对实体经济的支持力度,取得了良好成绩。

一是继续发挥信贷融资支撑作用。积极协调驻郑银行向总、省行争取信贷指标、项目直贷、创新试点等差别化政策支持，确保信贷总量结构与郑州市产业转型发展需求相适应，深挖信贷增长潜力，全年新增银行贷款 3029 亿元，同比多增 1223 亿元，占全省的 57%，重点投向了租赁和商务服务业、城市基础设施建设、房地产等领域。二是大力拓展非信贷融资渠道。鼓励银行机构在严控风险的前提下，依法合规有序开展委托贷款、未贴现承兑汇票、信托贷款等表外融资业务，多渠道为企业融通资金，支持企业通过境内外债券市场、股票市场获取低成本的直接融资，全年新增非信贷融资 1088 亿元，有效保障了全市经济社会发展的资金需求。三是开展多层次多元化的银企对接活动。金融办联合工信委共同举办郑州市制造业企业银企对接活动，对 102 家工业企业 45 亿元的融资需求进行了现场推介。四是持续推进航空港区跨境人民币创新业务发展。办理跨境人民币贷款 16.21 亿元，利率比境内中长期人民币贷款基准利率还低 0.8 个百分点，有效降低了企业的融资成本。办理人民币贸易融资资产跨境转让业务 4.92 亿元，所得资金全部用于港区中小企业生产建设。

25.3　加强保险对实体经济的支持力度

2016 年，河南省、郑州市积极发挥保险业在保障实体经济稳定运行中的重要作用，取得了重要成绩。一是服务企业生产和重点工程建设。累计承保企业财产保险 3.8 万件，为河南电力系统、煤化集团、安阳钢铁等企业提供风险保障 1 万亿元。为新郑机场二期、郑州地铁等 1019 项工程项目提供风险保障 737 亿元。积极开展铁路、公路、航空、进出口等货运险业务，累计为货物运输财产提供风险保障 1457 亿元。人保财险与省知识产权局签署战略合作协议，在南阳等地推动科技保险项目，促进企业技术创新。二是服务小微企业增信融资。全省小额信用贷款保证保险累计服务客户 44145 家次，支持融资金额 105.5 亿元。郑州市建立小微企业贷款保证保险“共保体”，帮助 28 家小微企业贷款 8280 万元。三是积极支持河南“外向型”经济发展。发挥出口信用保险风险管理、融资支持等作用，全年提供出口保障 44.7 亿美元，为 638 家企业提供出口信用保险项下融资 38.5 亿元，对河南一般贸易出口的支持率达 32.9%，高于全国平均水平 3.1 个百分点。

25.4 加强资本市场对实体经济的支持力度

近年来,在国内资本市场异常波动的形势下,郑州仍持续加快推进企业挂牌上市和直接融资工作,加强资本市场对实体经济的支持力度。一是支持企业发行公司债、企业债。抓住公司债、企业债发行改革机遇,鑫苑置业、宇通客车、雏鹰农牧3家上市公司发行公司债53亿元,郑州地产集团、兴港投资集团、经开投资公司等10余家通过企业债、定向工具、资产支持票据等多种工具实现融资213亿元。二是支持企业上市融资。遵循企业挂牌上市规律,按照“微变小、小升规、规转股、股挂牌、谋上市”的路径,构建形成了储备、培育、改制、辅导、挂牌、融资、转板的“七个一批”梯次推进格局。2016年,安图生物、中原证券登录上交所主板上市,11家公司实现再融资125亿元,60家企业“新三板”挂牌,总数达140家,占全省挂牌总数的42%。三是积极开展企业路演活动。高新区资本市场路演中心合深圳证券交易所、股权投资基金、PE、券商、银行等市场主体,先后举办融资路演活动20余场,以构建国际一流的生态、智能化五星级企业总部基地和超级孵化器为目标的新三板产业园开工建设。

25.5 打造金融支持中小企业服务体系

中小企业作为实体经济最重要组成部分,又是最具活力的经济组织,其健康成长对于增强经济活力、转变发展方式和促进社会和谐稳定具有重要意义。为此,近年来郑州尤其重视金融支持中小企业体制机制建设,积极打造金融支持中小企业服务体系。郑州市政府设立小微贷款风险补偿、小微创业投资引导“两只基金”,推广“银行+共保体”融资新模式,实施新三板挂牌上市工程,加快发行小微企业增信集合债券等,形成了金融支持中小微企业“1+4”推进机制。经过多年的探索实践,创新走出了一条符合国家宏观政策、贴近小微企业需求、具有郑州特色的“小微金融”新路子,金融支持小微企业呈现出产品特色化、服务精细化、融资多元化、扩面集约化、成本让利化的好态势。

第二十六章　郑州金融生态环境建设

近年来,郑州着力优化金融生态环境,对事关金融发展的信用体系、监管环境、政策环境、人才环境等做了大量的整治和优化,取得了较好的发展成效。从CFCI报告历次评价结果来看,郑州金融生态环境已经有了较为显著的改善,在全国31个金融中心城市中的排名已经由最低第25名上升到目前的第14名,在中部地区仅次于武汉。

26.1　郑州信用体系建设

社会信用体系的建设对金融业乃至全社会的发展都弥足轻重,因此重视全社会信用体系的发展与建设是必要的。郑州市政府早在2010年就发布了《郑州市人民政府关于加快推进全市社会信用体系建设的通知》,以推动全社会的信用建设,并且明确了信用建设的总体方向,从政府,企业及个人三个方面入手,打造信用社会的完全体。

后在2016年先后发布《郑州市社会信用体系建设工作要点的通知》(下称工作要点)及《郑州市社会信用体系建设规划(2016—2020年)的通知》(下称规划)。工作要点详细的指出了信用社会的建设要点及建设目标,同时给人行等各个部门部署了各自所需要的部分,并由政府牵头进行多部门合作,共同建设信用社会。而在规划中,政府制定了每年的任务及目标,让信用社会的建设更有方向性和目的性。

郑州的信用社会经过多年的系统性发展建设,已经形成了一个具有特色的社会信用体系建设格局,信用社会的建设已经初步完成。

(1)信用社会的组织架构已经形成,并迈向信用示范城市。郑州市政府及具备条件的县(市、区)均已成立社会信用体系建设工作领导小组和社会信用服务中心,与人行连同省政府一起推动郑州市的信用社会建设。郑州市颁布实施了《郑州市企业信用信息管理办法》等5条政策,强有力的推动行业信用体系建设。同时还制定了针对纳税信用的《郑州市人民政府关于印发郑州市房地产开发企业信用分级评定管理办法(试行)的通知》,开展纳税人信用等级评定,全方位的建设信用社会。

不仅如此,郑州市还建立了信用信息共享机制。郑州市上线了“郑州信用网”,截止目前已经平稳运行了12年,定期发布由官方发布企业的信用嘉奖或处罚信息,向社会各界提供信用信息,社会各界还能从“郑州市社会信用信息平台中获取信息。

郑州各类信用平台的良好发展得益于信用信息归集工作的深入。各类企事业单位和自然人的信用信息征信指标目录已从最初的17家单位发展到目前的38家单位,共134个分类、1182个指标。截止目前,全市统一信用数据库信息总条数为180万余条。而进入到信用信息库的信息量也在这几年间有着巨大的提升,信息库的指标项从2010年的77类,645项增至134类,1182项不说,入库的法人和其他资质数量由2010年的29876家增至421458家,翻了14倍。

郑州市还制定了相应的联合失信奖惩机制。印发了《郑州市企业失信惩戒联动实施办法(试行)》制定了失信惩戒标准,而市发改委等其他部门则在此基础上联合印发了《关于对重大税收违法案件当事人实施联合惩戒措施的合作备忘录》并成立了郑州市守信联合激励和失信联合惩戒工作领导小组,联合发布“郑州市诚信建设红黑榜名单”。

通过多年的信用社会建设,国家发改委与人民银行批复同意郑州申请创建国家信用社会体系建设示范城市,郑州市政府迅速拿出实际行动,成立了专门服务于信用体系建设示范城市的工作机构,印发《郑州市人民政府办公厅关于印发郑州市创建国家社会信用建设示范城市工作方案的通知》,立即脚踏实地的开展各项试点工作。

(2)协同省人行,征信体系的应用领域不断扩大。郑州市除了建立了针对企业及个人的信用系统外,还协同省人行开展了农村信用体系的建设及小额贷款公司和融资性担保公司的信用评级工作,积极发展这两类信用评级机构,推进产融资统一登记系统的应用。除了银行贷款等信用信息共享平台外,还开发了“数据库+互联网”的非银行信用信息共享平台,初步建立了县级的区域信用信息共享机制。并且结合信用信息系统,探索出全国首例的“企业+银行+农户”应收账款融资模式,通过此融资平台,实现了360亿的应收账款融资。

(3)信用社会建设的未来目标已经明确。郑州市政府印发的《郑州市社会信用体系建设规划(2016—2020年)的通知》,其中明确了2016—2020年每年的信用社会发展目标。2016—2018年为基础建设阶段,其间要建成一网三库一平台的“公共信用信息平台”,并要实现有效运行,同时信用服务市场的发展要实现出有成效。在信用体系建设的主要指标中,“7天栓共识”部门覆盖率、“公民统一社会信用代码覆盖率”“法人和其他组织统一社会信用代码覆盖率”及公共信用信息报送率在这三年间需要达到100%。

2019—2020年为为完善提升阶段。政务、商务等社会各方面的诚信建设取得明显成效,各类信用信息获取渠道运行顺畅有效,奖惩机制分明,市场对于信用建设的满意度大幅度提高。郑州的信用产品应用率及行业诚信“红黑榜”覆盖率达到100%。

26.2 郑州金融监管创新

金融监管是金融发展必不可缺的一环,有着良好金融监管的金融市场不但能够发展的更为迅速,而且还能有效防控金融风险的发生,为金融市场的各类主体保证了自身的利益。为了应对不断变化的金融市场,适应不断诞生的新型金融产品,金融监管机制的创新是十分必要的。“一行三局”在郑州的分支机构纷纷在自己监管的领域中推出金融监管创新。

(1)人行结合新的科技手段及业务实现监管创新。人行建立了支付清算自律平台,率先实现支付清算行业省辖范围内的自律管理,初步建立了支付结算和清算的政府监管、行业自律、内部控制三者相结合的监管管理局面,完善了“市场准入、日常管理及市场推出”着三大环节,健全了各类公告、备案投诉处理体系,以及收单业务外包违规处理机制,良好的展开了自律自纠行动,有效控制了收单市场发生重大风险的可能性。

人行还进一步推进了现代化服务性国库的建设,建立了国库业务立体交叉检查监督体系,国库外部监管综合信息系统等4项实践创新监管工作,形成了国库事前防范,事中事后的监督和违规处罚相结合国库风险控制体系,并同时推进了国库监管管理信息的电子化进程。在人民币跨境业务方面,人行不但实现了普通业务的创新,还及时的出台了《航空港区跨境人民币创新业务试点管理暂行办法》,在业务创新的同时保证了监管制度的同步创新。

(2)银监局根据不同银行及业务的实际情况,推出监管创新的新思路。对城商行实行"一行一策",根据各城商行的情况推出不同的监管政策,以助其进行差异化的发展,成为各具特色的精品银行。城商行在银监局创新的差异化监管下做到了资产规模在全国的排名上升,监管评级均有所提升。

银监会还积极研究新型的互联网金融产品、移动支付等新型金融发展的趋势,提出相对应的监管方式创新,以确保各类金融产品合规稳健的运行及金融市场各方主体的利益。同时提出对信贷资产证券化类的产品要做好研究跟踪,以确保推荐其进行常态化的发展。

在支持企业发展方面,银监局同样做到了根据分类而实施不同的政策。银监会以推动债务客户成立债委会的方式实现新的监管方式,以支持优质企业发展,扶持困难企业融资,并合理退出僵尸企业。

(3)证监局从多个方面推出了监管的新思路。采用创新年报监管方式,帮助上市公司提高自身自律守法的合规意识,从根本上进行监管。同时证监会不拘泥于采用传统的监管渠道进行监管,利用了现代化的信息市场,快速高效的收集并回应新兴及传统媒体关于上市公司的重大质疑,在及时开展进场核查后,要求中介机构及时归位尽责,同时要求其正面的回应媒体的质疑,将保护投资者的合法权益放在首位。

针对郑州拥有郑州商品期货交易所,期货市场交易较为活跃的状况,证监局同郑州仲裁委员成立了郑州仲裁委员会证券期货业分会(下称"仲裁分会"),以拓宽监管渠道及投资者的维权渠道,对促进期货市场的健康发展有着重要的意义。仲裁分会可以委托河南省证券期货业社会法庭进行调解证券期货纠纷调解会.发挥专业仲裁及调解的共同作用,快速有效的解决证券期货行业的"疑难"纠纷。

针对股票发行注册制，提出事前审批与事中事后监管形成完整的监管流程，重点将有事前审批转移到事中事后监管上。证监局还充分的利用了上市公司及机构等的专业监管信息平台，加以数据综合分析来提高非现场的金融监管能力，并辅以信息技术来获取数据并进行分析。

(4)保监局根据市场需求快速高效的推出相应的监管创新。在农业保险开展前夕，保监局联合省财政厅对取得农业保险经营资格的两家保险机构进行事前辅导，加强合规意识，旨在于到从保险风险的根源上。同时还加强了对保险机构承保过程的监管，进行不定期的督导，对存在问题的保险业务下发监管提示函并责令其在限期内整改。

保监局还通过将新老口径业务数据进行对比并加以分析和检测的模式，重点监管互联网金融新型保险业务，万能险业务的保费规模，增速，退保金额及退保率等的各种情况，以防止其的风险因为统计口径的不同而无法被检测到。

针对其他互联网金融创新中的互联网保险，保监局明确了相关监管内容的三大核心，即为开办资质管理、网络销售平台监管及责任承担，以不变应万变，切实保护互联网保险消费者的权益。

26.3　郑州金融产业政策

金融产业的发展对政策环境是极为敏感的。由于金融产业不像工业产业，没有地域及材料供应链等的限制，基本上由资本及人力组成，这造就了金融产业有着高度的政策倾向性，金融资本会随着金融政策的增强而聚集，所以一个对金融产业有着政策倾斜且金融政策体系较为完善的城市，容易吸引到更多的金融产业聚集。郑州是近几年来，出台了诸多的促金融业发展政策，因此郑州的金融产业规模实现了稳步增长。

(1)规划中持续重视金融产业的发展。为了金融产业的良好发展，在郑州市新出台的“十三五”金融业发展规划中，提出了重点支持本地法人金融机构发展，包括银行业，证券业，及其他非银金融机构的发展，还继续重点支持并培育郑州本土企业在证券交易所上市或者在新三板挂牌，进而形成针对多层次金融服务的金融机构以促进郑州的多层次资本市场（证券一级市场,二级市场及新三板挂牌市场等)发展提速,如融资担保机构及小额贷款机构等。同时还支持金融产业与其他产业相结合,涵盖金融与互联网、物流、科技及农村发展相结合。

另一方面,着力于建设郑州商品交易所,继续将郑州期货市场的独特资源和比较优势发扬光大,郑州市还将依托郑州航空枢纽平台,支持利用航空资源优势发展航空租赁、跨境结算、离岸人民币金融等有着郑州特色的金融产业。

(2)持续支持金融集聚区及金融业的发展。在国务院 2011 年发布的《国务院关于支持河南省加快建设中原经济区的指导意见》中,就明确了郑东新区是中原经济区的金融集聚核心功能区,并支持开展电子商务国际结算业务,设立创业投资基金,推动保险业创新发展并开设保险资金投资基础设施的试点。郑州市政府在 2012 年配合国务院所发文件出台了《郑州市人民政府关于重点发展郑东新区总部基地及金融集聚区有关问题的通知》,重点建设郑东新区成为金融集聚区。并且为了郑东新区的良好发展,郑州市政府定期出台郑东新区国际化区域金融中心的行动计划及五年建设规划,支持郑东新区的金融产业发展。

(3)出台结合了实体经济与金融发展的试点政策。为了金融产业更好的支持小微企业的发展,郑州市率先出台了《郑州市金融支持小微企业贷款保证保险共保体实施细则》及《郑州市金融支持小微企业发展(暂行)办法》等的共保体 1+4 政策。“共保体”制指的是在小微企业与银行中引入保险机构,通过联合银行与保险机构共同分小微企业的担融资风险来降低小微企业的融资门槛,解决小微企业融资“三难一贵”的现象。为确实有力的保证“共同体”制的发展,郑州市建立了小微企业贷款风险补偿基金为银行与保险补偿损失,但同时要求银行与保险机构建立自身的风险监控及贷款发放停止机制,以控制坏账率。

(4)重点扶持新兴的金融行业。同时针对新兴的金融租赁行业,出台了《关于加快金融租赁行业发展的实施意见》,对金融租赁公司提供补贴及政策上的优惠,并配合郑州的航空枢纽,大力支持金融租赁行业的发展,以拓宽社会融资融物的渠道,达到进一步推动金融产业发展的目的。郑州市政府对新设或迁入的金融融资租赁公司根据实缴注册资本给予最高 1000 万元的一次性资金补助,对于域外金融租赁公司在郑州设立分支机构的,最高给予200万元的补贴。同时还对租赁公司的场地费用及购置设备、飞机费用给予额外的补贴,并且入驻融资租赁公司的高级管理及专业技术人员中符合条件的人员可享受郑州市“智汇郑州·1125聚才计划”规定中的补贴。

26.4　郑州金融人才政策

人才是社会经济发展中的第一动力,金融人才对金融业的发展有着不可忽视的重要地位。郑州市在较早的时候就明确了人才引进补贴计划,且在后期不断明确金融人才的引进方向。郑州商品交易所也根据自身的发展要求,开设了致力于期货研究的博士后工作站,同时郑州市政府还为郑州新区金融集聚区配备了龙子湖大学城,以期源源不断的向集聚区供给金融人才。

(1)金融人才引进补贴政策。2009年,郑州市出台《郑州市引进高层次人才暂行办法》,提出对具有副高以上职称或者博士学位的高级金融人才提供安家补助等的专项补助,款项为10万元,并且用人单位还给予每月补助500元。单位及政府还给予引进人才社保、医保方面的优惠条例,同时还贴心的为引进人才提供配偶工作安排及子女入学安排。

2015年,郑州市政府进一步推出“智汇郑州·1125聚才计划”进一步引进具有较强创新创业能力的领军人才及高层次创新创业紧缺人才,其中明确现代金融业的人才及团队为引进对象之一。聚才计划中,对于符合条件的人才及团队给予最高1000万的产业化扶持资金资助,特别的市,如有对郑州市金融产业发展具有奠基性、战略性、支撑性的领军人才和团队,可实行特别重大项目“一事一议”,最高可获得1亿元项目金融产业化资金资助。

(2)在规划中进一步明确人才引进方向。在郑州市2016年3月份新出台的郑州市“十三五”金融业发展规划中,郑州金融办结合自身的发展需求,按照“高端引领、紧缺突破、创新驱动、引培并重”的理念,提出要招募一支具有国际视野适应经济全球化的金融人才队伍,要求其具有良好的素质及充沛的活力。同时着手完善金融人才市场体系,实现人才的发现、评价及自由流动。在同年的6月份出台的《2016年全市金融工作要点》(下称“《要点》")中,郑州市政府再次强调了要加强金融人才队伍的建设。在《要点》中,明确了建设金融人才队伍的指导单位(人行郑州中心支行、河南银监局、河南证监局及河南保监局)和负责单位(郑州市人才办、政府金融办及郑东新区管委会)

(3)大力支持金融人才培育载体建设。郑州商品交易所设立了专门研究期货市场服务与实体经济研究等13个期货相关领域的博士后工作站,面向全球招募金融人才,为博士后研究者提供科研环境及经费。并且使用有竞争力的薪酬和完善的福利制度吸引金融人才,对于研究贡献突出者给予更进一步的奖励。郑东新区不但拥有金融集聚区CBD,还坐拥内含15所大学的龙子湖大学城,其中河南财经政法大学及河南财政金融学院两所院校为经济金融类为主的大学。河南财经政法大学设置了4个国家级的金融特色专业(金融学、会计学、工商管理及国际经济与贸易)和8个省级金融特色专业。除此之外,河南财经政法大学还设立了3个河南省协同创新中心和两个省级重点学科开放实验室(应用经济学开放研究中心及复杂系统建模与分析实验室)。河南财经政法大学已经为郑州市金融界贡献了不少知名人才,如郑州银行行长及中原证券副总裁等人,并且还在通过自身的努力为郑州金融业不断的培养着金融人才。

(4)定期组织各类金融机构的对接培训会。郑州市政府定期组织银行,证券及保险机构与政府相关部门举行对接会及培训会,以保证政府工作人员与金融机构协同发展,以相互培育人才不断进步的方式来保证金融人才队伍的建设。

第二十七章　郑东新区金融集聚核心功能区

金融集聚区作为金融业发展的载体,其有力的辐射和带动力,是推动金融产业快速发展的强大引擎。从国内外领先金融中心的发展经验来看,一个金融中心必须要有一个金融资源承载力强的金融核心集聚区,郑东新区就是郑州金融中心建设的核心承载区。2011 年国务院出台的《关于支持河南省加快建设中原经济区的指导意见》明确提出“加快推进郑东新区金融集聚核心功能区建设”,2017 年郑东新区纳入河南自贸区范围被赋予国家金融改革创新重任,标志者郑东新区晋身国家金融特区行列,金融业发展前景光明、潜力巨大。

27.1　前瞻谋划:郑州城市发展引领者

郑东新区西起中州大道,东至万三公路,北起黄河南岸,南至陇海铁路,由中央商务区、龙湖区域、白沙园区、综合交通枢纽区、龙子湖高校园区、沿黄河都市观光区等六大功能组团组成,区域管理面积 260 平方公里,同时对连霍高速以北、中州大道以东区域实施规划管理,规划控制面积达到 370 平方公里。

2000 年 6 月,时任河南省长的李克强在郑州市调研时指出“ 定要增强郑州中心城市功能,加快全省城市化进程”,并明确提出“要加快开发郑东新区,以进一步扩大城市规模,拉大城市框架,培育新的经济增长点”。当年 12 月,省委六届十一次会议做出开发建设郑东新区的战略部署,提出“以强力开发郑州的新区建设为重点,提升郑州在全省的首位度,增强经济实力和辐射带动能力”。

2001 年 7 月,按照省委省政府“高起点、大手笔”的要求,郑州市对郑东新区总体规划进行了国际征集,日本黑川纪章事务所的总体概念规划方案获多数专家和广大市民的认可。2002 年 3 月,郑州市人大对规划方案予以确认,以地方法规形式确保了规划一张蓝图绘到底。2003 年 1 月 20 日,以郑州国际会展中心开工为标志,郑东新区开发建设拉开序幕。

根据总体规划,郑东新区采取组团发展,将最初的 150 平方公里规划区域划分为 CBD、龙湖地区、商住物流区、龙子湖高校园区、高科技园区和经济技术开发区等若干组团,分别承担商务、办公、居住、教育、科研和产业等功能,各组团互为支撑,有机联动,共同发展;郑东新区注重生态保护,引入“生物圈”概念,规划了兼具水利、生态和景观功能的龙湖,形成以龙湖为核心的龙湖生物圈,构建多样化、多层次的生态回廊,实现与郑州市嵩山生物圈、黄河生物圈有机相连;郑东新区的建设也将突出地方文化特色,CBD 和龙湖金融岛两个环形城市,通过运河连结,构成象征吉祥和谐的“如意”型,彰显出浓厚的传统文化内涵。

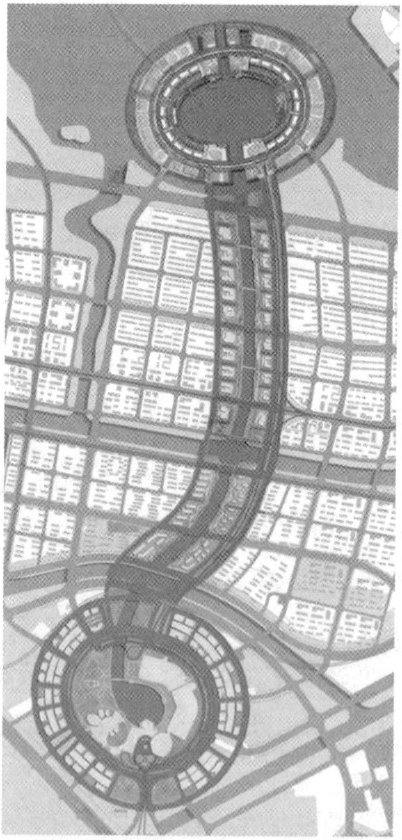

图 27.1.1　CBD 和龙湖金融岛两个环形城市构成“如意”型

在发展定位上，结合河南经济社会和城市发展大局，郑东新区把产业发展重点放在金融业发展与改革创新上，大力建设金融集聚核心功能区。《国务院关于支持河南省加快建设中原经济区的指导意见》（国发〔2011〕32号）明确提出“加快推进郑东新区金融集聚核心功能区建设”，《关于大力实施促进中部地区崛起战略的若干意见》（国发〔2012〕43号）提出“支持郑州加快金融改革和金融创新”。2012年5月，省长办公会议明确了郑东新区金融集聚核心功能区的空间规划布局。2013年7月，郑州市委十届五次全体（扩大）会议作出“建设以郑东新区为主体的金融城”的工作部署，要求以打造金融城为主线，推动金融业聚集发展，尽快建成中原经济区现代服务业中心和金融支撑区。2015年2月，《河南省人民政府办公厅关于印发加快郑东新区金融集聚核心功能区建设实施方案的通知》（豫政办〔2015〕18号），进一步明确了郑东新区建设金融集聚核心功能区的工作思路、发展目标、重点任务和保障措施，强化了郑东新区在河南金融业发展中的主体地位。当前，郑东新区已经确定了建设具有影响力的“金融机构集聚中心、商品期货交易中心、要素市场汇聚中心、金融开放创新中心、金融综合配套中心”五大功能定位，着力健全金融机构体系，完善金融市场体系，深化金融改革创新，优化金融发展环境，推进国际化区域金融中心建设。在此基础上，加大金融政策研究、机构引进、产业培育、金融环境营造等方面工作力度，加快区域金融中心建设步伐。

27.2　科学布局：“两圆一带一方块一半岛”

2012年5月，经过省长办公会议同意，郑东新区金融集聚核心功能区的总体空间布局正式明确为“两圆一带一方块一半岛”，形成布局合理、分工明确的金融业发展布局。

27.2.1　“两圆一带”

“两圆一带”即如意型建筑群，包括现在已经建成的CBD、正在建设的龙湖金融岛以及连接CBD和龙湖金融岛之间的运河两侧建筑群。

CBD（中央商务区）环境优美、设施齐全、功能完善、繁荣兴旺、和谐宜居,是河南省城市建设的靓点、郑州市经济发展的形象。在第四届中国国际金融论坛上,郑东新区CBD(中央商务区)被称为“中国最具投资价值CBD”之一。CBD区域已成为河南省金融机构最为集中的区域,中国人民银行郑州中心支行、河南证监局、河南保监局等金融监管机构已入驻办公;中国第一家期货交易所——郑州商品交易所已于2013年搬迁至此;国外的汇丰银行、渣打银行、东亚银行,国内的中国银行、农业银行、民生、广发、中信、华夏、平安、浙商等8家银行的省分行,中国人保、中国出口信用保险、新华人寿、平安财险、中华财险、交银康联、工银安盛、中银保险等近20家保险公司的河南省分公司,中原证券、中原银行、中原信托、百瑞信托、中原农保、郑州银行、华信万达期货、中原期货、中原股权交易中心、河南煤化财务公司、宇通财务公司等11家法人金融机构汇集于此。

龙湖金融岛是郑东新区当前开发建设的重点区域,占地约1.1平方公里,主要布局各类金融机构总部、区域总部或功能性中心,配套建设高星级酒店项目。龙湖金融岛共规划36栋金融楼宇,其中外环16栋,内环20栋,已有工商银行、浙商银行、渤海银行、河南银监局等23个金融项目确定或意向入驻,另有4栋楼宇作为国际金融大厦、PE大厦、互联网大厦、并购基金大厦,用于培育新兴金融产业。

图27.2.1 龙湖金融岛规划示意图

运河两侧建筑群作为龙湖金融岛的延伸，主要布局大型金融机构、投资管理类企业总部。

此外，金融智谷创新创业综合体位于龙湖区域，占地面积约 93 亩，建设规模约 15.6 万平方米，依托东区金融机构集聚优势，打造金融人才集聚平台，金融产品研发和创新平台，金融文化传播平台和金融服务实体经济平台。入驻各类金融研发机构、金融机构博士后工作站、与国内外知名机构合作创办金融培训机构、科技金融等新兴金融机构、会计师事务所、律师事务所等金融中介服务机构，建设成为金融创新中心。

27.2.2 “一方块”

“一方块”即金融后台服务园区，总面积约 2.5 平方公里，统一规划布局金融机构的后台服务中心项目，积极发展金融服务外包产业和金融电子商务产业，是郑东新区国家电子商务示范基地的核心区。7 个项目已取得建设用地，全部项目将在 3-5 年内投用，预计将增加 8 万~10 万个就业岗位。

27.2.3 “一半岛”

“一半岛”即金融创新区，位于高铁站东北侧，占地 1.6 平方公里，利用王新庄污水处理厂搬迁的契机，在该区域建设金融创新区，以跨境金融、供应链金融、互联网金融、产业金融为核心产业内容，形成创新金融生态圈，全力打造成有影响力的区域金融创新中心。

27.3 发展实效：金融集聚效应全国领先

郑东新区以打造国际化区域金融中心为目标，深入抓好金融机构体系完善、要素市场培育、资本市场建设、开放创新、载体拓展、环境优化六大工程，全力加快金融集聚核心功能区建设，金融业发展成效显著。据统计，2016 年郑东新区全年完成金融业增加值 149 亿元，同比增长 14.4%，拉动全市金融业增加值占 GDP 的比重由 9.6%提升到 10.2%；完成金融业税收 48.2 亿元。

27.3.1 金融发展载体加速拓展

先行建设的CBD环境不断优化,对高端金融资源的吸引力和承载力不断增强。龙湖金融岛内环20栋楼宇全部开工建设,外环22栋楼宇整体开发加快准备实施。中原金融产业园A区、B区建成,招商态势良好。中原银行、郑州银行后台项目落地金融后台园区,园区集聚后台项目6个,规模位居全国前列。郑东新区谋划建设金融创新集聚区,重点孵化培育互联网金融、离岸金融、产业金融等新兴金融业态,为国际化区域金融中心建设提供创新支撑。开工建设金融智谷创新创业综合体,打造技术密集、人才密集、资本密集的全新金融服务供应链生态集聚区。打造互联网金融大厦、国际资本大厦等专业主题楼宇,吸引新兴金融机构集聚发展。

27.3.2 金融集聚规模持续壮大

持续推进"引金入豫"工程,核心区累计入驻288家,全区累计入驻各类金融机构千余家,保持在全市率先发展、引领发展的态势。中国进出口银行河南省分行在郑东新区揭牌成立,标志着全国三大政策性银行实现全部入豫;恒丰银行郑州分行、浙商银行郑州分行先后进驻,实现了12家全国性股份制银行的全面落户。在省市领导及相关部门的大力支持下,郑东新区积极创造条件,培育壮大法人金融机构体系,推动相关企业加快组建民营银行、法人保险机构等,其中,民营银行(和昌银行)筹建已获河南银监局启动政策辅导、调查研究工作,拟于近期向银监会提交尽职调查报告;中原证券、长城保险经纪有限公司分别拟牵头发起设立法人寿险公司,上海弘昌晟集团拟发起设立法人财险机构,上述三家机构均已于2016年底向保监会提交筹建申请材料。金融中介服务机构引进实现突破,以安永会计师事务所、中原征信有限公司、河南金电郑投大数据科技有限公司为代表的金融中介服务机构纷纷入驻郑东新区,为金融业的发展提供了财务、数据分析、资产评估、信用评级等一系列专业中介服务,更好的促进了郑东新区金融业的规范发展。

27.3.3 新兴金融发展势头强劲

全国第一家由政府、国有资本和金融机构合作组建的金融资本运营公司—河南中原金控有限公司，全国首家互联网私人银行平台—和耕传承财富管理有限公司，全省首家“大数据+金融”企业—河南金电郑投大数据科技有限公司、全市首家金融租赁公司—河南九鼎金融租赁股份有限公司开业运营。全省首家消费金融公司—鼎盛中原消费金融公司筹建申请递交银监会。中原金融资产交易中心获省政府批复，新型金融业态蓬勃发展。区域性金融中心的氛围日渐浓厚。

27.3.4　金融生态环境持续优化

成功举办2016中国（郑州）国际期货论坛，来自中国证监会、国内四大期货交易所、芝加哥商品交易所、德意志交易所的境内外知名专家和金融机构高管出席论坛并发表演讲，极大地提升了郑东新区在金融界的知名度和影响力。成功举办“2016年中国商务区联盟年会暨CBD建设发展高峰论坛”，中国商务区联盟主席龙永图出席并主持会议，包括北京CBD、上海虹桥、广州天河在内的全国20家成员单位齐聚郑州，在收获广泛赞誉和肯定的同时很好地展示了郑东新区的城市形象。楼宇经济蓬勃发展，核心区域内共培育税收超亿元楼宇21栋，形成特色楼宇13栋。金融业发展载体纳入河南自贸区范围，晋身国家金融特区行列。荣获“2016年第十二届北京国际金融博览会”唯一的“最具投资价值地区奖”，竞争力和影响力显著提升。

27.4　未来展望：国际化区域金融中心

“十三五”期间及更长远未来，国家将推进“一带一路”“互联网+”“中国制造2025”等重大发展战略实施，继续推进“中部崛起”“中原经济区”“郑州航空港经济综合试验区”等发展规划有序落实。地处中原腹地的郑州，将打造成为“一带一路”战略布局中的重要节点城市，大力推进国际商都建设，郑州金融中心建设和郑东新区金融集聚核心功能区建设将迎来更大的机遇。

“十三五”期间，郑东新区将依托河南省经济产业、区位交通、要素成本、人口红利等优势，塑造“丝绸之路辐射中枢、经贸互通集散之所”的战略地位，努力建成覆盖河南、辐射中西部、服务全国、对接国际，具有持续创新力和专业特色的国际化区域金融中心,并利用郑州特有的公路、铁路、陆港、航空港等优势基础,沿丝绸之路经济带,打造面向中西部、中亚、欧洲等地的经贸和金融桥头堡。

(1)金融机构集聚中心。积极培育本地金融法人,引进境内外金融机构入驻,力争到2020年,形成各类传统金融、新兴金融机构集群发展的良好态势,建成中西部重要的金融机构集聚中心。

(2)商品期货交易中心。支持郑州商品交易所扩大交易品种,做大期货交易总量,在现有PTA产品基础上扩大对外开放的品种,增强在国际金融市场的参与度和话语权,逐步建设成为综合性、现代化、具有国际影响力的商品期货交易中心。

(3)要素市场汇聚中心。借助郑商所、E贸易、农洽会、进出口岸、各类交易平台等国内外商贸的优势基础,鼓励商品、资源、产权等各类要素交易市场的设立、迁入和运营,逐步扩大要素交易品种和服务范围,建设规范的、综合性的、蓬勃发展的要素市场汇聚中心。

(4)金融开放创新中心。借助郑州国际商贸、物资流转、跨境电商等产业基础,大力发展跨境金融、供应链金融、互联网金融等新兴金融业态。深化金融创新机制建设,有序推进经贸、金融业对外开放,在控制风险的前提下,营造宽松、活跃的金融环境,先试先行,打造金融开放创新中心。

(5)金融综合配套中心。发挥交通、区位、人力资源、要素价格等优势,积极发展金融后台、服务外包产业,布局金融业的网络化、移动互联化、大数据、云计算等配套服务业态,全面构筑金融业综合配套中心。

展望更长远未来,郑东新区将更加注重"服务全国,对接国际",提升国际化区域金融中心的发展能力和国际影响力。

(1)建设对接国际的金融功能集聚区。优化整体金融生态环境,实现综合金融服务功能聚集、金融机构总部和区域总部聚集、跨境与离岸金融服务功能聚集,从而建设成为国际金融服务功能聚集区。

(2)建设面向中西部的金融改革创新区。积极探索普惠、消费、农村、绿色金融创新发展,推进双创 & 科技金融、供应链金融、互联网金融等领域试验先行,推进贸易便利化和自由化,建设面向中西部的金融改革创新区。

(3)打造服务全国的要素市场汇集地。做强郑州商品交易所和期货,鼓励各类商品和权益要素市场发展,并适时推向全国,打造中西部最大的要素市场聚集地。

(4)打造中西部、中外经贸合作枢纽地,东部产业转移承接地。在前期大型企业、跨国公司聚集的基础上,建设总部经济、会展经济聚集区,区域商贸与投资中心。组织一带一路经贸金融合作系列活动,建设中外合作产业园、金融产业园、发达地区产业合作园区,实现跨区域、跨境合作的聚集和交汇。

第二十八章　郑州金融中心建设展望

伴随着促进中部地区崛起规划、中原经济区规划、郑州航空港经济综合实验区发展规划、郑洛新国家自主创新示范区建设实施方案、中国(河南)自由贸易试验区总体方案等一批国家级重大规划实施,郑州金融中心建设迎来了全新的重大机遇,一个服务河南、辐射中西部、影响全国现代金融中心正在崛起于中原大地。

28.1　成为全国金融创新的新高地

2013 年国务院批复的郑州航空港经济综合实验区中国首个国家级航空港经济综合实验区,并于 2016 年列入了国家首批双创示范基地名单;全程 10214 公里的郑欧国际铁路货运班列开启了中国与欧洲的新丝绸之路;中国(郑州)跨境电子商务综合试验区承载了构建中国特色跨境电子商务发展新模式、新规则的重要使命。中国(河南)自由贸易试验区郑州片区则重点发展先进制造业、现代服务业,开展交通物流融合发展和投资贸易便利化体制机制创新。一系列国家级重大战略载体建设正在改变河南全省长期以来作为人口大省、粮食大省的形象地位和战略格局,对"双创"金融服务、跨境投融资、离岸结算清算、供应链金融等创新金融发展带来了庞大的现实需求。

(1)"双创"金融服务发展。河南长期作为劳务输出的第一大省,形成了不同于其他省份创新创业的独特环境,构建了以人为纽带的庞大社会关系网络,更易于移植先发地区成熟的创新创业项目和发展服务创新创业的金融服务。伴随着经济社会发展创新驱动模式日益深化,风险投资、小微金融以及金融科技等"双创"金融服务将成为郑州金融中心建设和发展的重要领域。

(2)外资金融机构集聚。国家级重大战略载体建设使郑州成为国家新时期改革开放的前沿城市,2016年外贸进出口总额已跃居中西部地区主要城市第二位,对外资金融机构集聚无疑产生了巨大吸引力。吸引外资银行、外资证券、外资保险、外资股权投资机构等来郑设立分支机构和区域总部,发展跨境投融资、离岸结算清算、航运与贸易保险等跨境金融创新业务具有良好的前景。

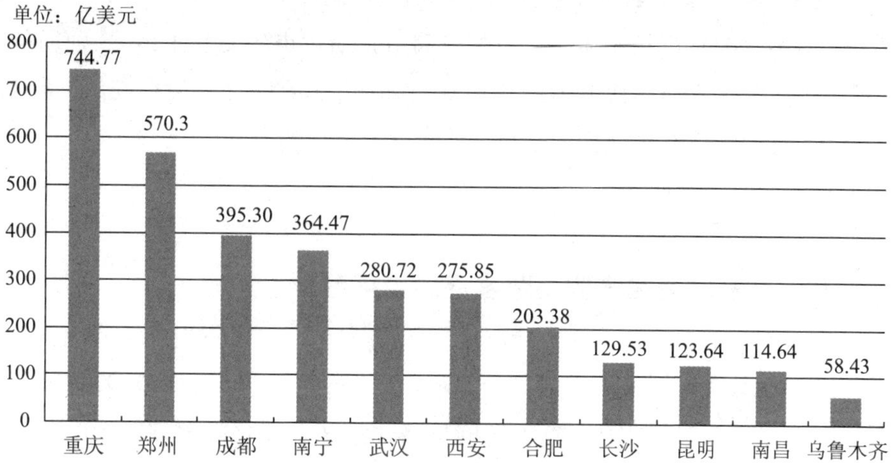

图28.1.1　2016年我国中西部地区主要城市外贸进出口总额

(3)供应链金融创新。郑州作为全国首批综合交通枢纽示范工程城市,拥有一批重大交通枢纽设施和雄厚的物流产业发展基础,加之电子信息和汽车装备制造业等战略支撑产业集群化发展,围绕航空港、国际陆港、E贸易及产业链上相关企业,结合区块链、云服务等金融科技发展,以预付账款、动产质押、应收账款等基础的供应链金融创新将越来越多涌现出来。

28.2　打造期货交易的"东方芝加哥"

价格发现和套期保值是期货市场最重要功能,19世纪的英国、20世纪的美国控制全球重要生产资料市场话语权、建成世界级制造业中心,期货市场的发展起到了重要推动作用。郑州商品交易所作为国内首家期货交易所,上市交易期货品种覆盖了农业、能源、化工、建材和冶金等国民经济重要领域,是郑州拥有的重大国家级金融基础平台。伴随着我国"一带一路"倡议加速实施和开放型经济新体制构建,郑州期货交易市场必将成为郑州金融中心建设重要支撑力量。

(1)加快期货市场建设。大力支持郑州商品交易所发展,创新品种工具、扩大交易规模、加强对外开放,发挥我国唯一处于内陆地区的期货交易所独特功能,提升服务中西部地区国民经济和社会发展的能力和水平,建设在国内和国际市场上具有重要地位和影响力的期货及衍生品交易所。

(2)培育期货市场主体。大力吸引和培育期货市场交易主体,鼓励期货公司、期货投资基金及其他相关机构落户郑州,推动期货品种创新、期货对外开放、期货保税交割以及各类商品和权益交易集聚。做大做强华信期货、中原期货两家法人期货公司。

28.3 搭建金融产业集聚发展的新平台

金融业具有典型集聚发展特征,高度集聚的金融机构和庞大的金融交易同时意味着金融产业具有竞争力的价格优势和专业化发展的机会。郑州需要打造郑东新区为郑州金融中心建设的主战场,承载金融集聚的核心功能,促进境内外金融机构区域总部入驻,深化金融改革创新,优化金融发展环境,加快形成规模经济和协同效应。

(1)优化郑东新区金融业态布局。按照"两圆一带一方块"布局,重点发展金融专业园区,规划建设国际金融合作区、金融创新园区和新兴金融产业创新创业综合体。大力发展总部经济和楼宇经济,推动金融业的商务配套布局和建设。发挥交通、地理和人力资源等优势,积极发展金融后台、服务外包产业,布局金融业的网络化、移动互联化、大数据、云计算等配套服务业态,全面构筑金融业综合配套中心。

(2)加快建设一批重点金融项目。把郑东新区中央商务区作为金融产业发展主承载区,鼓励和引导各类金融机构总部或区域总部及功能性中心在中央商务区、龙湖金融中心、运河两侧集聚,规划建设金融后台产业园区。积极发展金融专业园区,在龙湖中环路沿线集聚上市公司总部,规划建设国际金融合作区、金融创新园区和新兴金融产业创新创业综合体。

28.4　建设金融服务实体经济的驱动极

“十三五”期间，河南省将构筑以郑州为中心“一极三圈八轴带”发展格局，以核心带动、轴带发展、节点提升、对接周边，加快推进交通一体、产业链接、服务共享、生态共建，使中原城市群成为与长江中游城市群南北呼应、共同支撑中部崛起的核心增长区域。郑州金融中心建设和金融业集聚发展必然要服务河南全省发展大局，服务实体经济发展现实需求，服务传统产业转型升级、覆盖更大客户群体的民营金融、普惠金融、绿色金融等具有良好发展前景。

(1)发展民营金融。农信社改制组建农商行、社会资本参与组建民营银行等工作将大大加快，财务公司、消费金融公司、汽车金融公司等非银金融机构将加快设立，金融软件、数据处理、服务网络等金融配套产业加快完善，会计审计、资产评估、资信评级、法律咨询等服务组织加快集聚，规范化、专业化民营金融业态将不断丰富完善，以市场为导向，更好地为全省和全市的产业结构调整和转型升级提供强大金融支持。

(2)发展普惠金融。以金融科技所支撑的普惠金融将具有更大市场空间。借助现代技术以及财政贴息、政府增信、风险补偿等方式，降低金融交易成本，延伸服务半径，拓展普惠金融服务广度和深度，助力缓解中小微企业“融资难、融资贵”问题。村镇银行和社区银行支小助微重要作用将获得更大发展，为村镇和社区小微企业、居民、商户提供个性化金融服务。加快以 PPP 模式开展“三农”基础设施，推动 PPP 项目资产证券化。

(3)发展绿色金融。按照国家“五大发展理念”要求，绿色信贷标准、绿色债券指引、绿色评级体系等绿色金融制度探索必将加快，并在跨境绿色融资、绿色金融市场建设等方面争取国家政策支持，加快节能环保、清洁生产等战略性产业发展，支持中原地区经济绿色生态发展。

附录一：主要指标说明

金融从业人员：本指标体系采用单位从业人员统计口径，即指在各级国家机关、政党机关、社会团体及企业、事业单位中工作，取得工资或其他形式的劳动报酬的全部人员。包括在岗职工、再就业的离退休人员、民办教师以及在各单位中工作的外方人员和港澳台方人员、兼职人员、借用的外单位人员和第二职业者。不包括离开本单位仍保留劳动关系的职工。

金融业增加值三年平均增长率：该指标选用最近三年的金融业增加值同比增长率（按照可比价格计算），按照算术平均法计算。

本地证券交易量与 GDP 之比：本地证券交易量指地区所在的所有证券营业部当年证券交易量之和。

境内股票累计融资量与 GDP 之比：境内股票市场主要指沪、深 A 股市场，累计融资量包括公开发行和后续增发的部分，数据来源上交所和深交所公示的历年股票筹资发行信息。

商业银行：包括大型商业银行、股份制商业银行、城市商业银行、农村商业银行和外资银行。

商业银行支行数量：数据来自银监会金融许可证查询系统。

商业银行不良贷款率：除直辖市及个别计划单列市有该项统计数据外，其他自身无该项统计数据的城市皆以当年银监会年报公布的全省数据做替代。

外资银行在本地的营业性机构：统计口径为当地外资银行分行数加上支行数的总和。

本地法人证券公司：指总部注册地在本地的证券公司，信息来自证券业协会官方网站公示。

基金管理公司资产管理规模：指基金资产净值，数据来自中国证券投资基金业协会。

保险深度:指当地保费收入占该地区生产总值(GDP)的比重,计算公式为

保险深度=保费收入/地区生产总值

保险密度:指按当地人口计算的人均保险费额,本文计算公式为

保险密度=保费收入/常住人口

黄金交易额:仅为黄金成交金额,不包括铂金和白银。

普通高等学校:以当年教育部公布的数据为准。

群众艺术文化馆:本指数统计口径包括艺术馆、文化馆以及文化站数量。

电影院影剧院:由于该项指标国家已经不再要求发布,本报告数据来自公开网络信息——百度地图应用数据。

人均公园绿地面积:以当地常住人口数量为统计口径。

车均道路面积:指当年平均每一辆民用车辆占用的城市道路面积,计算方法为

车均道路面积=城市道路面积/民用车辆总数

住宅房价收入比:计算公式为

住宅房价收入比=住宅销售均价*100/(3*在岗职工平均工资)

人均地区生产总值:以常住人口统计口径计算。

本地上市公司数量:包括境内和境外可查询得到的上市公司数量。

养老保险覆盖率:以地方统计年鉴公布的当年基本养老保险参保人数为准。

医疗保险覆盖率:以地方统计年鉴公布的当年基本医疗保险参保人数为准。

附录二：郑州金融中心经济与金融发展指标

原始指标	2012 年	2013 年	2014 年	2015 年	2016 年
常住人口(万人)	903.10	919.12	937.78	956.90	972.40
生产总值(亿元)	5549.80	6201.80	6777.00	7315.20	7994.20
第三产业增加值(亿元)	2274.50	2584.40	3142.70		4057.10
金融业同比增长率	14.40	26.60	15.47	19.10	
金融业增加值(亿元)	346.91	487.40	562.80	666.80	
单位金融从业人员(万人)	4.51	4.71	4.65	5.02	
年末单位从业人员总数(万人)	162.06	191.96	197.37	559.60	
存款余额(亿元)	10448	12451	13956	16936	19831
本地证券交易量(亿元)	10610	14830	28474		36225
保险深度(%)	3.22	3.58	4.10	5.32	5.80
贷款余额(亿元)	6794	9342	10868	12650	15995
境内股票市场累计融资量(亿元)	172	189	249	276	406
保险密度(元/每人)	1976	2416	2963	3610	4765
本地法人商业银行数量(个)	3	3	7	7	8
本地法人商业银行资产总规模(亿元)	1120	2037	2159	2159	5770
商业银行支行数量(家)	838	1004	1111	1111	1173
主要商业银行不良贷款比率(%)	0.91	0.91	0.97	0.97	1.16
本地法人证券公司数量(个)	1	1	1	1	1
本地法人证券公司资产总规模(亿元)	108	123	283	389	404

续表

原始指标	2012 年	2013 年	2014 年	2015 年	2016 年
本地法人证券公司承销金额(亿元)	0	76	54	65	162
本地法人证券公司经纪规模(亿元)	6071	9128	14417	41520	15254
证券营业部家数(个)	74	86	96	96	130
本地法人机构数量(个)	0	0	0	0	0
资产管理规模(亿元)	0	0	0	0	0
本地法人机构数量(个)					2
法人机构资产规模(亿元)					81.5
本地法人保险公司数量(个)	0	0	0	1	1
本地法人保险公司资产规模(亿元)	0	0	0	0	14
保费收入(亿元)	178.46	222.10	277.90	338.50	463
赔付支出(含满期给付)(亿元)	47.70	61.40	71.50	103.30	126
外资银行在本地的分行数量(个)	3	3	4	4	3
外资银行在本地的营业性机构数量(个)	4	4	5	5	4
本地法人合资证券公司数量(个)	0	0	0	0	0
国外证券公司在本地的代表处数量(个)	0	0	0	0	0
本地法人合资基金管理公司数量(个)	0	0	0	0	0
外资保险公司在本地的分公司数量(个)	8	8	8	8	10
本地法人合资保险公司数量(个)	0	0	0	0	0
外资保险公司在本地的代表处数量(个)	0	0	0	0	0
要素交易平台数量(家)					14
要素市场年成交额(亿元)					123.20
期货市场成交额(亿元)	173675	188978	232415	309830	310297
普通高等学校在校学生数	698190	747637	783240	824147	889329
普通中学在校学生数	452955	460887	493519	511253	532350
小学在校学生数	672962	705194	751280	791336	831919

续表

原始指标	2012年	2013年	2014年	2015年	2016年
普通高等学校数	53	61	56	56	56
“211工程”高校数	1	1	1	1	1
普通中学专任教师数(人)	32074	31929	35201	38194	40000
小学专任教师数(人)	34933	35191	34680	36335	38000
电影院影剧院数(座)			54	61	85
群众艺术文化馆数(座)	14	14	14	12	14
公共图书总藏量(万册)	471	599	604	278.26	278.26
医院数(个)	178	216	213	213	317
医院病床数(张)	50645	59020	64788	68606	86000
执业医师数(人)	23385	26787	28912	30031	33000
城市建成区绿化覆盖率(%)	36.10	38.00	40.20	40.30	40.4
公园绿地面积(万平方米)	3565	3895	4456	4720	7390
道路面积(万平方米)	3564	3836	4174	4720	5125
机动车数量(万辆)	223.47	255.11	291.86	246.90	342.7
城市轨道交通里程(公里)	0.00	21.95	22.00	25.40	95
当年飞机起降架次(次)	109249	127835	147694	154521	178100
城市生活污水处理率(%)	95.80	95.90	95.90	96.00	98
空气质量优良率(%)	87.16	34.79	44.70	48.28	48.28
在岗职工平均工资(元)	41480	44622	49279	52987	61149
住宅销售面积(万平方米)	1226.18	1313.48	1293.28	1695.21	2571.4
住宅销售总额(万元)	6919432	8651663	8508660	12243743	20811000
接待入境旅游者人数(万人次)	42	44	45	47	48.1
国内旅游者人数(万人次)	6158	6976	7721	8627	8885
本地上市公司数量	18	18	20	24	24
执业律师数(人)	2722	2722			4995

续表

原始指标	2012 年	2013 年	2014 年	2015 年	2016 年
注册会计师(CPA)数(人)	2497	2497	2601		2644
专业保险中介机构数量(家)	59	219	238		139
基本养老保险参保人数(万人)	225	263	267	304	370.9
基本医疗保险参保人数(万人)	148	130	164	198	198.2
失业保险参保人数(万人)	131	133	149	167	181.9
当年实际利用外资(亿美元)	34.30	33.20	36.30	38.30	40.3
当年进出口总额(亿美元)	358.32	427.49	464.31	570.30	570.3
当年国际旅游(外汇)收入(亿美元)	1.58	1.65	1.71	1.83	1.88

后　记

本期 CDI CFCI 得到了郑州市政府办公厅、市金融办、郑东新区管委员及“一行三会”驻郑州监管机构的支持，深圳市综研软科学发展基金会对指数编制出版给予了资助，在此致以衷心感谢。

本书主体部分共分三个部分，二十八章。参与第 9 期 CDI CFCI 指数主体报告编制工作的研究人员包括：张建森、余凌曲、张祥、余鹏、刘国宏、胡彩梅、张佩等。此外，西北工业大学硕士生李爱文、中南财经政法大学硕士生陈材杰和澳门大学硕士生梁姣姣同学参与了本期数据收集、资料整理工作。

在 CDI CFCI 评价过程中，各城市统计数据的准确获得是编制工作的最大困难，一些城市统计年鉴出版时间滞后，也直接影响本指数发布时间的及时性。为了更及时地获取数据并听取社会各界对本指数的意见，CDI 特别建立了中国金融中心信息网（http://www.cfci.org.cn），衷心希望各城市的统计部门和金融主管部门能够积极参与指数评价工作，提供更及时准确的数据，并提出修正完善意见，同时也欢迎相关专业人士加入本指数的编委会，直接参与指数编制工作。

CDI CFCI 课题组联系方式如下：

网站：http://www.cfci.org.cn

联系人：张祥

电话：0755-82470464

传真：0755-82470202

Email：zx@cdi.com.cn